《南湖錄憶》

晚清人物縱橫談

高拜石・原著　蔡登山・主編

昔章實齋謂治史貴有史才史學尤貴有史德為文貴有文情文心尤貴有文性世之言掌故者非剸裂附益即若捧散錢無所貫索實不足以當著述高芝翁拜石長於紀覽習聞近百年中時事變遷始末多為正史所未備其所著南湖錄憶曾刊載中央日報為讀者所喜愛余獨以其能燭政教隆替之理世風消長之途發機扶隱而一歸於平恕與實齋之說合茲以選印專冊特綴數語以弁其端

中華民國五十四年乙巳夏江陵張知本于臺北行都

淮樹清懸無恙月隋堤綠染
舊棲鴉世間多少興亡事留
與先生錄夢華　奉題

拜石先生南湖錄憶

乙巳秋日成惕軒

題高拜石兄南湖錄憶

文孫成文宗汝賢瀏江回首
夢如烟亂離不歷春秋
華珍重紺珠記事年

江絜生

導讀：以《古春風樓瑣記》聞名的高拜石

蔡登山

高拜石（一九〇一－－一九六九），字嬾雲，又號般若，晚歲多用芝翁，別號古春風樓主，福建福州人。其先室為浙江鎮海望族，以遊宦落籍福建福州。父親高杰藩為福建省永春州知事，高拜石幼年聰慧異常，過目不忘，深得其父鍾愛。年六歲入私塾，為名師朱德馨之得意弟子，通四書六藝。十一歲入省立商業學校。課餘常投寄稿件於報章，文名乃彰。畢業後隨叔父蔭午公北上九江縣，在地方政府處理文書函牘，深受其叔之獎掖。不久隨其叔調山東棲霞縣。後來就讀於北京平民大學文科，一九二一年畢業。受吳昌碩影響，專研書法與篆刻。一九二五年與其介弟高伯奇在北京創辦《心聲晚報》。一九二六年回福建復創《華報》、《毅報》、《寰宇新聞》，一九三四年任福州《民國日報》社長。

抗戰期間福州淪陷時，任福建省府參議，協助處理淪陷區救濟工作甚力。日軍撤退後，仍返榕主持福建《中央日報》筆政。一九四七年初應邀來臺，佐理黨政工作；臺省府新聞處處長林紫貴聘其任主任祕書，與新聞界相處融洽。後福建情況危急，曾隨湯恩伯赴廈一行，惜因大局逆轉，事與願違。返臺後經劉啟光禮聘，入華南銀行服務。公暇從事藝文，一九五八年起為《新生報》副刊撰寫專欄「古春風樓瑣記」，先後有十餘年之久，成稿三百萬字。內容為描寫清末民初人物，後以《古春風樓瑣記》為名出版，共二十大冊。在《大華晚報》則發表「浮匯識小」專欄。

高拜石雅好書法金石，造詣殊深。早歲從朱敬亭、黃藹農、沈冠生等學金石書畫，據說初學書體之結構，隸取其長，篆取其方，書法家王壯為談到高拜石的書法說：「書法長於篆隸，行楷造詣尤深，篆體中尤善鐘鼎，圓渾密實，絕無苟率。楷書茂密肥厚，最宜施於壽序大屏。」曾發起組織中國書法學會並擔任理事，並組東冶藝林、八儔書畫會與五人書展等。另高氏篆刻，有筆有刀，堪稱成一家法。與王壯為、吳平、江兆申、王北岳、張心白、傅申等二十四人，組有海嶠印集，並出印集，頗獲時譽。一九六九年四月二十三日病逝於臺灣。

《古春風樓瑣記》是高拜石先生的力作，於一九五八年九月起，在臺灣《新生報副刊》連載，歷時十餘年，先後兩次結集出版，影響長久而巨大。全著洋洋三百萬言，狀寫了清末明初間五百餘位各色各相人等，頗多鮮為人知的歷史掌故和彌足珍貴的重要文獻及第一手資料。以人物而論：有販夫走卒、草寇遊俠、淑女名媛、王公大臣、以至義民志士；以記事而論：或涉香艷、或涉壯烈、或涉忠勇、或涉奇詭、或涉逸趣，讀之使人愛、使人恨、使人憐、使人悲、使人悟，或使人熱血沸騰不異一擲頭顱，或使人感慨憤激而太息不已。高氏筆力雄放，酣暢舒展；學養深厚，縱橫自如；所引詩、詞、聯、賦，亦多佳構；全著之文學、美學品位甚高。高氏治史態度嚴謹，褒貶嚴格，近百年間風起雲湧的國事、家事、天下事，都囊括在這一本本的《瑣記》中。此書好在忠實記載各種來自稗官野史的談話、掌故，更多涉及當代人物留世行述；因知者淵博，又隔今世不遠，竟能補正史之不足，堪稱當代傳記文學先驅。然而，此書也並非完美，作者難免照遠不照近，以免惹禍上身。也因此在這麼長篇累牘文章中，高拜石始終多談晚清人物、文人墨客，軍閥事跡與舊聞，卻鮮少論及國共兩黨要員的主要原因。

一九六一年起，高拜石應《中央日報》副刊之邀，撰寫《南湖錄憶》長期登載，歷久不衰，當時既贏得廣大讀者之喜好，其後印成專書發行，亦是一紙風行，洛陽紙貴，更得士林之好評。名詩人、教授李漁叔就評論過高氏的著作說：「芝翁積學知名，客臺後，日草文數千言，一時耆碩，爭激賞之。所作《古春風樓瑣記》、《南湖錄憶》等書，精熟掌故，於數十年間宦海文場，軼聞舊事，纚纚如話家常，而文筆茂美，可謂『分其才足了十人』者也。其書沉著渾厚，逸氣內蘊，天趣盎然。」《南湖錄憶》是寫晚清人物，尤其較多是學人，談論他們的成就及故事，是接續《古春風樓瑣記》的寫作風格，只是這次在中央副刊是屬專欄形式，篇幅有其限制，因此更簡短扼要而去其太過冗長之弊病。中央副刊主編孫如陵就評論過高氏的掌故說：「掌故，寫一人，須了解其人的背景，述一事，須洞察其事的原委，非博觀而約取不見功。《南湖錄憶》，取精用宏，寫人則婉孌生姿，述事則情理曲當。」而張其昀嘗譽其為「自梁任公、林琴南以來，罕與其倫比，誠是列於現代中國一大文豪而無愧色。」，但這話有些誇大之嫌，寫掌故高拜石實則是掌故家徐一士、紀果庵、黃秋岳等之流，言其為大文豪，實乃過之。

《光宣詩壇點將錄校注》是高拜石晚年的著作，它原先也是「古春風樓瑣記」專欄的一部份，後來單獨成書的。是對汪辟疆的《光宣詩壇點將錄》做了校注，有大量的高拜石自己的看法和引用陳衍（石遺）的《石遺室詩話》的部分。汪辟疆此書為近代詩史研究的名著，撰成於一九一九年，一九二五年分五期刊於《甲寅》雜志（第一卷第五號至第九號）。後十年，再刊於《青鶴》雜志一九三四年第三卷第二號至一九三五年第七號。一九四四、四五年間，又加修改釐為定本。而定本一直未曾刊布。「文革」期間，遂遭焚毀。後其弟子程千帆先生據三種殘存的定本草稿合校，收入一九八八年上海古籍出版社《汪辟疆文集》。汪辟疆此書實可視為一部近代詩史，或者一部近代詩史的大綱。其書簡明謹嚴地勾畫了光宣時代的詩史，其中涉及的一百九十二名詩人，基本囊括了晚清詩壇的主要作者。汪辟疆通過「點將錄」的形式，區別了一百九十二名詩人的造詣、名位、風格及派別。這部著作不但涉及史料範圍至廣，其評論近代詩人亦多中肯，於研究者俱有很高的參考價值。

高拜石的《光宣詩壇點將錄校注》所採用的版本，是汪辟疆的甲寅本。他認為汪氏此書：「擇同時詩人一百八人，比擬於《水滸》之天罡地煞，雖為一時遊戲，而條列謹嚴，衡量甲乙，悉秉公論。」、「對五十年來諸詩派源流衍變，多所分析，一代風雅，多所抎揚。」他又說：「（該書）傳布之始，南北詩壇，為之轟動，在上海做寓公的諸耆宿，如康長素、陳散原、陳蒼虬、王病山諸人，相聚時每舉為笑樂。但也有居然認起真來，表示異議或爭論的，如章孤桐以其丈人吳彥復，不宜置於步軍將校之列，力爭應要與散原諸人相比儗；康長素對人也說：『我康有為生平對於經史學問，都是具有哥倫布尋覓新大陸的本領，汪某怎麼把我比作神行太保？』此外更有一般讀者，或函陳意見，或認有商榷餘地，甚至或說他有失品評之正，更有指謂挾有鄉里的私見。汪氏均一笑置之，不與辯釋。」

而高拜石何以在晚年會對此書做校注呢？他說：「汪氏以將近八十之年，已歸道山，其遺作已不易見，《點將錄》中諸人，更已俱作古人，談詩壇掌故者，每有提及，而苦弗詳。承汪之高足章斗航教授見示原作，披覽之餘，因就其中論列諸人之後，加以斠註，俾詳所自。」汪氏之作，對於諸位詩人僅做排列及簡單的註解，在評論上相對薄弱，更缺少對作品的具體批評，因此《點將錄》自難以饜足詩家之望。高氏飽讀晚清各家詩集，有太多的詩人史料及後人對於作品之評點，因此他將這些心得及引文，羅列在汪氏的註解之後，雖名為「校注」，實則應該是「箋釋」更符合其內容。如此一來汪氏標舉的大綱，將因此而添其血肉，除了將其來由、史料及作品評論，合為一爐，綱舉目張，互為表裏，豐富原本僅七千餘字的原文，成為九萬餘字的專書，《光宣詩壇點將錄校注》成為研究《點將錄》不可或缺的入門書籍。

目次

南湖錄憶序

孫如陵

《南湖錄憶》出版，高拜石先生囑寫短序。誠恐佛頭著糞，反而不美，久久無以應命。但當初他為《中副》寫專稿，用心用力，極其負責，再怎樣為難，我也不能偷懶藏拙。

掌故，寫一人，須了解其人的背景，述一事，須洞察其事的原委，非博觀而約取不見功；實之副刊，以一般讀者為對象，又非深入而淺出難見效。且掌故本於史實，為一種被動性的寫作，所貴在融會貫通。《南湖錄憶》，取精用宏，寫人則婉孌生姿，述事則情理曲當，所造成的印象，記憶猶新，讀者儘可覆按，毋庸多贅。

高先生為金石家，出其餘智，曾為中副篆「成功者的座右銘」等小品，為版面增色；又為書法家，兼擅各體。尚憶讀《南湖錄憶》原稿時，一紙在手，如對名帖，接目一片靈境，常起我於疲乏之中，不覺為之陶然。今書改鉛印，甚以讀者不能同享此佳妙為可惜也。

一、陳大樽（子龍）慷慨志節

詞興於唐，流行於五代，而極盛於宋，南渡而後，歌詞日趨典雅，駸衍為長短不葺之詩，而益相高於辭采意格，故有「詞至南宋而邃深」之語。逮及元明，詞學中衰，相率入於新興南北曲之小令散套，音節既無究心，意格卑靡已極。朱明末葉，華亭陳子龍出，宗風大振，遂開詞學中興之盛，近人忍寒居士所編《近三百年名家詞選》，以陳子龍弁其端，蓋不特取其意格清高，寄情綿邈，而其志節堅烈，亦足表率群倫也。

陳子龍字人中，又字臥子，號大樽，松江華亭人。生有異稟，工舉子業，兼治詩賦古文，取法魏晉，駢體尤精妙，舉崇禎十年進士，明季，張溥陳貞慧等繼東林講學創復社於吳縣，取興復絕學之義，務廣聲氣，為時所忌，子龍與同縣夏允彝宋徵輿等，結文會於華亭，取知幾其神之義，名曰幾社，嚴自檢束，除講學外，不預外事，故黨禍興而幾社無與焉。然陳夏皆性情中人，凜然有節概。甲申前，子龍選紹興推官，以定亂功，擢兵科給事中，命甫下而京師為賊攻陷；允彝者好古博學，工屬文，亦崇禎進士，北京破，皆義勇奮發，策慮愊億，間關走謁尚書史可法，謀興復，聞福王立，乃還。子龍留南京，以馬士英阮大鋮用事，屢進諫不聽，念時事不可為，乞終養去。

清人入關後，分兵南下，南都岌岌，敬節之士，莫不五情摧殞，願為死臣。如侯豫瞻（峒曾），與黃淳耀起義兵，保鄉里，援絕城陷，挈二子元演元潔赴水死，淳耀字蘊生號陶菴，嘉定破，偕弟淵耀，縊於西城僧舍。長洲徐九一（汧），嘗官春坊，變作，投虎丘後湖橋下死。之數人者，與陳夏皆相友，矢心貞確。是時，允彝方徬徨山澤間，欲有所為，及聞侯黃諸人死耗，賦絕命詞，亦投深淵以死。子龍念所交遊，能盡道正命，獨以祖母年九十，不忍割，遂遁為僧，尋以受魯王部院職，結太湖兵，欲舉事，不幸事洩被獲，乃乘間投水，以全堅白之身，年甫四十。清乾隆間，追諡忠裕，後人輯其詩文詞，曰《陳忠裕全集》。

子龍原有《湘真閣》、《江籬檻》兩集，早經散佚，今所傳者為王昶輯本。沈雄謂：「大樽文宗兩漢，詩軼三唐，蒼勁之色，與節義相符。乃《湘真詞》一集，風流婉麗如此，傳稱河南亮節，作字不勝羅綺；廣平鐵石，賦心偏愛梅花。吾於大樽益信。」按《湘真詞》為大樽晚年所作，寄意凄麗深遠，王漁洋盛稱之，謂「神韻天然，風味不盡，如瑤臺仙子獨立卻扇時。」云。

二、福康安驕恣跋扈

乾隆四十九年，臺灣天地會首領林爽文起事，以反清復明相號召，全島嚮義，清廷命福康安為閩浙總督征臺，福率海蘭察等部渡海，解諸羅（今嘉義）之圍，林爽文被擒解京獻俘，臺地建功臣生祠，以福康安居首，乾隆御筆泐詩立石，有「臺地恒期樂民業，海灣不復動王師」之句，至今臺地各處發現之殘碑斷碣，如禁止移民的示告等等，其中有「奉公中堂福示……」者，福即福康安也。

福康安姓富察氏，字瑤林，滿洲鑲黃旗人，乾隆后弟大學士傅恒子，生而貴盛，由三等侍衛，從平金川，不數擢為將軍，四川臺灣安南衛藏等地，屢次用兵，皆與其役，歷官雲貴四川閩浙兩廣總督，工兵吏各部尚書，晉封貝子，圖像紫光閣。嘉慶初年，復督雲貴，染瘴卒於軍，諡文襄，生卒俱榮寵無比。近人蕭一山先生所著《清史》，對十全老人所寵之福康安，謂其「氣驕無謀，入藏時，擁肩輿，揮羽扇，儼然以諸葛武侯自比，結果師出無功。」又稱：「福為傅恒子，乾隆末，用兵輒以為帥，恃寵奢汰，無才無武，惟恃海蘭察以為助，可是軍紀士氣，都敗壞在他一人手裏了。」

論清初武臣之驕恣跋扈者，滿人中以年羹堯福康安為最，年受顯戮，福獨以功名富壽終，且加封忠銳嘉勇貝子，身後予諡，贈郡王世襲罔替，竟與親藩同其品秩，開清朝功臣未有之創局，此中豈無隱故？況福之驕倨專橫，擅發庫帑，柴大紀死守諸羅，勳勞不讇不著，解圍之日，竟以未為執櫜鞬之儀，遽劾以「奸詐難信，奏報不實」，與林爽文同時處斬，當時柏臺風憲，曾無見之白簡，乾隆故為瞶瞶，終徇其請，揆之私乘野紀，雖諱飾滋深，而真相固不易全泯，茲證引各家所載，以著信錄：

據故老相傳：高宗后富察氏，嘗召其弟媳傅恒夫人入宮，頗有「更衣入侍」之謠，福康安與乾隆蓋有血統關係云云。按《藤花館筆記》：「丁未，寓都門，與吏部郎崇雲舫友善，崇旗籍世家子，習滿人軼事，嘗為余言：孝賢純皇后，傅文忠恒姊也，純廟（乾隆）居潛邸時，后與文忠夫人，過從甚歡，及帝即位，夫人嘗入宮侍起居，頗有更衣之目，而福康安貌魁梧類高宗，且生性倜儻，亦不似文忠之和厚，英年專征伐，蒙殊寵，尤非群臣所敢望，前人物議，益覺確鑿，御兒之號，由是起矣。崇為滿人，其言必有所授。」

近人筆記載有：「后因傅恒妻事，與帝反目，屆南巡返蹕，舟至德州，后復以前事誚帝，帝不能堪，時夜靜，帝捋后髮出舟外，推墮水中，遂崩。」此雖或涉臆說，似亦不盡無據，按禮親王《嘯亭雜錄》，亦言后崩於德州舟次，不述后之死狀，益可覘其非善終，況翠華聿玉，宿衛環列，在理后無深夜出舟之事，是必有大故存者。

以清代后妃而論，孝賢夙有德名，性節儉，不御羅綺，嘗為帝製荷囊，用鹿皮絨線，不改先世關外樸素之習，及后崩後，帝思念弗輟，嘗夜召彭文勤公（啟豐）入宮，命撰后誄詞，極哀艷，帝閱之大慟。見吳西雲所記。又《清宮遺聞》亦記：「相傳傅恒夫人與高宗通，后屢反目，高宗積不能平，南巡還至直隸境，同宿御舟中，偶論及舊事，后誚讓備至，高宗大怒，逼之墜水，還京後以病殂告：終覺疚心，謚后號孝賢，一夜坐便殿，召學士汪由敦，縷述后遺事，使撰入碑文，由敦奉勅撰成，文甚美，中有云：『憶昔宮庭相對之日，適當慧賢定謚之初，后忽哽咽以陳詞，朕為欷歔而聳聽，謂兩言之徵信，傳奕禩以流芳，念百行以孝行為先，而四德唯賢兼備，倘易名於他日，期紀實於平生，詎知疇昔所云，果作後來之讖，在皇后貽芳國史，洵乎克踐前言，乃朕躬稽古右文，竟亦如酬夙諾，興懷及此，悲慟如何？』若徒誦文詞，可謂情愛敦摯者矣。」蓋乾隆以后之死，出於夫婦「拌嘴」，事定思痛，遂有夜召詞臣之舉。既云「舊事」，疑指「私通」且「生子」，乃至惱怒迫死，否則以「聖慈深憶孝，宮闈盡稱賢」（帝輓后詩句）之婦人，何至喋喋不休耶？

餘杭吳絅齋，有清宮詞之作，中「家人燕見重椒房，龍種無端降下方，丹闈幾曾封貝子，千秋疑案福文襄」一首，註：福康安孝賢皇后之胞姪，傅恒之子也，以功封忠銳嘉勇貝子，贈郡王銜，二百餘年所僅見也。（滿語謂后族為丹闈）又引「高宗以福康安英武類己」等語，吳以學士，久值南齋，列班侍從，時與白頭阿監談勝朝宮闈祕事，其所必有來歷，非空虛臆之比。

福康安生平事業，盡賴良輔，非真有戡定之才。平臺之役，副將海蘭察，參軍郭廷筠之功獨多，海先佔彰化之八卦山，郭領所稱「義兵」三千人，入大埔，進援諸羅，並與海所部會師集集埔，遂佔濁水溪，郭並偵知林爽文家屬匿水社番通事杜孚家，擒以獻於軍，爽文所部戰志遂懈，逸奔朴子犁，海蘭察率師緣絕壁追及之，清兵戰死及病者萬餘人，於戊申正月初擒獲林爽文及其林蔡莊諸部將。陳壽祺〈海外紀事詩〉八首，及〈平臺恭紀〉六首（見《雅堂詩乘》），並其《絳跗草堂詩集》中〈為郭參軍庭筠上嘉勇公福大將軍一百韻〉，均侈陳功績，以當日情形言之，殊多夸誕。至於〈海上受降圖〉所題句：「重臣綏撫總戎機，海上風雲任指揮」，直向潢池收赤子，歡傳樓檻捲紅旂，呼來魚鼈橋能駕，射盡鯨鯢水不飛，莽莽海門天際碧，榑桑初日照崔巍。」「十年戰鼓怒潮聞，竟報降城築海濆，帝念蛟鼉知改惡，誰書烏鼠不同群，櫜弔定後煩帷幄，賣劍歸來樂耔耘，獨有同袍老兵卒，至今垂泣舊將軍。」此詩與趙甌北之「……但存《清史》埋羹節，那有姦民歃血盟。諧價苞苴官判牘，曼聲絲竹使傳觥，釀成一片塗膏地，太息憑誰問主名。」等句並讀，是是非非，可概見矣。

福康安征苗之師，久而無功，薛叔耘筆記所謂「乾隆晚季，竭天下之全力，以供福文襄之用，迄無成功，」斯為錄。又云：「福康安初從阿文成公桂，用兵金川，即與海蘭察共事，自後，定臺灣，征廓爾喀，無役不從，故全賴海超勇以成其功，至獨率征苗，遂毫無戰績之可言矣。」又福之出征，擅取稅課，亦如年羹堯之把持鹽茶大利；在軍之日，酣娛歌舞，奢侈靡度；征臺時，擅發庫儲，疆臣閫將，傴僂郊迎，視同僕隸，至其歷任封圻，貪婪攫索，尤為各家載籍所詳，以乾隆之英果，固未嘗以是斥之，可以思矣。

傅恒一門之寵，舉清世無與比肩者，明珠和珅不逮百一。傅姪明瑞，擁節專征；明亮出入將相凡五十年；福康安弟福隆安，尚主；福長安英年擢尚書，父子兄弟皆賜四團龍補服，紫韁，紫輿，舊制親王始得用之，異姓惟功臣得賜始用，傅氏以椒房邀寵，清朝第一人也。《藤花館筆記》載：「太廟配享之異姓功臣，在西廡祇舒穆祿氏武勳王揚古利，及富察氏嘉勇郡王福康安二人而已。清代異姓功臣，鮮有封王者，國初，吳三桂孔有德耿精忠尚可喜，封後均被削奪。揚古利之贈王爵，則以世臣而兼尚主；孫可望以『來歸』封義王，黃芳度以殉節封勇王，然皆不世襲；惟福卒於苗疆師次，贈嘉勇郡王，子德麟襲爵貝勒，自康熙後異姓無封王者，高宗偏徇其私，濫行爵賞，苟無切膚之隱，其能邀此不世之典哉？」

福康安死時，為嘉慶初元，時高宗禪位，高拱宸宮，福身後榮名之典，仁宗固一秉太上皇之旨而行。惟嘉慶初年，曾下求言之詔，御史衛謀曾具疏劾：「福康安雖立戰績，然所歷封疆，苞苴廣進。」又謂「上貽那繹堂司空諭旨，有福康安歷任封疆，簠簋不飭之語，」因備述其貪枉狀，謂不宜配享太廟。據《嘯亭雜錄》所載：「衛疏上後，上雖未允行，一時公論與之，蓋福貪黷，上明知之也。」洎嘉慶四年，高宗宴駕，嘉慶乃宣示其不法諸狀，《雜錄》謂：「……然使福康安尚在，則和珅之前轍，終可見也。」是又可知顒琰之於福康安，固已有所知，故直至其父死後，始下斥福之諭（見《聖武紀》），其終不至如待和珅者以待富察氏一門，其或有所顧忌歟？

蕭一山先生論「乾隆好大喜功，用和珅敗壞了政治，用福康安又敗壞了軍事，末葉用兵，只仗累代的聲威，很少見實在的勝利。」又說：「福康安專征二十年，以外戚邀功，到處婪索財物，每天羅食珍異，並無勳績，且縻巨餉，軍紀為之蕩然，實是禍魁罪首，可見乾隆偏要信任他，據說他是帝之私生子，想借此來封王的。循私害公，政治軍事，焉得不壞？」認清廷自康熙雍正所經營的文治武功，都自乾隆朝起，漸見衰弱朕兆，自屬確切不移之論。夫一私可以壞天下之至公，況德不稱位，賞不當功，荀卿所稱為不祥者也，清之衰起於乾隆，蓋有由然矣。

三、香妃事蹟考異

滿清皇帝風流艷事，最為世所傳播者，如順治帝之於董小宛，乾隆帝之於香妃，詩歌小說電影戲劇，清亡以後，尤復盛行，增枝添葉，益與史實相遠，孟心史（森）有〈董小宛考〉與〈香妃考實〉，一掃委巷秕說，吳相湘教授更闡師門傳述，詳為考證，且有「世人不注意追求真理而輕信謬說，此種心理反映，足令人儆惕」之歎。

按董小宛事，孟氏以小宛死時順治方十四，盡祛一般人對吳梅村讚佛詩之疑；香妃事，則引據《清史稿》及唐邦治著《清皇室四譜》，以容妃和卓氏，為乾隆妃嬪中惟一之回族女，無賜死事，其說甚辯。而於故宮藏郎世寧所繪香妃戎裝像之原附事略，斥為不經，此一婉孎將軍是否為容妃，或香妃究有無其人，即東陵留像明指為容妃，而香妃之稱僅出諸守護太監之口，紛紜聚訟，益覺迷惘。

據辭書所載「香妃」本為回部酋長妻；《清史》氏妃為「和卓」，和卓者回語掌教之謂，亦曰「和卓木」。又以回部臺吉「和扎麥」為妃父名，和卓木與和扎麥，一音之轉，皆隨意編造，不足信，惟一確據，則為容妃薨於乾隆五十三年，其齡約在五十，太后則前於妃十一年崩逝，無賜死事，且容妃葬於東陵，均可考。曩水建彤著香妃小說，英人周伍愛蓮河靈母子，譯為英文，書名為《芬香的情婦》，而水氏自述為旅遊新疆所得質料，謂「每一句均有根據，皆為未經人道之事實」。以妃為愛國之游牧女兒，至死不為劫難權勢與富貴所屈，媲為「聖女」，為「至上之光」，並考其原名為「璣月衣姐什」，又以維吾爾語香妃為「瑪弭兒阿孜沁」，謂「瑪弭兒」之意為美，故乾隆封曰「容妃」云云，實則皆如俗諺所謂：將蝦蟆算在田雞譜上，不能以容妃為香妃也。

按新疆疏附（即喀什噶爾）有「香娘娘墳廟」，蕭雄〈聽園西疆什述詩〉註：「香娘娘廟在喀什噶爾回城北四五里許，廟形四方，上覆綠瓦，中空而頂圓，無像設，惟墓在，回婦於墓前開『八雜』，以添熱鬧。……香娘娘乾隆時人，降生不凡，體有香氣，……」曩梁均默先生遊疏附，曾謁其墓，據阿洪所述娘之姓氏世系，知實名馬漠爾阿孜心，父名群和加，有言出自烏孜別克族者，母名帕的夏阿孜心……。其兄圖的和加，漢人稱圖圖公，曾護妹入都，死於北平，圖妻名底下代漢阿孜沁，為某大臣愛女，護兄妹遺體歸葬，並出貲修建廟園及麻扎（墓）云云。據傳「乾隆即位初，曾戀一回族之宮女，名瑪吉牙，自幼喜食沙棗子，故色美體香，帝甚嬖愛，太后恐帝迷戀，賜女毒藥，諷使自裁，帝知而慟惜，詔禮送其遺體葬回疆」。宮闈隱祕，參以蕭雄註末所云「娘性真篤，因戀母，歸歿於家」，似諱言之也。若然則香妃固不必為容妃矣。

四、故宮圖書說銀妃

清宮舊藏〈乾隆妃簪花圖〉一幅，工筆描繪，作臨窗對鏡狀，圖中無文字，宮中檔案亦無紀錄。民國廿年《故宮周刊》八十三期以彩色精印，附有說明：「下方簪花圖像，原裝置一插屏，其一面為乾隆像。宮中傳說，皆知其為乾隆寵妃，而不知其名為誰何。顧宮嬪圖像之作漢裝者，僅此而已。近人柴萼《梵天廬叢錄》載：乾隆時，有銀妃者，山東青州人，曾寵擅後宮，並言有晚妝圖，已入日人手，此則曉粧圖也。又客歲喧東陵案，乾隆陵寢內，發見漢妝纏足女屍，……此屍與此像其均為銀妃無疑矣，茲於本刊張之，以質讀者。」按乾隆皇后妃嬪十四人中，慧妃高氏，歿於乾隆十二年，為大學士高斌女，李貴人歿於廿五年，慶妃陸氏歿於卅九年，均漢女，無銀妃之名，宮妃冊封雖無立后之隆重，宜有冊文可稽，《故宮周刊》憑柴萼所述，即以此屍此圖為銀妃，是於香妃之外，又添一重公案矣。

《梵天廬叢錄》紀銀妃略云：「乾隆時與香妃先後進御者，尚有銀妃。妃山東青州人，父某，諸生，生妃年已邁，名曰杏兒，父死，不能鞠養，送同里黃氏為義女，遂冒姓黃。年六歲，已廣額豐頤，明眸皓齒，頸如蝤蠐，鼻如懸膽，夏日衣霧縠行陌上，飄飄輕逸，神女不啻也。望族見女麗，皆思以其子委禽。顧黃欲居女為奇貨，皆婉絕，謂女嬌憨，不任為人婦。且女年雖穉，嘗有言：美女如好花，能屏男子，葆質金閨，則如好花留樹，愈增其貴，否則如墜溷矣。自是名益著，長日除掃讀外，殊不問他事。後十年，高宗南巡，道出魯境，近倖有繩妃之美者，帝心動，鑾輅回京，即密諭魯撫，使輦妃入宮，勿張揚，勿強迫。……抵京，居之別殿，恐太后知，又移之後宮，即夕召見，妃羞澀甚，緋暈兩頰，伏地叩萬歲，上深憐愛之，賜賚無算，次日宮中喧言妃承恩矣，加封銀妃矣。……初妃之入宮也，一切儀制，俱所未諳，夜闌人靜，或背燈暗泣，有言於上者，上時煦慰之。一日，不知以何事忤上，上憤然趨出，人皆為妃危，不一刻，上忽來昵之，竟無他異。先二年，征回部獲香妃，寵冠三千，居與妃宮近，每晨必來詣妃，互訴衷曲，未幾香妃遷他宮，上日夕幸之，其憐惜甚於妃，妃妒恨，得間譖於太后，謂香妃將不利於上，太后乃迫香妃死，上聞之，嗟悼不已，妃遂有長門之歎矣。歷數十年，未嘗更一幸之。苕東閔東帆有〈詠銀妃詩〉：「金鼎香銷玉漏殘，曉妝懶效綠雲盤，卅年疏卻君王面，自覺腰裙日日寬。」……柴萼所著，多道聽塗說之詞，製香妃故事者，皆謂因不辱身降志，而在太后協助下，完成貞烈，柴竟謂以銀妃妬譖而死，架空臆說，真匪夷所思矣。

五、長汀西郊之娘娘墳

長汀為閩西山區之一縣，舊屬福建汀漳府治，民國初屬汀漳道，後廢。其地四圍皆山，沿城有河如帶，曰汀江，發源於寧化，經汀城蜿蜒而南，直趨粵東入南海。其地處閩粵贛三省衝要，夙有閩西鎖鑰之稱，氣勢宏偉，而民風淳質，氣候亦不燠不寒。王陽明詩：「將略平生非所長，亦提戎馬入汀漳。數峯斜日旌旗遠，一道春風鼓角揚。莫倚貳師能出塞，極知充國善平羌。瘡痍到處曾何補，翻憶鍾山舊草堂。」即進兵汀州道中之作也。對日抗戰時，廈門淪於敵手，廈門大學遷設汀邑，又為通往贛粵孔道，一時頗稱繁盛。

邑有長汀中學，本為試院舊址，柏樹森列，高可參天，為千餘年前物，紀曉嵐（昀）曾按試其地，其《閱微草堂筆記》所紀「兩緋衣人，從柏樹下揖之，」因有「參天黛色原如此，點首朱衣或是君」句，即紀此樹。而西關有娘娘墳一坵，則為有關民族正氣之史蹟。

墳在西山之麓，實為南明隆武帝（後謚紹宗襄皇帝）陳妃葬處，與貴嬪沈氏，永寧王世子妃彭氏合瘞，以左軍都督忠誠伯周之藩，中書舍人陳純及陳母蔣氏附焉，蓋隆武奔汀時殉難諸人叢葬地也。墳無墓道，除墓石外，蔓草荒邱，白楊三兩，極見蒼涼。考《清史補編，南明紀二，紹宗皇帝本紀》：「帝抵汀州，清師踵至，隨征御史王國翰以警急聞，帝怒，欲杖之，扈從皆逃，次日有十餘騎叩城，曰扈蹕者，開門納之，乃追騎也，遂執帝及曾后去，……后至九龍潭投水，帝遇害於福京。一曰：帝至汀州，追兵及，呼問誰是隆武？福清伯周之藩挺身呼曰：我大明皇帝也。群射之，之藩拔箭殺數十人，俄腦後中箭墜馬被殺，帝與曾后遇害於汀州之府堂，百姓收群屍，葬於羅漢嶺。」……云云，然據《府志》載：「隆武在汀被執殉難，陳周皆當時扈從臣，方帝被困楊衙坪時，二人赴援，不敵被創死。傳陳妃英勇武健，脫出時，糾眾據九龍寨，攻歸化，衣白甲，乘桃花馬，敗奔洋源，被執，絞死於汀州之靈龜廟，臨刑，數責執刑之無恥降清官吏，慷慨就帛，無懼色。」彭妃墓石作永寧王妃，非是，應為世子妃，按「妃奉賢人，生有國色，驍勇多智，御梨花刀，千夫辟易，江西破，永寧父子殉國，妃間道入閩，聚眾千餘，馳騾歸化寧化間，清兵疲如奔命，會歲饑，軍不得食，叛將王夢煜圍之，妃舞刀迎敵，殺十餘騎，力盡被執，不屈死。」之數人者，皆忠烈可傳，而二妃英勇，較之稗史所載娬嫿將軍林四娘尤有過之，若編綴其事爨演於紅氍毹上，亦足以闡幽光也。

六、阮芸臺（元）倡研古金文

中國文化歷史悠久，形上謂道，形下謂器，唐虞商周以來，道存於今者有九經，器則罕有存者，所存者銅器鐘鼎之屬耳。古銅器有銘，銘之文，陰刻謂之款，陽刻謂之識，故又稱款識，其造作之精，文字之古，皆先民篆蹟，非經文隸楷縑楮傳寫之比，其詞為古王侯大夫賢者所為，其重與九經同之，故研究古銅器款識者稱之為「金文學」或「款識學」。

古銅器銘文，多者或至數百字，雖不抵尚書百篇，而有過於汲冢者遠甚。漢代罕見古器，偶得之，稱為祥瑞，或至改元，儒臣有能辨者，世驚為奇，《說文》序所云：「郡國往往於山川得鼎彝，其銘即前代之古文」是也。降及三國六朝以迄於唐代，人不多見，故學者亦不甚重之。北宋以後，高原古冢收獲甚多，始不以古器為神奇祥瑞，而或以玩賞加之，學者釋文，日益精覈。《考古圖》所列宋人收藏者如文彥博、李伯時等三十餘家。歐陽修搜集最多，每有所獲，即為考證，輯成《集古錄跋尾》，計四百餘篇，其子歐陽棐復就所搜集者編目，成《集古錄目》。故研金文學者，多推歐陽父子。

與永叔同時入中，有劉原父（敞）者，世稱公是先生，學問淵博，史稱歐陽修每有所疑，輒以書詢之。服其博。蓋當原父居永興軍（即今西安）時，曾搜羅當地出土之古器，成《先秦古器圖》，根據古器之形態銘文，闡明各器之史料意義，以拓本貺際永叔，以考疑問難，永叔之作，原父所供最多。同時之李伯時（名公麟）即世所知之大畫家龍眠山人也，好古博學，多識奇字，夏商以來鐘鼎尊彝，皆能考訂世次，辨別款識，並親為圖繪，即考古圖也，今佚。

宋代帝室對古器之注重，始於仁宗而迄於徽宗。仁宗曾命楊南仲解讀宮中古器銘文，徽宗時宮中搜羅更多，史稱政和間，曾集古器六千餘件，至宣和間已多至萬餘件，曾命王黼輯《宣和博古圖錄》，擇其最精者五百餘圖，參照《文獻通考》，詳考其名稱，並於器形尺寸用途，均一一註出。迨靖康之亂，汴京陷落，宋室古器，多為金人所掠。南渡後，薛尚功有《鐘鼎篆韻》及《歷代鐘鼎彝器法帖》之作，法帖所收四百九十三器，較考古博古二圖為廣，惟所重者為墨拓，於形態漠不關心。至王俅之《嘯堂集古錄》雖能繼前代注意形態之研究傳統，但亦無特著之展進。元明以後，此道幾於中絕。

清乾嘉間，時值承平，古器之出於土田榛莽間亦不少，高宗弘曆，曾編《西清古鑑》及《寧壽古鑑》兩圖錄，外形豪華，內容貧乏，無學術價值，惟以宮廷愛好，頗有推動研究金文風氣之功。儀徵阮元（芸臺），以提倡學術自任，尤好古文奇字，爰為首倡，同時如江德量、朱為弼、孫星衍、趙秉冲、翁樹培、秦恩復、宋葆醇、錢坫、趙魏、何元錫、江藩、張廷濟等人，各有藏器，各出拓本，並阮自藏自拓者，得五百六十餘器，集為《積古齋鐘鼎彝器款識》，為續宋薛尚功後之鉅著，錢坫（十蘭）《十六長樂堂古器款識》之輯，孫星衍（淵如）之《金石萃編》，趙魏（晉齋）之《竹菴菴金石目》，朱為弼（茮堂）之《積古圖釋》，皆屬一時名著，蔚成研究金文之極盛風氣，自北宋以來所未有者。道光間，阮芸臺薨於位，而洪楊金田起義，宇內被兵，此風遂又衰落矣。

七、三百三十有三士亭

福州西湖公園，建自民國三四年間，時林惠亭（炳章）兼長工務局，以乃祖文忠公則徐，於道光二年自杭嘉湖道乞養歸，曾倡議疏濬西湖，自茲之後八十年間，菱蘊淤積，居戶侵佔，旱潦均以為患，適閩紳議濬湖以導水利，惠亭遂自董其事，依西湖舊志基址，循城內水道，依次開工，所需工款則索還鹽署所欠常平倉積穀變價者，又闢開化寺前田地，並將李忠定祠荷亭澄瀾閣大夢山謝泉等勝跡，均劃為公園，亭榭花木，佈置井井，移舊學署之石兩百餘，雜植其中，蓋三百三十有三士亭遺物也。

提學使署在福州南門之學院前，地鄰於山之麓，近文廟，辛亥改革時，改為陸軍測繪局，旋由劉景屏鹽使購作經學會（後改存古學校，又改為國學專修學校），亭址即在其後，僅餘山石，因移置西湖，今不知如何矣。福州學署，建自明季，清仍之，康熙甲申間，沈心齋（涵）視學閩中，於署後作亭，植松竹梅，顏曰友清軒。乾隆庚子，大興朱竹君（筠）涖閩，復搆補松精舍。笥河學士，博聞宏覽，好奬掖後進，承學之士，望為依歸，精舍經始之際，多士人致一石，鐫名其上，凡三百三十有三，因以名亭，並為之記。山左有門，別有蕉林，徑通東北隅，搆亭曰不炎之亭，名其林曰葉林焉。

嘉慶九年析津邵自昌視學時，其亭已圮，碑亦剝蝕，邵為葺修之，並記其緣起云：「向聞福建學署，有三百三十有三士亭，余來此，則額為補石亭。及問學使錢雲巖學士，乃知前亭為風敗，學士新之，求原額，謂已毀，又以增補山石，遂改題，然舊額不睹，良為悵然。越數日偶檢叢積，忽焉遇之，整之為還故處。竹君先生有記，勒巨石上，石理麓，剝落不可讀，同遊秀水鄭君師愈，曾錄其文云：『余奉命來福建，科試福（州）、延平、汀（州）邵武、建寧五府士既畢，旋福州試院，實當庚子之夏，余北人，不勝此間之暑也，暇日，於其西偏隙處構小亭，諸生聞之爭來，人致一石，刻名其上，凡九府二州五十八縣，及於海外咸具，刻名者至三百餘人，因名其山上之亭，曰三百三十有三士亭；面亭濬池，清泉滃然而出，因名其泉曰養亨泉。易曰：山下出泉，言泉之蒙者，必養而後亨也。山之左有門，別為蕉林，林可高五丈餘，百年物矣，余闢其蕪而得徑，通東北隅，亦構小亭，曰不炎之亭，而名其林，曰葉林。昔唐韓先生除鱷鷚之潭，而潮人知學，柳先生作永州小石城山諸記，而南人得所指授，為文章有法度，余視此竊內愧焉，而有託於此者，抑以志吾南來，與諸生相遭之跡，如是而已！亭既成，當去此，而代余者為余弟石君，亭之石有主者矣。諸生脫不忘余，識余言而勉勸為學，以學此山也。乾隆四十有五年，歲次庚子，冬十月十日，大興朱筠記』。」云云。

記中知兄弟先後視學，然南厓（朱珪）殊無所遺。其後汪雨園（潤之）任學使，屬太倉王子若（應綬）茂才作三百三十有三士亭圖，存署中，道光初年失去，徐松龕（繼畬）偶得之，歸於吳崧甫（鍾駿），吳亦視學閩中者也，曾以眎祁春圃（雋藻）相國，祁為題云：「開徑知三益，為山自一拳，我來尋石友，仍值補松年。歲月雲烟過，風流書畫傳。延平劍終合，肯逐鬱林船。」見所著《䜾䬪亭集》中，此外未聞有所傳作，僅見陳石遺長句二十韻為錄存之，句云：「少人多石傳楚南，山如碧玉攢為篸。誰知東越富石友，卓立三百三十三。想經女媧手所錬，周天度數原相參。只除如來卅二相，悉落下界來同龕。若令對影成三人，一一如彼月印潭。千山峯與千人石，坐此多士差能堪。若令讀經分剛日，尚書廿八篇先探。毛詩三百篇有五，人手一篇毋多談。三千二百四十卷，全部正式雖淵涵；若令柔日更分讀，十卷而儉人開函。荔支各啖三百顆，珍珠十萬傾筠籃。奉橘若只三百枚，向隅多恐食不甘。竹君儻有竹千畝，人分三畝天蔚藍。石君儻有萬石亭，三十取一排層嵐。吾鄉水石略可數，奇礓鬱林谺且谽。吟臺光祿已官廨，芙蓉別島猶雙驂。頗聞此亭落人手，巧偷豪奪紛負擔。未知散失剩幾許，願君愛護防眈眈。」通篇專求刻畫數目，其中所云光祿吟臺在光祿坊，舊為鹺署，後為監察使署；芙蓉別島在朱紫坊，曩歸雙驂園龔家，今亦別有主矣。

八、朱稚圭（次琦）行誼與文采

南海朱稚圭次琦，學者尊之為九江先生，生平講學，平實敦大，首重實行，無門戶之見，共漢宋而逕造尼山，嘗曰：「讀書以明理，明理以處事，先以治其心，隨而應天下國家之用。」其提示從學者修行之實有四：一曰敦行孝悌，二曰崇尚氣節，三曰變化氣質，四曰檢攝威儀。又定肄習之科目有五：一經，二史，三掌故，四義理，五詞章。時推為人倫師表，其行誼學術，影響於近世者至大。

九江天才敏慧，五歲就傅，七歲能詩，十三歲賦黃木灣觀海詩，阮元見而驚之，嘆為異才，二十一補邑弟子員，三十一舉鄉試，四十一成進士，廷賦時，日方昃，主者趣收卷，有拜揖乞緩者，九江以屈節非士，非所以立身也，卷未完遽呈之而出，遂以知縣籤分山西，抵太原日，僦居僧舍，蕭然獨處，居則齏鹽，出則徒步，有答康述之書云：「弟晉中需次，補缺尚無其期，然自省庸虛，正須閱歷，即稍稽時日，為將來逭虛筐之誚，固可以少安無躁耳。現住省城浙江會館，館後室為典守僧禪室，西偏屋數間，即其出息，弟賃居之，出則徒步，入則齏鹽，作官是何物事，不過與和尚們隔壁耳！昔魏敏果官京師時，不攜眷屬，王漁洋尚作詩嘲之云：『三間無佛殿，一個有毛僧，弟今有佛，勝環翁矣，一笑』。」其清況可見。其令襄陵也，以儒為治而績成，在任百九十日，政化大成，風俗醇美。咸豐間江南大亂，九江以兵禍將蔓延，擬三難、五易、十可挾片守、八可征之策，上之大吏，不用，遂歸講學，五十一歲後，足不履城市，登堂講授，不紙，而徵引淹博，錄之即可成書，世所稱禮山講義者是也。生於清嘉慶十二年丁卯八月廿二日，卒於光緒七年辛巳十二月十九日，年七十五。

九江固工於文，詩諸體均工，尤精律絕，卅六歲後即不復作，又擅為選體，詞亦雋雅，書法從顏入王，圓潤渾厚，病篤時盡焚所著，蓋其學志於用世，不欲以述著竟其才，既不可得，亦不欲以此炫世，卒後十六年，其弟子簡朝亮蒐其遺作，刊為《朱九江先生集》，凡十卷，有北行抵清遠與季弟宜城（宗琦）書，蓋少時所作，殆為焚餘所存，使事遣詞，直似洪北江，錄見一斑。書云：「五弟無恙。征舫既邁，遽逾十晨，願言之懷，昔人所喟，愛而不見，如何如何！吾弟內娛藹背，外隆德聲，雖曾輿翻指而動操，召南樵山而振稱，絜其勤勞，無以喻之也。嚮束裝後待友佛山鎮，兩日乃得成行，舟師謳櫂，若汎鳧鷺，遊子寄音，眇望魚雁，是夜宵半，衝風驟激，頹波彌厲，玄霜靈空，夙夕不解，雨雪告零，先集為霰，曙發盧包之汎，暮宿黃巢之磯，嚴霜隕而葭菼淒，玄算深而若英晏，鼈頸之灘，迷茫乎津逮，龜手之藥，歎惻乎水工，行路之難，諗我端倪矣。……風水蹇逆，行郵遂淹，以今二十七日到清遠縣，兄弟健好，餐飯猶昔，兼多徒侶，解誨憂虞，誥誡家人，勿我為念。從玆渡嶺，浮泭西下，楚歌千些，湘波萬重，背湖涉江，釋舟趣陸，更復馬首斷雲，千里隨夢，雁足飛雪，崇朝灑襟，七聖皆迷之野，惘惘而驅車，耦耕不輟之鄉，棲棲而問道，山川合沓，息影何時，靜言思之，百憂集矣！……每當落帆江滸，擁衾無寐，清角朝厲，游鴻夜吟，我懷云勞，不可說也！自惟寡薄，豈辦任官，此行邀福，或叨一第，思遂南歸，寄跡丙舍，將吾叔仲，長奉板輿，對鵲占門，徒魚築宅，陸機之屋，不間乎東西，何點之山，略分乎大小，時及霜露，言羅雞豚，祀先之餘，兼以速客，雖甑生塵而日晏，風吹籜而歲寒，而風詩教睦，取鹿食之相呼，金石歌商，結鶉衣而不恥，明明如月，長照其素風，溫溫恭人，永垂為家法，閉門養親，至於沒齒，雖三公上袞，百城南面，何以易此哉！其許我乎？非敢望也！有問訊者，達此嚮言。音塵未積，風雲逾闊，家食餘閒，幸勗光采。勞人草草，筆不抒心。」讀之可覘其怡怡之好，抑其急流勇退之心，已具於斯時矣。九江父成發，母張氏關氏，昆季四人，九江行三，兄士琦、炳琦，妹一，宗琦其季弟也。

九、顧湘舟（沅）與滄浪亭名賢圖刻

吳郡五百名賢畫像，為中國近代大規模之石刻，上自春秋時代之吳季子，下迄清道光前，凡吳郡歷代名人以及外地遊宦斯土者皆備，人各一石，每石高一尺，寬約五寸，計五百七十人，五百者約言之也，位於蘇州滄浪亭之名賢亭中。

滄浪亭本五代吳越錢氏廣陵王元璙之別圃，宋蘇舜欽（子美）流寓蘇州時得之，買水石作滄浪亭，自號滄浪翁，死後，數易主，紹興時，嘗歸韓世忠，故俗稱韓王園。其地積水數十畝，旁有小山，高下曲折，與水縈帶，風清景幽，蘇舜欽及明歸有光清宋犖皆有記。名賢祠之築，則為清道光間事，顧湘舟所記甚備：「滄波亭在郡學東，吳越時廣陵王錢元璙池館，宋慶曆間蘇舜欽得之，傍水作亭曰滄浪，南渡後歸韓蘄王，旋廢為僧居。明嘉靖間，郡守胡纘宗（字可泉，號鳥鼠山人。）於其址之妙隱庵，建韓蘄王祠。釋文瑛於大雲庵旁，復建滄浪亭。國朝康熙間，中丞王公新命（純嘏）建蘇公祠，宋公犖（牧仲）復構亭山之巔，得文徵明滄浪亭隸書，揭諸楣，歲久圮壞，道光七年，方伯梁公，旬宣來吳，重加修葺，悉復舊觀。大中丞陶公，於其西，購隙地建祠，樓屋五楹，其下則以沅向所繪輯吳郡名賢像五百七十，勒石陷壁，春秋致祭，俾後之人有所矜式。其上即以貯諸先賢所著書籍，為徵文考獻者之助，方伯題其額曰：藏書閣，並為之記。」……於建祠及刻石經過，敘述綦詳。

顧湘舟長洲人，名沅，道光間官教論，收藏舊籍及金石文字，甲於三吳，所居曰賜硯堂。方伯梁公者，長樂梁章鉅（茝林），時為江蘇布政使，素耽風雅，曾作小滄浪七友圖畫卷，刻於滄浪亭壁，亭亦其所重修，並有記，又輯《滄浪亭志》四卷，《滄浪題詠》二卷，見林則徐所撰墓志。大中丞陶公，即安化陶雲汀（澍），時任江蘇巡撫，為建祠刻石之始倡者。

《名賢圖傳》，為湘舟所輯，各有傳贊，成於道光十年，共二十卷，陶為之序，略謂：「顧生湘舟，輯吳郡名賢像凡五百七十人，遠徵近取，都為一冊，其用力勤矣。大司寇桂舲韓公，持以示余及梁茝林方伯，陳芝楣觀察，李葛峯太守，僉謂宜刻石以垂久，備勸勵焉。適重修滄浪亭成，因於其旁擇地為祠。吾師石琢堂先生，選匠氏嵌諸壁。已而顧生復鐫木為圖，人綴小傳，繫之以贊，蓋不但垂之久，並欲行之速也。……」桂舲為元和韓葑，琢堂為吳縣石韞玉，芝楣為江夏陳鑾，與梁苣林等皆為嘉道間名宦之好風雅者。陶建祠時，石琢堂就顧湘舟所輯名賢選匠刻石，寘祠壁間，並有拓本行世，後梁苣林以拓石須紙墨氈椎敲打，易於損壞，且有褻先賢，乃議以拓本翻刻木版，刷印成書，於人名及詞贊之外，增綴小傳，實地方名人傳記辭典之始創者也，陶雲汀所謂垂之久行之遠者，可謂備矣。亭祠與石刻，今尚存。至顧湘舟家所藏圖籍及賜硯堂叢書，咸豐庚申間，刦於兵火，其倖存者，盡為豐順丁雨生日昌所得。

十、葉調生（廷琯）最閒堂弔古

烏坭涇，古稱烏涇，位於上海浦西，鑿於宋代。上海地層多為沉沙沖積而成，故土色黃，獨此涇開掘時，土色烏黑，故名。宋高宗時苗劉之變，韓世忠率所部背嵬軍，自滬北江灣，馳赴臨安平難，曾經此涇進軍。元末江陰隱士王原吉（逢），工文詞，洪武中以文學徵，堅臥不起，舉家遷此，建最閒園以居，幽棲著書，歌詠自適，自稱最閒園丁，亦稱席帽山人，有《梧棲集》行世。地以人傳，而涇道年久失濬，早已淤塞矣。晚清葉調生有〈烏坭涇懷古〉一律，句云：「通渠歲久已成淤，舊事蒼涼感故墟。大將戰袍移戰艦，山人席帽構精廬。背嵬令肅勤王始，著錄心閒避世餘。今日寒蘆衰柳外，兩朝遺蹟賸樵漁。」結末兩句，則以原吉最閒園詩中，有「擬著幽居錄，漁樵共討論」句也。

葉調生名廷琯，江蘇吳縣人，道咸間諸生，志趣高澹，劬學不衰，自號十如居士。著有《楙花集》、《吹網錄》、《鷗波餘話》等。洪楊之役，東南半壁，遍地烽烟，咸豐十年，李秀成攻上海，吳縣亦頻驚風鶴，調生於是年四月四日夜半，避居於通濟菴，住持僧覺阿（開士）上人夙能詩，蓋方外交也，越日同奔光福銅佛寺，再宿還家，旋奔赴上海，四月十三日，蘇城陷落，遂居烏坭涇。據《楙花集》中自序云：「曩余刪存舊作古近體詩一編，庚申四月失去，初意從此不作詩矣。及來浦西，避亂窮鄉，棲羈逾歲，無書可讀，無友可談，並無他地可遊憩，悶極！輒復拈小詩，以消旅寂，率臆而吐，信手而書，等諸村曲山歌，不自知其工拙也。」此序作於咸豐十一年，蓋已七十歲矣。

《楙花集》詩，分兩卷，曰憶存草：以庚申竄避戰亂，舊日詩稿，輾轉遺失，等之泡影，遽告澌滅。自到上海後，稍有新篇，觀新索舊，燈前枕上，默想沉思，事類逋亡，情疑尋夢，蒐羅補綴，得近體二百首，其長歌大篇，已不復能憶矣。曰刦餘草。相率成於浦西烏坭涇者為多，凡就地風物，目所見，耳所聞，村女機杼，野老閒話，詩友唱酬，荒寺唄聲，一一筆之於詩。

詩集中附有錄《外集詩》一卷，中有〈浦西寓舍雜詠〉，計六十首，就所見聞涉歷，輒成短句，事非一類，言非一端，地非一處，無非藉遣旅愁之作。其〈題王原吉最閒園〉云：「我來首訪最閒園，也願傭丁避世喧。何處先民舊邱壑，一灣廢港繞頹垣。」末綴有註云：「元末詩人王逢，自江陰移家烏坭涇避亂，得宋張氏故居，闢為最閒園，自稱最閒園丁。名其山曰先民一邱，池曰先民一壑，約略其地，在長橋鎮之南。……」

最閒園園址，早已湮沒失所，無法探考，惟原吉隱居著書之閒閒草堂尚在，堂為一高平屋之大廳，廣袤佔地長四五丈，闊八九丈，左右各有旁屋，惟不甚大，四壁以水磨大方磚平面斜角勾砌而成，前後均無餘屋與隙地，蓋迭經世變，已傾圮無存者，堂額猶高懸廳中，白底黑字，漆層斑駁零落，惟閒閒草堂四字，清晰如故，相傳為原吉手筆。調生有〈題壁詩〉：「柳塘竹徑獨行吟，路入荒園感不禁，我似傷時李文叔，盛衰著意記園林。」「草堂舊額署閒閒，想見高人靜掩關，世事不驚雲臥穩，此中清福渺難攀。」「堂前樹石已全荒，剩有孩梅欲吐芳，畫出舊家寒女態，天然修潔儉梳粧。」葉氏所見當時景物，孤梅吐芳，勁柏掩蔭，故又云：「荒池老石襲園稱，聞說高人卜築曾，只有籬邊僵立柏，滄桑前見此園興。」註：「廢園尚存閒閒草堂三間，其地仍稱花園頭。」紅桑再刦，此堂額不知猶復存否？淒風殘照，興替何常，可勝浩歎！

十一、梁茝林（章鉅）勤勤槧鉛五十年

清嘉道間，仕宦中著撰之富，無出梁章鉅之右者。章鉅字閎中，又字茝林，晚年自號退菴，系出安定，宋時分居閩之長樂縣南鄉江田村，自前明迄清，十六傳皆郡縣學博士弟子，有書香世業之稱。茝林四歲即讀書，九歲能詩，十七入庠，二十舉於鄉，嘉慶壬戌進士，改翰林院庶吉士，散館改禮部主事，乞假旋里主講浦城南浦書院者凡七年，道光壬午授湖北荊州知府，擢由監司遷藩臬，四權巡撫，前後九年有餘。道光辛丑，英人擾虎門，茝林適在桂撫任，引兵防堵梧州，旋調蘇撫，時海事方急，即赴上海，與提督陳化成協力防守，鎮靜布置，吳淞口外我閩粵商船二百餘隻，總督裕謙慮有奸人潛溷，禁不許進港，商民惶恐幾罷市，茝林親赴海口訪問，知係商民，准其進港，船貨得以保全，人心以安，及裕謙殞於鎮海，兼攝兩江總督，事定後，以病作請告，從此不復出山，道光丁未，其第三子恭辰守溫州，迎養於西湖，湖光山色，听夕相對，復遊雁宕，補生平屐齒所未到，己酉夏卒，年已七十五矣。生平著作至夥，自冠至老，手不釋卷，勤勤於鉛槧者五十餘年，撰著多至七十餘種。

茝林識力鎮定，卓立不搖，每當眾議紛出時，徐發一言，輒中竅要，而特立孤行，空無依傍，位儕通顯，處之泊如，為政持大體，不以科條徼繞，樂獎人才，出於本性，故人皆樂之用。居京師時，以詩就正於翁覃谿（方綱），稱蘇齋詩弟子，官蘇州時，重修滄浪亭，為文以記，東南博學如鈕樹玉、郭麐、董士錫、朱綬、姜華、楊文蓀等輒多過從，或招致幕府，其耽風雅篤朋舊，蓋所性存也。與侯官李蘭卿彥章，同精鑒藏，辨證金石，討論隸古，阮芸臺（元）伊墨卿（秉綬）程春海（恩澤）相師友，陳恭甫（壽祺）曾題其燈窗梧竹圖，有注云：「嘉慶丙子，蘇齋與茝林蘭卿論詩，落句有『多少窗燈梧竹響，欲憑舊雨為傳神』之句，茝林蘭卿因先後繪此圖。」詩云：「詩先門庭晚最親，蘇齋得士契無鄰。妙齡李嶠呼才子，高詠梁鴻邁古人。意味應從皮骨別，興觀直取性情真。疏簾梧竹窗燈夕，彈指流光一愴神」。蓋繪此圖時翁已歸道山者十餘年矣。度林葺滄浪亭時，恭甫亦有寄詩，首云：「姑蘇有蘇亭，得名七百載，巒壑更廢興，烟霞已色改。」又云：「小志續商丘，紀年在丁亥，東吳佳麗地，臺榭紛磊磊，況鄰輿騎場，傳芬逼凡猥，熙熙城市間，疇暇歌款乃。」又「勳業齊靈巖，豈惟此亭嵬」。茝林自蘇歸里時，曾開藤花吟館，招里中名流觴咏其間，恭甫亦有「藤花有屋在帝鄉，居者芝麓半周黃，吾鄉亦傳米友後，以菴名集詩琅琅，（侯官許不棄有《紫藤花菴詩鈔》）風流猶為樹愛惜，草木自與人輝光，百年勝韻已銷歇，接跡乃見江田梁。」及「晉安風雅今誰張，堂堂吟社招壺觴。看君南登三堂集，東南嶠外羅文章」之句，可見其平日相與之善。

林文忠則徐，於茝林為翰林後輩，洎官江左，宦跡亦輒相先後，茝林就養於杭州時，值其生日，文忠以書相賀，有「哲嗣以二千石洊登通顯，臺端以八十翁就養湖山」語。茝林心艷其言，書請此演為長聯書贈，文忠廣為之聯云：「曾從二千石起家，衣鉢新傳賢子弟；難得八十翁就養，湖山舊識老詩人」。復記以跋云：「茝林中丞老前輩大人，自出守至開府，常往來吳越間，會哲嗣敬叔太守，又以一麾蒞浙，迎養公於西泠，公遊興仍豪，吟詩更健，此行真與湖山重締夙緣矣。昨書來索楹帖，以則徐前書有二千石八十翁對語，屬廣其意為長聯，並欲識其緣起。憶公昔歷封圻，距守郡時才一紀耳，今懸車數載後，復以兒郎作郡，就養於六橋三竺間，此福幾生修得？若他日再見封圻之歷，承此衣鉢之傳，豈不更復感事？敬叔勉乎哉！道光丁未人日，同里館侍生林則徐，識於青門節署，時年六十有三。」梁林均長於聯語，以文忠文章功業之盛，（時任雲貴總督）宜乎梁得之喜極也。丁酉茝林卒，文忠亦以病乞歸，其子逢辰丁辰恭辰映辰敬辰等奉喪旋，丐文忠為銘幽之言，曾稱其「器高以閎，志廉而恪，人方嚚嚚，公乃嶽嶽。」及「吳岷遺愛，鄭僑奚慚，難進易退，奉身綽綽」等，皆實言之也。

十二、張保仔事蹟考

港報載：西人積克巴嘉，在香港大會堂博物館，講：〈一八三八年前的香港〉中述及香港之海盜，巴嘉謂：「香港海盜，源自鄭成功之子，其目的在於反清復明，於一八零五年颶風中，溺死，遺嫠及姪張保仔，繼統其眾。在廣州之清廷總督，曾招撫海盜，亦有歸降者，然張保仔仍圖推翻滿清，清方遂與澳門之葡萄牙人聯合對付張保仔，一八一零年一月二十一日，張保仔與葡人交戰大敗，乃率眾二萬，船隻二百七十艘降清，成為粵緝私隊隊長。」

張保仔原名張保，屬著名海盜鄭一（亦作鄭乙）所部。中國東南沿海之海盜，自明末天啟以後，均屬於鄭一官之系統，鄭一官者鄭成功父鄭芝龍飛黃之小名也，在官書中，或稱為「艚賊」。當時據海為盜之著名者，尚有李魁奇、劉香等。至清朝中葉，在東江香爐山一帶（即今東莞至香山沿海各處）聚眾活動者，則有鄔石仁、郭婆帶及鄭一等人，此輩與橫行閩浙海面之蔡牽有連，可謂皆屬當年東南海上之實際統治者。蔡牽失敗較早，據《郎潛紀聞》所載：「嘉慶十四年，閩浙水師攻剿蔡牽，鏖戰重洋，閱兩晝夜，蔡逆夫婦淹斃黑水洋，盜船一律燒燬，餘盜擒斬無算。」郭婆帶等人，雖亦於嘉慶十五年，向兩廣官府投誠，但其部眾仍繼續出沒者若干年。

張保仔之名，不見於《新安縣志》，（新安即今寶安）。嘉慶二十四年重修之《新安縣志》載：「嘉慶九年，郭婆帶鄔石二鄭一等。流刦海洋，擄掠居民，有財者勒贖，無財者迫之為賊，聲勢日熾，大小匪船不下千餘艘，不特海面縱橫，即陸地亦遭焚刦；凡濱海村落，皆設立丁壯防守。邑屏山固戍榕樹角灣下等處，俱被賊圍攻。」又載：「十四年十月間，郭婆帶等賊船數百號，泊縣屬大嶼山赤瀝角等處，知縣鄭域綸親率繒漁各船往剿。」

新安縣志雖無張保仔之名，但張與郭婆帶實同屬於鄭一所部，且為鄭一手下之兩大頭目。鄭一之部眾既活躍於大嶼山一帶，張當在其中，特其名未顯不為官軍所熟知耳。嘉慶十四年為公元一八零九年，其時英國勢力尚未及此，而葡萄牙人則在澳門已有百數十年之居留史，故在新安縣志以及有關香港早年各種著述中，雖不見張保仔之名，而在葡萄牙人之記載中，尚能發見其事蹟，而且葡人曾與清廷水師合力對張保仔加以圍剿，其後張向兩廣總督投誠，更為出於葡人「船堅炮利」之壓迫。

葡萄牙人蒙塔爾多特基蘇斯所寫之《澳門志》，中有一段記載：「十九世紀初年，鄭乙之海盜艦隊勢力至為雄厚，所部擁有五百艘至六百艘帆船，載重自五十噸至二百噸，每船有炮十門至二十五門，大船能載二百人，炮火犀利，人手強悍，實為一股極為可怕之武裝勢力。其後鄭乙在一八零七（嘉慶十二年）途中遇颶風身亡，部眾由其妻繼續統率。其妻名香，人稱鄭乙嫂。……」

鄭乙嫂華容豔覯，亦剛健婀娜，或呼為香姑姑。即後為人所傳「香港海盜皇后」之香姑，極得眾心，故鄭一覆舟溺死後，能馭其眾，一八三五年仍健在。此外，如摩斯著《東印度公司編年史》，及一八三五年出版之中國文庫第三卷，其中均提及張保仔與葡人作戰，及投誠經過，中國文庫之記載，為兩名被勒贖之英籍船員之報告，對海盜內部組織及日常生活，敘述頗詳。其中不免有失實處，但仍為可寶貴之資料，其述鄭乙嫂當年為六十歲，在澳門經營賭館為生。

鄭乙嫂喪夫後，以三十餘歲之健婦，習風濤，嫻戰略，將部眾船隻，分成數隊，以不同色之旗幟為號，由其本人及各首領，分別率帶。張保仔即與郭婆帶各領一隊，張幟為紅色，郭幟為黑色。其後張保仔之眾，所聚益多，行動範圍，漸迫近香山沿海大真山、屯門一帶，並向沿海村落勒取保護費，其初僅攔劫中國商船，後則澳門海外之西洋商船亦無可倖免，殺人越貨，勒收行水，強銷掠物以補充糧秣。清方水師至不敢接近，每見旗色，即望風而逃。終於以兩艘開往廣州貿易之東印度公司港腳船之船員，被擄勒贖，遂與葡萄牙人發生衝突。

清方以海氛不靖，出剿又復屢敗，亦慫慂葡人出頭干涉，並允代籌糧餉。於是中葡組織聯合水師，向張保仔郭婆帶之海盜武力宣戰。當時澳門僅有武裝舊船兩艘，清方水師更膽怯心寒，初期接觸，自非張保仔等之對手，但葡人在加爾各答建造之六艘新戰船趕來加入作戰後，張保仔等之艦隊，無論速力及火力，均敵不過葡方新戰船之犀利矣。在兩次激烈之海戰受挫後，張保仔之龐大艦隊，為葡人設計圍困於香山境外之淺水陣地，無法掙扎。清方之兩廣總督，遂覷機發出招降文書，此輩橫行海上之英雄，不得不於勢蹙力窮之際，俯首投誠矣。

投降儀式，在香山城外舉行，時為嘉慶十五年之冬，即公元一八一零年一月下旬。其事在《新安縣志》中，亦有記載。《縣志》〈卷十三，寇盜門〉，載：「十五年，制府百菊溪（齡）招撫海賊郭婆帶等投誠，沿海居民遂無烽燧之警而安耕鑿之常矣。」

張保仔所部，全盛時期，共有帆船六百艘，部眾八萬。在投降時，仍繳出帆船二百七十艘，砲一千二百門，刀矛七千桿，部眾一萬六千人，婦孺五千人。據《澳門志》所載，張保仔在全盛時，隱然有大志，頗以鄭成功第二自居，有恢復中原之志。無怪乎張在投降時曾感慨謂：「橫行海上十四年，未逢敵手，若非葡人從中阻撓，何至於此」！其投降文書，亦典雅可誦。略謂：「竊謂英雄之創業，原出處之不同；官吏之居心，有仁忍之各異。故梁山三劫城邑，蒙恩赦而竟作棟樑；瓦崗屢抗天兵，荷不誅而作柱石。（中略）欣逢大人，重臨東粵，節制南邦，處己如人，愛民若赤，恭承屢出示諭，勸令投降，憐下民獲罪之由，道在寬嚴互用，體上天好生之德，義惟剿撫兼施。鳥思靜於飛塵，魚豈安於沸水？用是糾合全幫，聯名呈叩，伏懇憫蟲蟻之餘生，拯斯民於水火，赦從前冒犯之愆，許今日自新之路，將見賣刀買牛，共作躬耕於隴畝，焚香頂祝，咸欣化日於帡幪，敢有二心，祈即誅戮。」其引用梁山瓦崗事甚趣，其部屬當亦有「聖手書生」也。

《清史・列傳一百三十・百齡傳》，亦述及招降張保仔事，可資參證：「百齡，字菊溪，張氏，漢軍正黃旗人。嘉慶十年，調廣東巡撫。……十四年，擢兩廣總督，粵洋久不靖，巨寇張保挾眾數萬。勢張甚。百齡至，撤沿海商船，改鹽運由陸，禁銷贓接濟水米諸弊，籌餉練水師，懲貪去懦，水師提督孫全謀失機，劾逮治罪，每一檄下，耳目震新。巡哨周嚴，遇盜，輒擊之沉海，群魁奪氣，始有投誠意。張保妻鄭，尤黠悍，遣朱爾賡額、溫承志往，諭以利害，遂勸保降，要制府親臨，乃聽命。百齡曰：粵人苦盜久矣，不坦懷待之，海氛何由息？遂單舸出虎門，從者十數人，保率艦數百，轟礮如雷，環船跪迓，立撫其眾，許奏乞貸死。旬日，解散二萬餘人，繳礮船四百餘號，復令誘鄔石二至雷州，斬之，釋其餘黨，粵洋肅清。」……百齡於中清間，號能臣之冠，機牙鋒銳，淩轢一時，其窺張保仔有覆清之志，故併力以圖，傳中獨諱言乞助於葡人者，其亦自知乞援於外人為足羞歟？

十三、沈歸愚（德潛）詩學致卿貳

沈德潛字確士，號歸愚，沈欽圻孫也，乾隆間，舉鴻博未遇，後成進士，年已將七十，高宗稱之為老居士，憐其晚遇稠疊加恩，授內閣學士，累擢至禮部侍郎，以年老許告歸，原銜食俸，御賜詩極多，與錢陳群並與香山九老會，時推為大老，卒年九十七，贈太子太師，謚文慤。高宗懷舊詩，以德潛與陳群並稱「東南二老」。

德潛少受於葉橫山（名燮，字星期，號己畦），講究格律，古體宗漢魏，近體宗盛唐，尤服膺少陵，嘗云「詩以聲為用者也，其微妙在抑揚抗墜之間。」又云：「詩貴性情，亦須論法。雜亂而無章非詩也，然所謂法者，行所不得不行，止所不得不止，而起代照應，承接轉換，自神明變化其中。若泥定此處應如何，彼處應如何，不以意運法，轉以意從法，則法死矣。試看天地間水流雲在，月到風來，何處著得死法？」與橫山持論略異，則環境不同為之也。橫山嘗斥汪堯峯喜言詩法之謬，德潛不諱言法，但以死法為戒耳。又厲樊榭瓣香宋人，德潛誚為沿宋習而敗唐風，而盛推漢魏盛唐，其會心處，乃在明代之何仲默、李獻吉、李賓之、王元美諸人，曾有《明詩別裁》之撰，於李何王對方各派，一律呵斥，故論明末之詩，最不滿前後七子，謂：「一變為袁中郎之詼諧，再變為鍾伯敬、譚友夏之僻澀，三變為陳仲醇、程孟陽之纖佻」。

歸愚論詩，主張最力者，則為其溫柔敦厚之說，袁隨園聞沈編《清詩別裁》，不載王次回詩，與沈書云：「聞別裁中獨不選王次回詩，以為豔體不足垂教，僕又疑焉。夫關雎即豔詩也，以求淑女之故，至於展轉反側，使文王生於今，遇先生，危矣哉！」雖若甚辯，要以沈說為持之有故也。

歸愚死後，入祀鄉賢，塋上高宗御賜祭葬，碑文屹立。後以東臺徐述夔（賡雅）一柱樓詩，東為臺令檢舉其中有反清詞句，如〈詠正德杯〉：「大明天子重相見，且把壺兒擱半邊」。又「明朝期振翮，一舉去清都」。指為大逆不道，以徐傳為沈歸愚所作，內稱「品行文章皆有可法。」併以奏聞。高宗大怒，將徐父子開棺戮屍，徐孫處斬外，株連所及，並諭將德潛所有官爵官銜謚典盡行革奪，撤出鄉賢牌位，撲毀祭葬碑文，為清代文字獄之一。或傳之高宗於歸愚詩學，原極禮重，於其致仕南歸時，曾以御製詩文，囑其改訂；歸愚亦嘗為其潤色。及歸愚逝世，高宗曾調其詩稿進呈，所有平日令其捉刀或點竄者均輯錄其中，已極恚怒，又讀其〈詠黑牡丹〉，有「奪朱非正色，異種亦稱王」句，遂以沈為「昧良辜恩」，而予以革諡撲碑之罰。

十四、厲樊榭哭月上詩

厲樊榭，名鶚，字太鴻，為清代大詞人，《清史》〈文苑傳〉謂其「詩刻鍊，尤工五言，有自得之趣，詩餘亦擅南宋諸家之長。」其詩幽新雋妙，獨闢畦徑，自成一派者。其〈哭姬人月上詩〉，王均卿最稱之，推為不下於元積悼亡之作。或疑有推許過當者，然袁子才《隨園詩話》云：「詩人筆太豪健，往往短於言情，好徵典者，病亦相同，即如悼亡詩，必纏綿宛轉，方稱合一，東坡之哭朝雲，味如嚼蠟，筆能剛而不能柔故也。近時杭堇浦（世駿）太史悼亡妾詩，遠不如樊榭先生之哭月上也。」

月上朱姓，湖州烏程人，姿性明媚，年十七，樊榭薄遊吳興，竹溪沈幼牧，為其作合，以中秋之夕，舟迎於碧浪湖口，同載而歸。月上於鍼管之外，喜近筆硯，影拓書法，頗有楷法，從樊榭授唐詩二百餘首，皆琅琅上口而識其意。樊榭性孤峭不苟合，幽憂無俚之際，命月上緩聲誦之，有勝於吹竹彈詩之悅耳也。樊榭晚年善病，月上事之甚謹，如是者七年，忽攖疾為醫所誤，沉綿半載，遽爾怛化，年僅二十四，無子。時樊榭為五十一歲，上有七旬老母，下無子息，其哀痛可以想見。又十年，樊榭死，歿後，其栗主竟棄於榛莽間，何琪見之，取送黃山谷祠，洒掃一室供之，歲時為之薦酒脯焉。

悼亡詩七律十二首，纏綿悲惻，哀感動人，不具錄，錄其最為人所稱者：「無端風信到梅邊，誰道蛾眉不復全。雙槳來時人似玉，一奩空去月如烟。第三自比青溪妹，最小相逢白石仙。十二碧闌重倚遍，那堪腸斷數華年。」「病來倚枕坐秋宵，聽徹江城漏點遙。薄命已知因藥誤，殘妝不惜帶愁描。悶憑盲女彈詞話，危託尼咁咒夢妖。幾度氣絲先訣別，淚痕兼雨灑芭蕉。」「一場短夢七年過，往事分明觸緒多。搦管自稱詩弟子，散花相伴病維摩。半屏凉影頹低髻，幽徑春風成薄羅。今日書堂絕行跡，不禁雙鬢為伊皤。」「除夕家筵已暗驚，春醪誰分不同傾。銜悲忍死留三日，愛撥耽香了一生。難忘年華柑尚剖，瞥過石火藥空擎。祇餘陸展星星髮，費盡愁霜染得成。」「舊隱南湖綠水旁，穩雙棲處轉思量。收燈門巷慊微雨，汲井簾櫳泥早凉。故扇也應塵漠漠，遺鈿何在月蒼蒼。當時見慣驚鴻影，纔隔重泉便渺茫。」月上死於正月三日，樊榭對景興懷，悲逝者之不作，傷老境之無悰，故其言倍以哀也。

十五、毛西河（奇齡）負才自亢

蕭山毛大可奇齡，學者稱西河先生，少與兄萬齡齊名，人稱小毛生，陳子龍奇愛之，總角補諸生。流賊陷京師，崇禎縊死，哭於學宮三日，以山賊起，竄身城南山，築土室讀書其中。南明時，保定伯毛有倫起兵至西陵，西河入其軍，時馬士英方國安與有倫犄角，西河曰：「方馬國之賊也，明公為東南建義旗，何可與之共事？」國安聞而銜之，西河遂亡命，改名姓，字初晴。清兵下江南，祝髮為浮屠裝，亡命浪遊，著書自遣。已而應施閏章之招，設講於江西之鷺洲書院，康熙中荐舉博學鴻儒，修《明史》，不數年稱病痹假歸，遂不復出。

西河天資超邁，博覽強記，負才自亢，喜臧否人物，意稍不合，即不少假詞色。嘗與汪蛟門論宋詩，汪舉東坡詩「春江水暖鴨先知」，以為遠勝唐人。西河曰：「花間覓路鳥先知，唐人句也，覓路在人，先知在鳥，以鳥在花間也。此先，先人也。若鴨則誰先？水中之物，皆知冷暖，必先以鴨，妄矣！若以鴨字河豚字為不數見，不經人道，即矜為過人，則江鰍土鼈皆特色矣。」其喜駁辯以求勝，類如此。

然所論多精覈，經史百家詩詞雜著及諸瑣屑事，皆極有其根柢而貫其枝葉。詞宗花間，兼有南朝樂府風味，而運思多巧，有〈虞美人〉詞，原句：「孤樓綺夢寒窗隔，細雨梧桐迫。冷風珠露撲釵蟲，絡索玉環、圍鬢鳳玲瓏。膚凝薄粉殘粧悄，影對疏欄小。院空蕪綠引香濃，冉冉黃昏、近日映簾紅。」其迴文則成：「紅簾映日近昏黃，冉冉濃香引。綠蕪空院小欄疏，對影悄粧、殘粉薄凝膚。瓏玲鳳鬢圍環玉，索絡蟲釵撲。露珠風冷迫桐梧，雨細隔燈、寒夢綺樓孤。」

此詞又可改為七律：「孤樓綺夢寒窗隔，細雨梧桐迫冷風。珠露撲釵蟲絡索，玉環圍鬢鳳玲瓏。膚凝薄粉殘粧悄，影對疏欄小院空，蕪綠引香濃冉冉，黃昏近日映簾紅。」迴文則成：「紅簾映日昏黃近，冉冉濃香引綠蕪。空院小欄疏對影，悄粧殘粉薄凝膚。瓏玲鳳鬢圍環玉，索絡蟲釵撲露珠。風冷迫桐梧雨細，隔窗寒夢綺樓孤。」

右詞迴文倒誦，固天衣無縫，改七律後，亦了無痕跡，更一樣可以迴誦，足見心思之巧。而陳廷綽則言：「西河經術湛深，而作詩卻能謹守唐賢繩墨，詞亦在五代宋初之間，但造境未深，運思多巧，境不深尚可，思多巧則有傷大雅矣。」似甚病其巧，然西河對詩詞亦嘗嫉修飾璅細以裝綴行間，至謂「如吳下清客門巷，竹扉蕭蕭，又如貨郎兒灘都盛盤骨董，小有把弄，又如勾欄子弟，用膠清刷鬢，蹋研光襪，以自為美好。」則此詞殆其遊戲之作也。

十六、奚鐵生晚年坎坷

有持蒙泉外史所作山水畫求售者，裝潢頗精，而索價奇昂。外史蓋清中葉浙西奚鐵生也，名岡，與方薰齊名。《墨林今話》載：「『石門方蘭士薰，奚鐵生岡，浙西兩高士也，詩畫人品卓絕，風趣各異，論者並重之。』二人者皆豪邁不羈，意氣軒昂，畫則靜逸明潔，詩文亦幽雅閒澹，為當時所重，而皆晚景凄苦，恃鬻畫以資生事。方蘭士逝時，鐵生亦五十四歲。其明年，鐵生弟鑾，愛子濂、澧、冲三人，女一，均相繼染喉疫死，長者未冠，幼者僅七齡耳，俱聰穎韶秀，梁紹壬述其事，有「某年吾郡染喉疾，城闉市舍皆罹殃，先生三子並蔚起，鳳毛麟角森光芒，一時玉樓共摧折，西河老淚空盈眶。……」深弔其遇之舛也。

詎坎壈纏身，才人多厄，翌年，其鄰失火，又遭殃及，所藏書畫，悉成灰燼，三間破屋，一椽無存，郭頻伽《靈芬館詩集》中有〈奚鐵生〉七古一首，末段有「奪去三間破屋破，巢毀子取號且咷」之句，鐵生亦有〈感懷〉一律：「一尊寧復奇吾真，書畫淪亡感故人，易散烟雲經過眼，難拋筆硯苦勞神。瀟瀟凉雨秋堂竹，寂寂生涯病榻塵。若個江湖解閒意，願從簑笠問前津」。及徙新居，友好寄詩賀者，鐵生又寫兩詩作答：「衮衮勞塵抵死忙，浮生如奇亦堪傷。喪明徒抱千秋恨，曲突寧辭一炬光。本愧不才非避世，都緣豪興誤稱狂。從今誤入無生法，任說空王與法王」。「重感鷦鷯寄一枝，今朝敢卻草堂資。長瓶到戶多攜酒，矮紙題詩各贈詩。笑口強娛慈母老，雅心深負故人知，平生味澹還求澹，隙地栽詩待雪時。」不幸移居後，又遭母喪，繼以重病，因遵醫囑戒飲，盡捐缾榼，代以藥罏，病中聞雁，深感浮漚，其弟子徐秋雪視疾，鐵生深以「對君澹泊無他供，風裏蕭疏竹自鳴」為歉，師徒對泣，實則在其養痾期中，「剝啄無人乞畫來」，生計折磨，不無「甚矣吾衰」之感。

其長子濂生前曾聘汪氏女，濂死時，汪女水漿不入，誓歸奚家守節，鐵生初未之許，汪登門以求，乃諾，汪盡屏釵珥，親侍湯藥，逝時亦復盡禮盡哀。以其弟之子潤，嗣焉。遺著有《冬花菴燼餘藁》二卷，篇末〈臥病有感〉，殆其絕筆，錄其一：「靜掩衡門剝啄稀，空齋臥病思依依，看成榮落今何在，味盡酸鹹昨已非，終古雙丸無息影，到頭一夢有深機。青山不解悲霜鬢，人自營鳥自飛。」一字一淚，千幽萬怨，百餘年後，其畫為世所稀，所謂「千秋萬歲名，寂寞身後事」營者，於鐵生遺作，深為一慨！

十七、王漁洋（士禎）詩扼紀阿男

暮春三月，遙想江南，又是草長鶯飛時候，偶憶紀映淮〈鷓鴣天〉詞：「落盡紅窗綠滿枝，韶光如駛去難追。春歸過去鵑啼血，小閣簾垂乳燕窺。情脈脈，意孜孜。無言常自費尋思。連天草色和烟碧，何事東風著意吹」。不勝悵惘！

映淮上元人，父紀青，字竺遠，明末諸生，工詩古文詞，不得志於場屋，入天臺國清寺，披髮為僧，既而鐘魚鉢飯，不耐淒寂，復歸江東，以詩酒放遊山水間。子映鍾，字伯紫，工詩善書，入清不仕。映淮其女也，小名阿男，字冒綠，垂髫能詩，竺遠愛憐備至，親課之，復從其兄學為長短句，而有出藍之譽，紀氏為上元世家，以富裕聞，伯紫、冒綠兄妹，暇輒以詩詞唱和，有《真冷堂詩詞稿》。冒綠嘗有〈詠秋柳〉一絕云：「棲鴉流水點秋光，愛此蕭疏樹幾行，不與行人綰離別，賦成謝女雪飛香。」澹雅有致。

漁洋山人王士禎，順治間，任揚州司理，嘗為〈秦淮雜事詩〉，多言院中舊事，聞人傳冒綠詩，以為薛濤、蘇小之儔，因題句云：「十里秦淮水蔚藍，板橋斜日柳毿毿。棲鳩流水空蕭瑟，不見題詩紀阿男。」漁洋兄弟，為新城名士，漁洋尤稱一代宗匠，此詩傳佈後，冒綠聞而大恚，遂盡燬棄其稿，絕筆不復作。旋適莒州秀才杜李，伉儷間極相得，無如好事多磨，紅顏命薄，莒州為賊騎所陷，杜李為寇所戕，冒綠奉翁姑挈六齡稚子，避匿深山幽谷中，幸免於難，自此洗盡鉛華，茹苦含辛，以鍼黹博升斗，侍養堂幃，篝燈課子，歷三十年，以節孝顯。

伯紫自號檗子，晚年自稱戇叟，移居儀徵後，復稱鍾山遺老，時猶健在，以其女弟柏舟矢志，節勵冰霜，十指艱辛，青燈恤緯，自〈秋柳〉一詩遭侮，備歷諸艱，寓書漁洋，頗滋詬責，且詢將何以處。

時漁洋方主禮部，得書引為愧歉，乃疏陳冒綠守節撫孤經過，請旌表其閭，又與伯紫書，謝其少年綺語之過。而冒綠之詩詞稿，終不可復傳，僅餘此一詞一詩而已，亦不幸也。

十八、陳迦陵（其年）創作天才

朱竹垞題〈其年填詞圖〉，調寄〈邁陂塘〉云：「擅詞場、飛揚跋扈，前身可是青兕？風煙一壑家陽羨，最好竹山鄉里。攜硯几，坐罨畫溪陰，裊裊珠藤翠。人生快意，但紫筍烹泉，銀箏侑酒，此外總閒事。空中語，想出空中姝麗，圖來菱角雙髻。樂章琴趣三千調，作者古今能幾？團扇底，也直得尊前，記曲呼娘子。旗亭藥市，聽江北江南，歌塵到處，柳下井華水。」其年，陳維崧字也，號迦陵，父貞慧，著奇節，為明末四君子之一，往返多當世碩望，其年資稟穎異，十歲代其祖于廷公作楊忠烈贊，比長，聆諸長老議論，耳濡目染，學以日進。每讌集，侍父側，援筆為記序，千言立就，瑰瑋無比。與王漁洋兄弟暨宋實穎等唱和，名益噪，時有江左三鳳凰之目，其年為其一也。

補諸生後，屢試不售，遂出遊，所至爭客之，嘗主如皋冒氏水繪園，主人愛重其才，進聲伎適其意，朱彊邨所稱「跋扈頗參青兕意，清揚恰稱紫雲歌，不管秀師訶」者，即此時之本事也。性落拓，饋遺隨手盡。獨嗜書，雖舟車危駭，咿唔如故。由河南入都時，與秀水朱竹垞合刻朱陳村詞，自朱陳出，一時成為宗派，說者謂竹垞情深，其年筆重，嘉慶以前，為二家牢籠者十居七八。陳廷焯論詞，則以其年為清初詞家巨擘，所作氣魄絕大，骨力絕遒，填詞之富，亦古今無兩。雖不及稼軒之渾厚沈鬱，在當時不得不推為大手筆。《白雨齋詞話》亦稱；迦陵詞沉雄俊爽，論其氣魄，古今無敵手，若能加以渾厚沈鬱，便可突過蘇、辛，獨步千古，惜哉，蹈揚湖海，一發無餘，是其短處，然長處亦在此。蓋偏至之詣，至於絕後空前，亦令人望而卻走。又謂：其年諸短調，波瀾壯闊，氣象萬千，是何神勇，皆致推許。蓋其既是長才，又篤志好古，取裁非一體，造就非一詣，豪情豔趣，細泣幽吟，觸緒紛披，意隨筆到，甚至里語巷談，一經點化，皆成妙詞，實具有創造天才，而不為前人所囿者。

其年貌清癯而多鬚，浸及顴準，海內稱為陳髯，與字並行，生平無疾言厲色，游公聊間，謹慎不泄，遇事匡正，故多樂近之者。其文散駢俱妙，而獨自喜駢體，清初以駢儷文見長者，其年為最，汪琬亦致推服。詩始為雄麗跌宕，中年一變而入少陵沉鬱之調。晚年與修《明史》，在館四年，勤於纂輯嘗懷江南山水，以史館需人，不果歸，未幾遂病，病篤時猶吟斷句云：「山鳥山花是故人」，時振手作推敲勢，遂卒，年未六十也。

十九、朱竹垞（彝尊）風懷本事

近人況夔笙（周頤）蕙風詞話：「或問國朝詞人，當以誰氏為冠？再三審度，舉金風亭長對。問：『佳構奚若？』舉其〈搗練子〉一闋云：『思往事，渡江干。青蛾低映越山看。共眠一舸聽秋雨，小簟輕衾各自寒。』」

金風亭長，蓋朱竹垞（彝尊）也。年十七，棄舉子業，肆力古學，家貧，以飢驅走四方，北出雲朔，東泛滄海，登芝罘，經甌越，所至叢祠、荒塚、金石斷缺之文，莫不梳剔考證，與史傳參互考證。自謂凡天下有字之書，無不披覽。以詩古文詞，見知於江左之耆儒遺老。時王士禎工詩，汪琬工文，毛奇齡工考據，獨竹垞兼有眾長。其詩文不名一格，其答胡司臬書有云：「僕之於文，不先立格，惟抒己之所欲言，辭苟足以達而止。恒自笑曰：『平生無大過人處，惟詩詞不入名家，文不入大家，庶幾可以傳於後耳。』」又於《憶雪樓詩集》序中，亦有：「予每怪世之稱詩者，習乎唐則謂唐以後書不必讀，習乎宋則謂唐人不足師，一心專師規模，則發乎性情也淺。惟夫善詩者，暢吾意所欲言，為之不已，必有出於古人意慮之表者。」其立論之根據如此，中年以後，學問愈博，風骨愈壯，長篇險韻，出奇無窮，當時與王士禎屹然稱南北兩宗。

其詞體近於姜白石張玉田，而稍加恢宏，以開浙西詞派，淵源所自，則出於曹溶。嘗從曹游。「酒闌燈灺，往往以小令慢詞，更迭唱和。有井水處，輒為銀箏檀板所歌，念倚聲雖小道，當其為之，必崇爾雅，斥淫哇，極其能事，則亦足以昭宣六義，鼓吹元首。」其〈自題詞集調寄解佩令〉云：「十年磨劍，五陵結客，把平生涕淚都飄盡。老去填詞，一半是空中傳恨，幾曾圍、燕釵蟬鬢，不師秦七，不師黃九，倚新聲、玉田差近，落拓江湖，且分付、歌筵紅紛。料封侯、白頭無分！」

世傳竹垞詩中，〈風懷二百韻〉，辭旨纏綿，為有所託，或勸刪去，竹垞曰：「寧不喫兩廡肉，不可刪也」！曩冒鶴亭言：「竹垞風懷二百韻，為其妻妹而作，其曝書亭詞『靜志居琴趣』一卷，皆〈風懷〉註腳也。」傳竹垞年十七，娶於馮，名福貞，字海媛，少竹垞一歲。馮夫人之妹，名壽常，字靜志，少竹垞七歲。清末太倉某家藏一簪，刻有「壽常」二字，而竹垞〈洞仙歌〉詞云：「金簪二寸短，留結殷勤，鑄就偏名有誰認」云云，合「靜志居」琴趣之生香真色，其本事為不虛矣。竹垞晚號小長蘆釣魚師，評朱王詩詞者，謂「王才高而學足以副，朱學博而才足以運」，惟朱彊邨（孝臧）論朱詞則謂：「體素微妨耽綺語，貪多寧獨是詩篇」，允為確切。

二十、錢儀吉清節儒雅

嘉興錢香樹（陳群）以文學受知於清高宗，與沈歸愚（德潛）並稱東南二老，宇內崇之。及嘉道間，錢儀吉泰吉復以文學顯，稱嘉興二石，蓋柘南居士之曾孫也，二人者皆長於文章，治經史輿地，著述尤富，而清節彌著，一門儒雅有足傳者。

儀吉字藹人，號衎石，又號星湖、心壺，生時有五色文禽見於室，故初名逵吉。少讀書於外祖家，九歲，母攜之入都，時其父福胙方以侍讀學士官京師，十二歲畢十三經，熟精文選，父命擬作〈山賦〉，數千言立就，張船山見之，歎賞不置，繪〈桐梅圖〉並題句以贈之云：「錢郎十二已英妙，能讀盧仝月蝕詩，比似卷阿桐一樹，露華新長鳳皇枝。」又云：「尚書家世多才子，十葉金貂萬首詩，我欲拈毫畫梅里，為君點染向南枝。」十七歲侍父閩學政署，十九領鄉薦，旋以父病歸，遂留侍疾，不赴公車。父逝後，奉母里居北郭之秋涇橋之靜讀齋，從朱梓廬及戚餘齋讀，八年之間，沉潛經史，纂述甚富。嘉慶辛酉舉於鄉，戊辰成進士，以庶吉士散館官戶部主事，改御史。畢姻後，奉母居京師，夫婦侍几杖，先意唯謹，百計承歡，旋以母喪歸，服闋後還京，顏其居曰定廬。劉芙初見之，嘆曰：「如心壺乃足當一定字。」然儀吉以養親事畢，益淡於功名，性清介，事上官歲一報門狀，不請謁，尤慎交遊，退食之餘，坐倚床執卷，黎明起、中夜寢，無分寸不在書自言：「吾於此得養心之樂。」作詩文亦如日用飲食，不倦不怠，與劉芙初、董琴涵、賀藕耕、陳石士、梁茝林、陶雲汀、屠琴隖諸氏，講學相善，敦勵品性，不事聲氣。癖嗜書籍，其婦亦好讀，奩中金盡以買書，不足更脫釵珥繼之，家人化之，一門婦稚皆以讀書為可樂焉。

在臺時，遇事直陳，皆焚其草。嘗會勘災情議蠲賦之法，務實惠及民，同官有齮齕之者，長官韙其言，堂見之日，盡取寅寮所訐書以眎，儀吉受歸司署，行且讀，某官惶恐謝之，儀吉慰之曰：「毋恐！公事正當各抒所見，惟詆諆過甚，施之正人固相忘於無事，否則危矣！公毋爾也！」稽察銀庫時，拒積弊陋規，吏無可緣為利。其家故貧甚，長子婦主內政，摒擋奩具罄，至賣字以給，雖饔飧不繼，嘯歌自如，其〈答仲女〉詩：「債券如落葉，薄寒初中人，由來治生拙，昔已在官貧。」又「婦窘炊無米，翁誇筆有神」，〈查春園李次白贈句〉，亦有「坐擁圖書真足樂，家無儋石不知貧」及「朝衫可典琴可爨，但有書讀百不憂。」皆紀實語，所謂窮然後見君子者，信歟！後以戶部內察案鐫級，然其誤實在吏胥，或勸自陳，儀吉曰：「同罪數十人，獨嘵嘵何為？」泊然終不以言，董琴涵〈五君詠〉其五云：「給諫志通濟，侃侃古遺直，胸中萬卷書，論事有特識。側聞驄馬威，清風動京國，吏議來無端，翛然六月息。」及周稚圭詩：「待軒吾畏友，學粹行誼敦。淵淵千頃波，誰能測其源，白雲在天際，玄鶴相與騫，超詣謝塵滓，知希安足論。」皆能道其高致。

會應粵東大吏之招，主學海堂，居粵秀山，與嶺南學人商略經史，時時誘進之，樂而不倦，曾釗、陳澧、林伯桐均其得意士，粵人之學，益彬彬焉。朱蘭坡子鼎元在粵，呈詩曰：「左宦憂時切，南游講學殷。」且述於其父，故蘭坡亦寄詩云：「首數韓門羅籍湜，胸懷杜廈庇單寒。」並注云：「兒子書來，言先生具有廣廈萬間氣象。」其時樞臣有招之者，並囑大府勸駕，儀吉笑曰：「江湖浩蕩，樂於當官，吾甘以虀鹽送老，不復作春明夢矣。」旋遊汴，主大梁書院，其課士各就所志而導之，因材教督，不拘一格，游其門者如蔣湘南、陳凝遠、翟允之等皆有以自見。治經先求故訓，博考眾說，而折衷以本文大義，有六言詩云：「六經自有神解，不在詁字釋文，一笑魯魚帝虎，何殊陳蟻雷蝨。」

泰吉字警石，為儀吉從弟，博學擅文章，兄弟怡怡，以書質疑問難無虛月，從孫聚仁侍之久，受讀書法，亦卓然名家，子若孫輩亦科名輩出，儀吉惟盛滿是懼，嘗舉其家延澤堂之義以訓勅子弟，謂「君子之澤能久延者，其惟讀書與為善乎！」戚黨之窮乏失所者，皆盡心以教成一藝，使能自食其力。治史尤具特識，曾勉士嘗言：「先生通經術，熟史傳，藏古今輿圖數十家，多識國朝先正事實。目故短視，縱言及當世大利病，目光炯炯灼人，蓋非忘意天下者。」然終以學人終老，其著作見蕭一山《清代學人著述表》，不具錄。

二十一、高均儒狷介孤隘

《續東軒詩集》，秀水高均儒所作。按中國人名大辭典載：「高均儒字伯平，秀水人，廩貢生，治經精聲音訓詁之學，謹守宋儒家法，不為苟異。晚主講東城講舍，卒，門人稱謚孝靖先生」。均儒蓋古之狷者也。其先為福建閩縣人，祖積，貴州按察使，為仇家所齕，暴卒，家毀，父世煥，辛苦流離，為末吏以贍家計，又不幸早世，均儒方六齡，母車氏攜之，奉兩代櫬，葬於嘉興，遂為嘉興人。幼嗜學，母氏劬瘁之餘，課之誦讀，午夜篝燈，流涕相對，織弗輟讀亦弗輟，未冠，入秀水邑庠，時為清道光季年，學使得其卷知為服古之士，取優等補上舍生，與山陽魯蘭岑一同，清河吳稼軒昆田，交誼最篤，入其門，無雜賓，所最嚴者交遊及取與，評詩賭酒，非其人不得與也，人以是益重之。

均儒好古文，知治經必先識字，故治小學為勤，不屑屑於八股制義，屢躓於場屋不計也。所作主簡質，不務詞藻，常與日照許印林瀚，桐城蘇厚子惇元講學，與杭州邵位西懿辰，伊遇羹樂堯研經，與涇縣包慎伯世臣，上元梅伯言曾亮論文，之數人者，皆時彥碩博，每過從輒作十日廿日遊，上下古今，或相携獨往，析難辨惑，相對無雜言。其學主鄭康成，故又自號鄭齋，而風節高亮，時以比郭林宗焉。

生平與人交必誠，不泛泛酬酢，達官貴顯聞而過訪者，一揖而已，無多言，亦不答拜，詩酒名士則遠之，其自以為大才飽學，弗檢行止者，尤避之若浼，然一為之友，則規過勸善，不遺餘力。稼軒蘭岑舊有選色徵歌之飲，及與之遇，遂絕跡。清江浦每歲春暮，賽神會最盛，履舄駢沓，柳媚花明，吳魯適客其所，有相約往觀者，將往矣，均儒蹙額曰：時值多艱，玩細娛則忘遠慮，醉生夢死之行也，吾輩即不肖，奈何與蜉蝣子聯臂而嬉耶？吳魯悚然而止。

素豪於飲，喜飲人而不喜飲人之酒，有投贈，必固卻，無故而餽金必怒。總兵某者，吳棠麾下將也，雅重均儒，奉二百金為脩脯，拒之，終暗寘於案腹而去，及覺追還之，而總兵已奉派出兵，仍持以繳於吳。後吳棠刊刻書籍，迎均儒為主校勘，均儒方抱恙，扶病往，困悴特甚，某總兵復以三百金，丐均儒之友持贈，致存問，均儒不受，勸之，掀衾起立，作色曰：「均儒旦暮人耳，豈有垂死而受人惠者？」終不受。其狷介皆此類也。

在淮郡時，曾國藩方統軍拒太平軍，蒞清江浦，聞均儒博雅醇古，以問吳棠，吳告以寓郡城，國藩悵悵以不得一見，有告均儒宜往謁曾者，均儒舉孟子不見諸侯語答之，且曰：「吾一布衣耳，卿相之尊，於我夫何有？」忮者以為偽自為，均儒聞之，亦不校。

均儒嘗校勘《養一齋詩文集》，及河帥楊至堂延主校勘，極重契重，楊死，代者加以挽留，均儒以其意甚堅，允留一年，屆期決去，朋輩送別河干，畫師萬嵐為繪〈載書圖〉記其事。行後太平軍突至，清江浦成為灰燼，無不以易之，介於石貞吉頌之者，而一歸嘉興，重遭兵燹，一子及子婦男女孫並其婿皆死，均儒携其二子，避於澉浦，旋再徙杭州，居丁松生（丙）幕，無何太平軍陷杭，均儒不及避，太平軍以其年老書生，翼之出，復走澉浦省墓，艱屯迭遭，衰瘠殆無人色，而門庭肅穆，雖喪亂，依然如故。同治間，杭州復為官軍收復，丁松生書來，邀再返杭，主東城講舍講席，馬新貽、譚鍾麟先後為兩江總督，皆致禮重。有言杭州舊事者，謂均儒曰：「當城陷之日，吾甚為子危，子戇直，若逢彼之怒，立碎首矣。」均儒曰：「吾之戇為吾友也，非友何戇？」孤隘之性，至老不衰。邵友西殉杭城之變，均儒為文祭之，有「唯兄知均儒之孤隘，均儒謹當守此終身」語。蓋亦所謂強哉矯者矣。

二十二、洪北江（亮吉）謇諤伉爽

清代文治武功，以雍乾兩朝，為盛衰之轉捩階段。嘉慶嗣位，氣勢已微，然猶時求直諫，謇諤盈廷，言多見採。洪北江即當時直言敢諫之一，或以其效賈長沙之痛哭流涕為多事者，過矣。

北江名亮吉，字君直，一字稚存，陽湖人，少孤貧，母督課嚴，風雪夜，受經每至雞鳴。性伉爽有志節，又純孝，以母色笑為憂喜，雖壯歲，猶為嬰兒戲娛母。常橐筆出遊，節所入以養母。及聞母逝歸，慟絕墜水，得救免，三年徹酒肉，不入中門。

自幼工文辭，與同邑黃景仁詩歌倡和，時稱洪黃。後又從朱笥河安徽學幕，與戴震、邵事，晉涵、王念孫、汪中共，之數人者，皆通古義，乃立志窮經，與孫星衍相研摩，學益宏博，時又稱孫洪。舉乾隆一甲二名進士，已四十五歲矣。

嘉慶三年大考翰詹，命擬征邪教疏，時川陝不靖，北江指陳內外弊政數千言，為權要側目，適其弟藹吉卒，引古人期功去官之義乞歸。仁宗親政，朱珪書起之，適詔求直言，北江上書，又慷慨亟言：「自乾隆五十五年以後，權私蒙蔽，事事不得其平。」並謂：「人才至今日，釘磨殆盡矣，以模稜為曉事，以軟弱為良圖，以鑽營為取進之階，以苟且為服官之計。由此道者，無不各得其所欲而去，衣鉢相承，牢結而不可解。夫此模稜軟弱鑽營苟且之人，國家無事，以之備班列可也，適有緩急，而欲望其奮身為國，不顧利害，不計夷險，不瞻徇情面，不顧惜身家，不可得也。至於利弊之不講，又非一日，在內部院諸臣，事本不多，而常若猝猝不暇，汲汲顧影，皆云多一事，不如少一事，在外督撫諸臣，其賢者斤斤自守，不肖者亟亟營私，國計民生，非所計也，救目前而已，官方吏治，非所急也，保本任而已，慮久遠者以為過憂，事興革者以為生事，此豈國家求治之本意乎？」其論風俗，則深痛「士大夫不顧廉恥，百姓則不顧綱常」，認為「士氣必待在上者振作之，風節必待在上者獎成之，舉一廉樸之吏，則獎欺者庶可自愧，進一恬退之流，則奔競者庶可稍改，拔一特立獨行敦品勵行之士，則如脂如韋：依附阿比之風，或可漸革矣。……」語極切直，被革職戍伊犁，既而仁宗悔悟，以洪所陳勤政遠佞，足資警省，傳諭釋還，並將其原奏裝潢成帙，置座右備時觀覽，賜環之速，未有如北江者，北江既歸，自號更生居士，後十年卒。北江長身火色，自稱性褊急，不能容物，獨嗜學不以所遇榮枯釋卷，著書頗多，今行世。

二十三、黃仲則詩才天賦

蘇曼殊《燕子龕隨筆》：「黃仲則如此星辰非昨夜，為誰風露立中宵，是相少，情多語。」」郁達夫生平對黃仲則之詩，尤深喜愛，除曾撰〈采石磯〉一篇，深致景慕外，另有〈關於黃仲則〉之作，曾謂：「乾嘉間詩人，才非不大，學非不博，然和平敦厚，不免頭巾氣味十足，要求其語語沈痛，字字辛酸，真正具有詩人氣質之詩，自非仲則莫屬。」於仲則極致推崇，達夫所為舊體詩，其詩格亦近於兩當軒，則更不無受其影響。

黃仲則名景仁，字漢鏞，仲則其號也，江蘇武進人，生於乾隆十四年正月初三日，卒於乾隆四十八年五月十六日，得年三十五，距今蓋已一百七十七年，在中國短命詩人中，與初唐四傑相伯仲，而長於李長吉，較之明高啟則尚欠四齡，其詩宗法杜韓，後稍稍變其體，為王李高岑，卒其造詣與李白最近，乾嘉間論詩者推為第一；又擅餅文，絕以六朝人；且工書，擅山水畫，皆極古質，自號鹿菲子，生平以詩為生命，蹤跡所至，九州歷其八，五嶽登其一，望其三，及歿，篋中有詩二千首，渭川趙希璜為之刊行，侯官鄭炳文為之重梓，曰《兩當軒詩鈔》十六卷，古今體詩八百五十四首；文集四卷；《竹眠詞》二卷，凡一百五十八闋。

仲則身世淒涼，半生坎坷。四歲喪父，伯兄繼卒，家貧甚，祖黃韻音教養之，母屠夜督之讀，所業倍常童，八歲時試以制舉文，立就，於詩獨有偏嗜，九歲有「江頭一夜雨，樓上五更寒」之句。十二歲祖父母復相繼逝。嘗應童子三千人試，兩冠其軍。常熟邵齊熹主講常州龍城書院，與同郡洪亮吉，偕從受業，邵卒，聞秀水鄭虎文賢，謁之於杭州，鄭愛異之，居月餘，泣然辭去，曰：「景仁無兄弟，又母老家貧，居無所賴，將遊四方，覓升斗為養耳！」乃為浪遊，攬九華，陟匡廬，泛彭蠡，歷洞庭，登衡岳觀日出，過湘潭，酹酒招魂，吊屈子賈生，作浮湘賦以寄意，悲慨感傷，有不可自已者。定興王太岳，故名下士，時為湖南按察使，頗自負其才，及見仲則所為詩文，心折不已，，每有所作，必持質定可否，其見重於時彥有如此者。

二十四歲時客安慶，大興朱笥河（筠），督學安徽，招入幕，三月上巳，為會於采石磯之太白樓，賦詩者數十人，仲則年最少，著白袷，立日影中，頃刻數百言，遍示座客，座客咸輟筆。時八府士子，以詞賦就試當塗，聞學使者高會，畢集樓下，至是咸從奚童乞白袷少年詩，競寫一日，紙貴焉。左思之賦，輝映後先，其才蓋出諸天賦，句抄如下：

紅霞一片海上來，照我樓上華筵開，
傾觴綠酒忽復盡，樓中謫仙安在哉！
謫仙之樓樓百尺，笥河夫子文章伯，
風流彷彿樓中人，千一百年來此客。
是日江上彤雲開，天門淡掃雙蛾眉，
江從慈母磯邊轉，潮到燃犀亭下回，
青山對面客起舞，彼此青蓮一坏土，
若論七尺歸蓬蒿，此樓作客山是主，
若論醉月來江濱，此樓作主山作賓。
長星搖落若無色，未必常作人間魂，
身後蒼涼盡如此，俯仰悲歌亦徒爾！
杯底空餘今古愁，眼前忽盡東南美，
高會題詩最上頭，姓名未死重山邱，
請將詩卷擲江水，定不與江東向流。

清人評仲則詩者，或謂之「咽露秋蟲，舞風病鶴。」若從其遭際而言，自不無幾分相似，實則其詩飄逸處不亞於屈騷與太白詩，優美處亦不亞六朝諸子，切摯處可入杜子美之室，綺麗處則可與李義山相伯仲。在安慶時居學署壽春園西室，每閉門兀坐，噤口不言，或獨上清源門外之深雲館懷古臺獨步，或踱往南關姑熟溪邊酒樓沽酌，蓋有不勝身世之感者，學署中人，或稱之為「黃瘋子」，而朱笥河對之禮重不衰，嘗登青山弔「太白墓」，亦為膾炙人口之作，句云：

束髮讀君詩，今來展君墓，
清風江上灑然來，我欲因之寄微慕。
嗚呼有才如君不免死，我固知君死非死；
長星落地三千年，此是昆明劫灰耳。
高冠岌岌佩陸離，縱橫學劍胸中奇，

陶鎔屈宋入大雅，揮灑日月成瑰詞。
當時有君無著處，即今遺躅猶相思。
醒時兀兀醉千首，應是鴻濛借君手；
乾坤無事入懷抱，只有求仙與飲酒。
一生低首惟宣城，墓門正對青山青。
風流輝映今猶昔，更有潮橋驢背客。（賈島墓亦在其側）
此間地下真可觀，怪底江山總生色。
江山終古月明裏，醉魄沉沉呼不起，
錦袍畫舫寂無人，隱隱歌聲繞江水。
殘膏剩粉灑六合，猶作人間萬餘子。
與君同時杜拾遺，窆石卻在瀟湘湄，
我昔南行曾訪之，衡雲慘慘通九嶷。
即論身後歸骨地，儼與詩境同分馳。
終嫌此老太憤激，我所師者非公誰？
人生百年要行樂，一旦千杯苦不足：
笑看樵牧語斜陽，死當埋我茲山麓。

細繹此詩，詞色恍惚鮑元師，而變化儼然其所弔之太白，飄逸不群，哀感絕倫，學李者捨高青邱外，仲則當為首屈。他若〈登千佛岩遇雨〉：

木落千山秋，天空一江碧。賈勇登巉巖，抉背陬危壁。
獵獵虎嘯林，陰陰龍起澤。膚寸足下雲，倏已際天白。
急雲翻盆來，疾雷起肘腋。同遊三兩人，相望失咫尺。
飄然冷風過。烟霾漸消跡。兩腳移而東，長虹逗林隙，
山翠濕淋漓，苔空見白石。快哉今日觀，橫寫百憂積。
山川美登眺。嗟余在行役。陟高瞪親廬，犯險垂子職。
歸當置濁醪，獨酹奠驚魄。

寫奇險之境，如在目前，寫宇宙變化，如在頃刻，其工力已駕謝康樂而上之，王觀堂所謂詞之不隔者，顧當如是也！至其真工夫處，以〈焦節婦行〉為代表作。將歸魂寫得栩栩欲活，而節婦殉夫經過，更寫來聲容具至，實有清一代敘事詩之傑作，吳梅村〈圓圓曲〉，要

為之低首。詩云：

雄雞齊喚霜滿天，看郎刀胥肩上肩。
里胥促發如豺虎，語聲未畢行塵前。
茕茕為君守鄉里，妾身雖生不如死。
床頭有兒呱呱聲，此時欲死還宜生。
翠鈿羅襦一時卸，轉託鄰翁向街賣。
郎行慎勿憂家中，妾身可碎妾不嫁。
生相努力青海頭，死當瞋目黃泉下。
等閒一度十九秋，兒成學賈事遠遊。
妾存已似枝頭露，郎身亦在天邊頭。
五更城頭吹觱篥，黑雲如輪月如漆。
熒熒一燈青釭寒，蟋蟀在戶鬼在室。
忽然四面來血腥，舉頭瞥見神魂驚。
一人手提髑髏立，遍體血污難分明。
汝近前來妾不懼，果是郎歸定何據？
一風暗來飄血衣，去日曾穿此衣去。
郎歸妾已知，但怪來何遲！床頭一燈渡，梁上長繩垂。
又聞瀚海風砂一萬里，郎兮幾時飛度此？
妾死尚欲隨郎行，看郎白骨沙場裏。

此篇刻畫生動，詞意肅森，哀感神鬼，李長吉善寫鬼趣，能作鬼語，比來亦有望塵莫及之感。

仲則詩才雖出天賦，但亦用功至勤，洪稚存嘗言：「君日中閱試卷，夜為詩至漏盡不止，每得一篇，輒就榻呼亮吉視之，以是亮吉亦一夕數起，或達曉不寢，而君不倦。……」生平於功名不甚置念，鄉試弗售，於養親餬口之外，獨憾其詩無幽並豪士氣，嘗蓄意欲遊京師，乾隆四十一年，高宗東巡，召試名列二等，以武英殿書籤例得主簿，其〈都門秋思〉詩即成於此時。陝西巡撫畢秋帆（沅）見其詩，曰：「此詩價值千金，姑先寄五百金，速其西遊。」其見重如此，錄其詩云：

四年書劍滯燕京，更值秋來百感並。
臺上何人延郭隗，市中無處訪荊卿。

雲浮萬里傷心色，風送千秋變徵聲。
我自欲歌歌不得，好尋騶卒話生平。

五劇車聲隱若雷，北邙惟見塚千堆。
夕陽勸客登樓去，山色將秋遶郭來。
寒甚更無修竹倚，愁多思買白楊栽。
全家都在秋風裏，九月衣裳未剪裁。

側身人海嘆棲遲，浪說文章擅色絲。
倦客馬卿誰買賦，諸生何武漫稱詩。
一梳霜冷慈親髮，半甑塵凝病婦炊，
為語遶枝烏鵲道，天寒休傍最高枝。

黃氏一生為貧病所累，年富力強之時，竟為環境折磨至於身體羸弱，頭白如雪，以畢秋帆之助，乃赴西安，又得其貲助，入都納貲為縣丞，寓京師法源寺，銓有日矣，乃為債家所迫，抱病逾太行、出雁門，擬再重遊陝西，途次解州，病體不支，卒於河東鹽運使沈業富署，臨終以老親弱子相託於稚存，並請刪定其詩，復得畢秋帆資助梓行，洪稚存聞訃，往取其喪，有〈與畢侍郎牋〉，寫來特覺悲切，文云：

「自渡風陵，易車而騎，朝發蒲坂，夕宿鹽池。陰雲蔽虧，時而凌厲。自河以東，與關內稍異，土逼若術，塗危入棧，原林黯慘，疑披谷口之霧，衢歌哀怨，恍聆山陽之笛。日在西隅，始展黃君仲則殯於運城西寺，見其遺棺七尺，枕書滿篋。撫其吟案，則阿孀之遺牋尚存，披其穗帷，則城東之小吏既去，蓋相如病肺，經月而難痊，昌谷嘔心，歸終而始悔者也。猶復丹鉛狼藉，几案紛披，手不能書，畫之以指，此則杜鵑欲化，猶振哀音，鷙鳥將亡，冀留勁羽，遺棄一世之務，留連身後之名者焉。伏念明公，生則為營薄宦，死則為恤衰親，復發德音，欲梓遺集。一士之身，玉成終始。聞之者動容，受之者淪髓，冀其游岱之魂，感恩而西顧，返洛之旐，銜酸而東指。又況龔生竟夭，尚有故人，元伯雖亡，不無死友，他日傳公風義，勉其遺孤，風慈來祺，亦盛事也。今謹上其詩及樂府共四大冊。

此君平生與亮吉雅故，惟持論不同，嘗戲謂亮吉曰：予不幸早死，集經君訂定，必乖予之指趣矣。省其遺言，為之墮淚。今不敢輒加朱墨，皆封送閣下，暨與述菴廉使東有侍讀共刪定之，即其所就，已有足傳，方乎古人，無愧作者。惟稿草皆其手寫，別無副本，梓後尚望付其遺孤，以為手澤耳。亮吉十九日已抵潼關，馬上率啟，不宣。」

此外，尚有〈黃仲則行狀〉一篇，寫來異樣辛酸，讀之怛惻。黃氏以病肺而死，其父其子當均有結核菌之傳統，父子孫三代皆值壯歲而夭折。甚至其夫人趙氏，於乾隆五十一年二月逝世，距仲則之卒，僅兩載有奇，陽湖左仲甫《念宛齋尺牘》中與張檗房編修書中，曾提及「仲則夫人，又於二月病歿，白髮孤孫，益復淒苦，詩稿尚須校訂，且梨棗之資，亦煩籌度，正是一件未了心事」之語，至其全集之重刊本，則為其孫志述，洪楊之亂，復遭劫灰，版又燬失，亂後由志述妻吳氏再為梓修，今所見者，即此版本也。

《兩當軒集》中，遊山水之詩最多，古風尤勝。傳仲則每入山尋詩，經日不出，值大風雨，則瞑目坐崖樹下，樵牧見之，以為異人。至其感憤之詩，如〈上朱笥河先生〉之柏梁古體詩，寫來悱而不怒，另有四首律詩，如：

抑情無計總飛揚，忽忽行迷坐若忘。
遁擬鑿坏因首傲，吟還帶索為愁長。
聽猿詎止三聲淚，繞指真成百鍊鋼。
自捋一甌休示客，恐將冰炭置人腸。

歲歲吹簫江上城，西園桃梗託浮生。
馬因識路真疲路，蟬到吞聲尚有聲。
長鋏依人游未已，短衣射虎氣難平，
劇憐對酒聽歌夜，絕似中年以後情。

鳶肩火色負輪囷，臣壯何曾不若人。
文倘有光真怪石，足如可析是勞薪。
但工飲啖猶能活，尚有琴書且未貧。

芳草滿江容我採，此生端合付靈均。

似綺年華指一彈，世途惟覺醉鄉寬。
三生難化心成石，九死空嘗膽作丸。
出郵病軀愁直視，登高短髮愧旁觀，
升沉不用君平卜，已辦秋江一釣竿。

至於抒情詩歌，自古已夥，詩經之陳鄭兩風，仲尼不刪，下逮漢魏樂府，唐李義山杜牧無題諸作，李後主之詞，以及袁子才龔定庵之情詩，民國後曼殊達夫寫來更夥，白話詩人，則更赤裸露骨，仲則之羅曼史，雖不能詳，從其若干律詩中，似少年在宜興汎里讀書時，已有艷遇，其對象疑為一雛妓，詩如：

大道青樓望不遮，年時繫馬醉流霞。
風前帶是同心結，杯底人如解語花。
下杜城邊南北路，上闌門外去來車，
匆匆覺得揚州夢，檢點閒愁在鬢華。

喚起窗前尚宿醒，啼鵑何去又聲聲，
丹青舊誓相如札，禪榻經時杜牧情。
別後相思空一水，重來回首已三生。
雲階月地依然在，細逐空香百遍行。

遮莫臨行念我頻，竹枝留涴淚痕新。
多緣刺史無堅約，豈視蕭郎作路人。
望裏彩雲疑冉冉。愁邊春水故粼粼。
珊瑚百尺珠千斛，難換羅敷未嫁身。

從此音塵各悄然，春山如黛草如烟。
淚添吳苑三更雨，恨惹郵亭一夜眠。
詎有青鳥緘別句，聊將錦瑟記流年。
他時脫使微之過，百轉千回只自憐。

黃氏雖有「狂傲少諧」與「上視不顧」之習，而才人好女，情之所鍾，獨在此輩，祇是詩人薄命，崔護桃花，再相逢時已是綠葉成蔭，因有〈感舊〉四首：

風亭月榭記綢繆，夢裏聽歌醉裏愁。
牽袂幾曾終絮語，掩關從此入離憂，
明鐙錦幄珊珊骨，細馬春山翦翦眸，
最憶瀕行尚回首，此心如水只東流。

而今潘鬢漸成絲，記否羊車並載時。
挾彈何心驚共命，撫柯底苦破交枝。
如馨風柳傷思曼，別樣烟花惱牧之。
莫把鵾絃彈昔昔，經秋憔悴為相思。

拓舞平康舊擅名，獨將青眼到書生。
輕移錦被添晨臥，細酌金巵遣旅情。
此日雙魚寄公子，當時一曲怨東平。
越王祠外花初放，更共何人緩緩行。

非關惜別為憐才，幾度紅牋手自裁。
湖海有心隨穎士，風情近日遍方回，
多時掩幔留香住，依舊窺人有燕來。
自古同心終不解，羅浮塚樹至今哀。

此外〈綺懷〉詩十六首，抒寫心靈，給人影響尤深，最為曼殊達夫諸人所稱道；而其傳奇性，彷彿元微之之與崔氏，的是盪氣迴腸之作，與前述風流狹邪之情，又自不同，併錄之亦以作詩人之艷異詩紀讀也。序其次第如左：

楚楚腰肢掌上輕，得人憐處最分明。
千圍步幛難藏艷，百結葳蕤不鎖情。
朱鳥窗前眉欲語，紫姑乩畔目將成，
玉鈎初放釵初墜，第一銷魂是此聲。

妙語諧謔擅心靈，不用千呼出畫屏。
歛袖搊成絃拉雜，隔窗摻破鼓丁寧。
湔裙鬥草春多事，六博彈碁夜未停。
記得酒闌人散後，共搴珠箔數春星。

旋轉長廊繡石苔，顫提魚鑰記潛來。
闌干屭赑烏龍臥，井畔絲牽玉虎迴。
端正容成猶歛照，消沉意可漸疑灰，
來從花底春寒峭，可借梨雲半枕偎。

中表檀奴識面初，第三橋畔記新居。
流黃看織迴觴錦，飛白教臨弱腕書。
漫話私心緘荳蔻，慣傳隱語笑芙蕖。
錦江直在青天上，盼斷流頭尺鯉魚。

蟲娘門戶舊相望，生小嬌憐各自傷。
書為開頻愁脫粉，衣經多浣更生香。
緣球往日酬無價，碧玉於今抱有郎。
絕憶水晶簾下立，手拋蟬翼助新粧。

小極居然百媚生，懶拋金葉罷調箏。
心疑棘刺針穿就，淚似桃花醋釀成。
會面生疎稀笑靨，別筵珍重贈歌聲。
沈郎莫歎腰圍減，忍見青娥絕塞行。

自送雲軿別玉容，泥愁如夢未惺忪。
仙人北燭空流盼，太歲東方已絕蹤。
檢點相思灰一寸，拋離密約錦千重。
何須更恨蓬山遠，一角屏山便不逢。

輕搖絡索撼垂崽，殊閣銀櫳望不疑。
梔子簾前輕擲去，丁香盒底暗攜時。

偷移鸜母情先覺，穩睡猧兒事未知。
贈到中衣雙絹後，可能重讀定情詩。

中人蘭氣似微醺，薌澤還疑枕上聞。
唾點著衣剛半指，齒痕切頸定三分。
辛勤青鳥空傳語，佻巧鳴鳩浪策勳。
為向舊時裙衩問，鴛鴦應是未離群。

容易生兒似阿侯，莫愁真個不知愁。
夤緣湯餅筵前見，彷彿龍華會裏游，
解意同呈銀約指，含羞頻整玉搔頭。
何曾十載湖州別，綠葉成陰萬事休。

慵梳常是髮鬅鬙，背立雙鬟喚不譍。
買得我拚珠十斛，賺來誰費豆三升。
怕歌團扇難終曲，但脫青衣便上昇。
曾作容華宮內侍，人間狙獪恐難勝。

小閣爐烟斷水沉，竟牀冰簟薄涼侵。
靈妃喚月將歸海，少女吹風半入林。
炧盡蘭釭愁的的，滴殘虬漏思愔愔，
文園渴甚兼貧甚，只典征裘不典琴。

生平虛負骨玲瓏，萬恨俱歸曉鏡中。
君子由來能化鶴，美人何日便成虹。
王孫芳草年年綠，阿母桃花度度紅。
聞道碧城闌十二，夜深清倚有誰同。

經秋誰復念維摩，酒渴風寒不奈何。
水調曲從鄰院度，雷聲車是夢中過。
司勳綺語焚難盡，僕射餘情懺較多，
從此飄蓬十載後，可能重對舊梨渦。

幾回花下坐吹簫，銀漢紅牆入望遙。
似此星辰非昨夜，為誰風露立中宵。
纏綿絲盡抽殘繭，宛轉心傷剝後蕉。
三五年時三五月，可憐杯酒不曾消。

露檻星房各悄然，江湖秋枕當游仙，
有情皓月憐孤影，無賴閒花照獨眠。
結束鉛華歸少作，屏除絲竹入中年。
茫茫來日愁如海，寄語羲和早著鞭。

二十四、林則徐、左宗棠湘江夜話索祕

左季高（宗棠）序《侯官林文忠公則徐疏稿》三十七卷，中有句云：「宗棠憶道光己酉，公由滇解組歸閩，扁舟迂道訪宗棠於星沙旅次，略分傾按，期許良厚，忽忽四年，久欲一攄感念，而未得一當，是書之敘，何敢以不文辭！」又曰：「軍書旁午，心緒茫然，刁斗嚴更，枕戈不寐，展卷數行，猶彷彿湘江夜話時也。」湘江夜話為何事，筆記皆未有述，左亦未詳言之。曩在榕城，曾以質於林梵宣丈，丈蓋文忠裔也，語余云：文忠遺憾，莫過於知新疆形勢之要與蘊藏之豐，而莫能及身經營新疆，觀於左文襄於平髮剿捻之後，即移師經略西北，力請新疆設省等等，後先同揆，然則文襄所謂「略分傾按，期許良厚」，當莫過於此，「湘江夜話」儻亦有關於新疆之經營歟？

按，遠在西曆紀元四五一年，即後魏太武帝平正一年，宋文帝元嘉二十八年，董琬歸自西域，言西域實有三城：自葱嶺以東，流沙以西為一城；始略以南，月氏以北為一城；西海之間，水澤以南為一城。於西域形勢，為概括之敘述。唐代沿漢時所分山南山北兩路，分疆而治，監北道設北庭大都護府，昔之庭州，今之迪化也；監南道置安西大都護府，昔之龜茲，今之庫車也。惜中葉以後，淪於回鶻吐蕃，宋時又悉降於遼，於彼之時，自屬無治可言。

元以蒙古騎族，雄視歐亞，威棱赫耀，析溯其由，不能謂非由於對此位在歐亞之間廣袤地域，分疆治理而收之宏效。其時元人對廣袤地帶，治置四行政區，計阿母河行省，轄葱嶺以西，阿母以南；別失八里（迪化）元帥府，轄天山南路；阿力嘛里（伊犁）元帥府，轄伊犁，治天山北路；曲先元帥府，轄吐魯蕃以東。在元人控制運謀之下，今日之新疆及邊外各處，遂成為遙控中原遠拓歐洲之樞紐。

清初，康熙時，山北為準噶爾部，山南為回部，乾隆時次第收入版圖，亦頗具經營，且有其成就，自未可予以抹煞，然未能竟收同文同種之人與地於疆域之內，則為一莫大之遺憾，亦復為後來西陲多事之根由。嘉道間，龔定菴（自珍）稱博學奧衍，尤長於西北輿地之研究，曾疏請新疆建省，惜其雖以奇才飽學著稱，而官不過一禮部主事，位卑言微，不為樞廷所採納。其友魏默深（源）者，於國家利病成敗，塞外部落源流，尤為諳熟。斯二人者又則徐摯友也，嘗為互相引討。道光辛丑，則徐以粵事被譴，遣戍伊犁，以魏源名，成《海國圖志》，闡明瀛環形勢，壬寅春，決知交集鍰圖贖之議，毅然荷戈行，周歷天山南北二萬里，於大漠廣野之形勝地利，更瞭然胸中，又研究土質，利用伏泉，以坎井法，引導水源，資農田灌溉，千里戈壁，頓成沃壤，改屯兵為操防，授回民以耕種，蓋所見者遠而所慮者深也。

乙巳賜環，復奉署督陝甘之命，丁未授雲貴總督，己酉因病奏請關缺回籍，臨歧語僚屬，謂馭邊之道，公、勤、仁、明、威，少一不可。又謂區區之力，不過維持十年，過此非所知矣。其孜孜於國事者如此，至其「終為中國患者，其俄羅斯乎」一語，其後果驗，及今猶梗。

宗棠序中所述湘江夜話，即為此時，越兩年，則徐即下世。其時當已自知年力就衰，猶謂不過維持十年，非惜死惜其為國戮力之日短耳。於以揣知林左「略分傾安」之時，所謂「期許良厚」者，當不外乎此，彌見前賢抱負，不願及身而止，必得其人以傳而後已，故雖時移代異，其用心猶復足為傚法者也！

宗棠既勘定回亂，覵英俄各有野心，欲助帕夏別立，因獨排眾議，揮師出關，謂不及時規還國土，而坐自遺患，萬一帕夏不能有，不西為英併，即北折而入俄矣，不可令吾地坐縮，邊要盡失也！及帕夏死白彥虎遁，清廷方議休兵，宗棠嘆謂劃地縮守之策，抗疏力爭，旋奏請新疆建行省。崇厚使俄辱命，宗棠復奏俄人蠶食不已，界務商務萬不可許，當先之以議付，委婉而用機，次決之以戰陣，堅忍而求勝。自請出屯哈密，規復伊犁，輿櫬遄發，俄人懾其勢，和議成，新疆南北城盡復，宇內莫不知有左侯者，蓋其謀國之忠，胥出於湘江夜話也，則徐之期許為不虛矣。

二十五、左季高（宗棠）生平不言窮字

清季湘軍諸將，首推曾左彭胡。左季高（宗棠）以舉人奏賞四品候補京堂統軍，轉戰閩浙，所向克捷，積功洊擢督撫，及髮捻平定，回疆又叛，左移督陝甘，而「引得春風渡玉門」，定秦隴，收回天山南北，揚威塞上，拜爵封侯，死謚文襄，死前有長聯自輓：「慨此日騎鯨西去，七尺軀委殘芳草，滿腔血灑向空林，問誰來歌蒿歌薤，鼓琵琶塚畔，掛寶劍枝頭，憑弔松楸魂魄，奮激千秋，縱教黃土埋予，應呼雄鬼。」「倘他年化鶴東歸，一瓣香祝成本性，十分月現出全身，願從茲為樵為漁，訪鹿友山中，訂鷗盟水上，銷磨錦繡心腸，逍遙半世，惟恐蒼天厄我，再作勞人。」豪放磊落，倔強自負，可以概見生平。陳石遺云：「左文襄文字，有扶風豪士之氣」，信然。

往者士人服官，以澹泊尚廉為務，所謂「服官而廉，猶之為女而貞，此其本分之常道，而非異人之奇節」也，故「廉不言貧，勤不言苦」。左初以候補京堂統軍，無養廉之給，胡林翼嘗致書湘撫駱秉章之幕賓郭崑燾（意城）云：「季公不顧其家，應請籲門（駱字）中丞，飭鹽茶局每年籌三百六十金，以瞻其私。此亦菲薄之至。鄂中營官有家在鄂者，均不止此，若季公非有廉可領者也。」胡又慮左之不納，復致書於左云：「營中公費需多定數目，軍事以用財養賢為正眼法藏。嘗笑世無不用錢之豪傑，亦決無自貪自污自私自肥之豪傑。公之小廉曲謹，婦孺知名矣，不私一錢，不以一錢自奉，又何疑而不以天下之財辦天下之事乎？」然左與意城書則云：「自十餘歲孤寒食貧以來，至今從未嘗向人說一窮字。」意猶自負，蓋亦懷道自守之實也。

其自閩浙總督移陝時，廉俸所餘僅八千兩，但慨捐本縣書院二千，普濟育嬰兩堂各二千，又以二千修祖祠及買墓田。回亂平後，例須奏辦報銷，時滇省報銷辛銅釐金案，戶部剔駁四百萬兩以行賄七十萬兩始照冊核銷，部吏分肥，言官揭劾，朝右鬨然，左報銷奏上，揚言有敢向索一錢者，必指劾，竟不費纖毫，亦未干駁剔，其聲威固為朝端所懾，而所報皆實支實銷也。其誡諸子書云：「吾家積世寒素，近乃稱巨室，雖屢申儆，不可沾染世宦習氣，而家用日增，已有不能撙節之勢，我廉俸不以肥家，有餘輒隨手散去，爾輩宜早為謀。大約餘廉擬作五分，以一為爵田，餘作四分，均給爾輩，每分不過五千兩。子孫能學我之耕讀為業，務本為懷，我心慰矣！或且以科名為門戶利祿計，則並耕讀務本之素業而忘之，是謂不肖。」左平生服膺諸葛，其書同於武侯遺表所言，可以風末世貪墨者矣。

二十六、鄭淑卿課媳敦母教

絳虹樓老人者，林文忠則徐之元配鄭夫人也，名淑卿，侯官鄭大模女。大模以名進士，宰中州，有惠政，五十後解組歸來，絕意仕進，親課其女，經史外兼及韻言，故淑卿端莊敏慧，異於並時閨秀，大模鍾愛特甚，苛於選婿，問字盈門，絕少當意。則徐為諸生時，文名藉甚，與鄭氏子姪輩，月課會文，每次皆列首選，大模數讀其文愛重之，意已有屬，謀於婦，婦以林貧為嫌，大模以則徐品學皆非庸庸，而才宏識博，尤非時儒所及，終許之。于歸之日，則徐所居北院後，破屋三楹，不蔽風雨，淑卿敬事舅姑，克相夫子，躬親操作，與平日嬌養尊貴判若兩人，其後隨則徐歷任十四省封疆，皆布衣如故，非慶弔不衣帛。

則徐任兩江總督時，上房月費，夫人十千文，媳若女皆二千文，淑卿生子女各三，皆躬與乳哺，免懷即督教之讀書。晚年，課子媳尤嚴，如塾師之於弟子，每背誦有遺脫則夏楚隨之，則徐笑謂之曰：「稽之古，只有賢母教子，若威姑課媳，則未之前聞也！」淑卿曰：「吾豈老悖虐媳者？顧子媳為子孫家教所繫，婦人相夫教子，所承滋重，不讀書明理，將何以立？」然其諸媳雖憚其嚴，而親之如母，姑嫂妯娌間亦無閒言。

鴉片之役，則徐遣戍伊犁，淑卿在閩，星夜束裝赴滬以待，偕往陝西，立誓賜環同歸，期以白首。門下士某，迎謁於陝，竊為不平，見則徐臨戍且揮毫書聯軸應索者，言談自若，不敢言，退請夫人曰：「甚矣，此行矣！」淑卿曰：「勿然！汝師舉天下大任，決裂至此，得保首領足矣，敢憚行乎？」居陝三年，迨則徐被命放歸，淑卿悉心調護，垂老唱隨，彌深彌摯。

某年，隨任雲貴督署，署有小園，廣庭長廊，結構悉仿閩式，中秋之夕，設席園中，夫婦相酌，則徐謂之曰：「此間風物，佳則佳矣，若更得宮燈十盞，延廊懸掛，素心蘭十盆，羅列其間，庶幾盡美矣！」不逾月則宮燈搖幌風簷，而階除名卉，觸鼻清芬，淑卿搴簾謂則徐曰：「此燈此花，固愜人意，然花則間關而至，燈亦所費不貲，吾輩居人上，察言觀色者，近在肘腋而不覺，偶有所好，輒墜其術，謹於事而慎於言，不可不勉。」則徐頷之憬然，命盡撤而還之。

長媳陸氏，為青浦陸我嵩女，陸潤庠之姑也。我嵩以孝廉知侯官縣，夙有儒吏之稱，陸能讀父書，事尊嫜尤謹，與則徐次女敬紉最相得。及敬紉稍長，則徐欲於戚黨子弟中相攸，淑卿以詢於陸，陸以沈葆楨賢，曰「克興（葆楨小名）入贅，不徒有山抹微雲之譽，將來功業，亦必冰玉雙清，環顧戚鄙中，無足望其項背者。」淑卿然之，婚事遂定。淑卿後以微疾，卒於雲貴督署，則徐悼痛逾恒，而念同歸之言，不允先葬，所至官所，先一日扶棺進署，然後接鈐視事，歸田之日，以家瀕水濱，特於所居宅築高屋妥之，迨則徐歿，始同車下窆。

二十七、汪容甫（中）狂傲好罵

汪容甫（中）經學文翰，堅卓典贍，自成一家，為有清一代屈指可數之文學大家，而傲岸好謾罵，舉世目為狂生，至今談者，猶以「燒繩赤口汪容甫」為言。或謂人之怪癖，大略可區為兩種，一為內在者，如身體孱弱，神經衰弱，如醫學所稱中樞神經不能控制情感。其外在者，或因受外物刺激，或長期抑鬱，生活艱困。有一於此，則成為詭激之怪癖。容甫之狂，蓋合抑鬱艱困而然也。王引之〈汪容甫行狀〉云：「君少孤，好學，貧不能購書，助書賈鬻書於市，因遍讀經史百家，過目成誦。」又李元度〈汪容甫先生事略〉：「生七歲而孤，家酷貧，冬夜藉薪而臥，且供爨給以養親，力不能就外傅，母鄒，授以小學四子書。稍長，傭書村塾中，代學子為文，塾師大驚異，久之，就書賈借讀經史百家，觸目成誦，遂為通人。」所遭若是，遂又質直不為容止，不免流於怪癖矣。

至其狂傲處，如《燕下鄉脞錄》卷十三：「汪容甫少狂放，肄業安定書院，每一山長至，輒挾經史疑難數事請質，或不能對，即大笑出。孫編修志祖，蔣編修士銓，皆為所困。時僑居揚州者，程太史晉芳，任禮部大椿，顧明經九苞，皆以讀書賅博負盛名，容甫眾中語人：『揚州一府，通者三人，不通者三人。通者為高郵王念孫，寶應劉臺拱，與己是也。』不通者即指程任諸人。適有薦紳家居者，請容甫月旦，容甫大言曰：『君不在不通之列。』其人喜過望，容甫徐曰『君再讀三十年書，可以望不通矣』。」徐珂《清稗類鈔》譏諷類：「汪容甫為諸生時，肄業揚州安定書院，山長某好為詩，往往詫座客，一日宴會，酒酣，出詩示客，客譽不絕口，次至容甫，容甫擲不觀，大言曰：『公為大師不以經世之學詔後進而徒沾沾言詩，詩即工，何益於民？況不工耶！』某負詩名，聞言慍曰：『僕雖不賢，猶若也，師可狎乎？』容甫復摘三百篇疑義質之，某面赤不能答，容甫撫掌曰：『詩人固如是乎？』拂衣大笑出。」又《廣陵詩事》載：「容甫與顧文子齊名，金少圃視學揚州，謁時呼二人令自道甲乙，顧謙遜，汪曰：『中甲，九苞乙。』金責其不讓，汪曰：『掄才之地，一言論定，徒務謙虛之名，遂失是非之實，世俗處之，後悔奈何？』」蓋於時彥不輕許可，負盛名者必譏彈其失。或規之，則曰：

「吾所罵者皆非不知古今者，或者且求吾罵而不得耳」！然亦傳其「能不沒人之實，有一文一詩之善者，亦贊不容口」。是則固有激而然者矣？

二十八、彭十郎吹氣如蘭

金粟山人彭駿孫（孫遹）詞章與王漁洋（士禎）齊名，時稱「彭、王」。少具敏才，南昌重建滕王閣，落成之日，名流競賦詩，彭作冠其曹。嘗步遊蕭寺，僧方製長明燈，請為賦，彭諾之，願乞茶，僧退煮茗以餉，茗未熟而賦就，僧大驚膜拜。

尤工詞，王漁洋曾推為「近今詞人第一」，其詞多寫豔情，特工小令，有「吹氣如蘭彭十郎」之目，程村亦謂：「詞至金粟，一字之工，能生百媚。」其所為《金粟詞話》，謂「南宋詞人如白石、梅溪、竹屋、夢窗、竹山諸家之中，當以史邦卿為第一。昔人稱其分鑣清真，平睨方回，紛紛三變行輩，不足比數，非虛言也。」其說自主南宋。少時所作之《延露詞》，以豔麗為本色，自言：「詞以豔麗為本色，要是體製使然，如韓魏公、寇萊公、趙忠簡，非不冰心鐵骨，勳德才望，照映千古，而所作小詞，有『人遠波空翠』，『柔情不斷如春水』，『夢回鴛帳餘香嫩』等語，皆極有情致，盡態極妍，乃知廣平梅花，政自無礙，豎儒輒以為怪事耳！司馬溫公亦有『寶髻鬆鬆』一闋，姜明叔力辯其非，此豈足以誣溫公，真贋要可不論也。」

《延露詞》三卷，如〈旅夜・生查子〉云：「薄醉不成鄉，轉覺春寒重。鴛枕有誰同？夜夜和愁共。夢好卻如真，事往翻如夢。起立悄無言，殘月生西弄。」〈感事・柳梢青〉云：「何事沉吟？小窗斜日，立遍春陰。翠袖天寒，青衫人老，一樣傷心。十年舊事重尋，回首處、山高水深。兩點眉峯，半分腰帶，憔悴而今。」〈席上有贈・少年游〉云：「花底新聲，尊前舊侶，一酢盡生平。司馬無家，文鴛未嫁，贏得是虛名。當時顧曲朱樓上，煙月十年更。老我青袍。誤人紅粉，相對不勝情。」〈遣信・臨江仙〉云：「青瑣餘煙猶在握，幾年香冷巾箒。此生為客幾時休？殷勤江上鯉，清淚溼書郵。欲向鏡中扶柳鬢，鬢絲知為誰秋？春陰漠漠鎖層樓，斜陽如弱水，只管向西流。」讀此四詞，可嘗鼎一臠矣。

南宋以後詞人之作，多有以書卷為詞者，彭氏既主南宋，其論自隨之轉移。故云：「詞雖小道，非多讀書則不能工。」又云：「詞以自然為宗，但自然不從追琢中來，便率然無味，如所云『絢爛之極，乃造平淡』耳！若使語意澹遠者，稍加刻畫；鏤金錯繡者，漸近自然，則駸駸乎絕唱矣！」語頗精闢。彭與漁洋及朱竹垞（彝尊）陳迦陵（其年）汪苕文（琬）並時，後漁洋入朝，位高望重，絕口不言倚聲，而彭亦悔其少作，不欲人知，竹垞迦陵代興，合刻《朱陳村詞》，流傳宇內，竹垞又衍為浙派，視花間一派等於雕蟲矣。

二十九、吳敬梓豪放嫉時流

《儒林外史》一書，描寫世故人情，寓怒罵於嬉笑，慼而能諧，婉而多諷，無膚泛語，無淫穢語。沈葆楨督兩江時，公餘輒喜翻閱之，謂其雕鐫物情，莫匿毫髮，足資閱微之識，靡特僅供日遣也。

作者吳敬梓，字敏軒，晚號文木老人，全椒人。世望族，科第仕宦多顯者。敬梓生而穎異，讀書一經過目，輒能背誦，補學官弟子員。襲父祖業，然不善治生，性復豪上，遇貧即施。偕文士輩往還，傾酒歌呼，窮日夜，不數年而產盡矣，每至斷炊。皖撫趙國麟聞其名，招之試，才之，以博學鴻詞薦，竟不赴廷試；亦自此不應鄉舉。嘗寓金陵，為文壇盟主，又集同志建先賢祠於雨花山麓，祀吳泰伯以下二百三十人，資不足，則售所居以成之。而家益以貧，乃移居江城東之大中橋，環堵蕭然，擁書數百卷，日夕自娛，窮極則以書易米，或冬日苦寒，無酒食，則邀其友汪京門輩五六人，乘月出城，繞城堞行數十里，歌吟嘯呼，相與應和，逮明始歸，各大笑散去。夜夜如是，謂之「暖足」。程魚門（晉芳）之族祖麗山，與敬梓有姻連，時周之。某年秋，霖潦三四日，麗山謂魚門：比日城中米奇昂，不知敏軒作何狀？可持米三斗錢二千往視之，至則不食兩日矣，然得錢則飲食歌啾，未嘗為來日計也。

敬梓精文選。詩賦援筆立成，夙構者莫能勝，而性不耐久客，住數月即別去。生平見才士，汲引如不及，獨嫉時文士如讎，其尤工者尤嫉之。其僑居金陵也，時距明亡未百年，士流尚餘明季遺風，制藝而外，百不經意，但為矯飾謂希聖賢。敬梓聞見所及，乃描寫官師儒者名士山人以及市井細民，借元末危素王冕二人引入，謂演述明初事，實則影射其同時所稱為名士者，書中杜少卿即其自況，慎卿乃其從兄青然（檠），其餘皆隱有所指，若以雍乾諸家文集紬繹而參稽之，則十得八九矣。晚年客揚州，尤落拓縱酒，每醉輒誦杜樊川「人生祇合揚州死」之句，而竟如所言，異矣！

子三人，長名烺，《文木山房集》中，有〈病中憶兒烺〉：「……有如別良友，獨念少寒衣。……郵亭宿何處，夢也到庭幃。」又〈除夕寧國旅店憶兒烺序〉云：「兒年最幼，已自力於衣食。……詩末句云：「屠蘇今夜酒，誰付汝先嘗？」觀此可覘其愛子之情。烺亦穎秀，有《春華小草》雜詩，亦多古意，後自跋云：「余年十五歲作此詩，岑華伯老見而喜之，曰：氣味聲調，直入黃初，兒時涉筆，遂臻此境，覺孔北海未是雋物，使我屐折！」敬梓死時，烺在京，官內閣中書舍人，其同年王又曾（穀原）適客揚州，為告轉運使盧某，殮敬梓而歸殯於江寧。

三十、鄭板橋早年困頓

板橋道人鄭燮，詩書畫世稱三絕。其詩言情述事，惻惻動人，不拘體格，興至則成，頗近香山放翁；書畫尤多真趣，人爭寶之，詞則弔古攄懷，尤擅勝場，或以比於蔣苕生。板橋自少穎悟，讀書饒別解，性落拓不羈，喜與禪家尊宿及其門子弟遊，每放言高談，臧否人物，以是得狂名，成進士時已四十餘矣。

宣瘦梅〈紀板橋事〉，謂板橋為秀才，曾三度邗江，鬻書賣畫，迄無識者，潦倒之極。宣氏搜集名人遺事軼聞，每多得之耳食，於板橋壯歲以前之困頓，則似可信，板橋固自言：每日作書畫，賣得百錢，以代耕稼也。有「除夕前一日上中尊任夫子」律詩一首：「瑣事貧家日萬端，破裘雖補不勝寒。瓶中白水供生祀，窗外梅花當早餐。結網縱勤河又沍，賣者無主歲偏闌。明年又值掄才會，願向秋風借羽翰。」曩之讀書人，唯一出路，在於應科舉，倖獲一第，始得改變生活，不幸而屢躓場屋，則困頓抑鬱，自嘆不售，雖賢者亦未能免此，板橋有〈答許樗存調寄賀新郎〉一詞云：「十載名場困。走江湖，盲風怪雨，孤舟破艇。江上蕭蕭黃葉寺，亂草荒烟滿徑。惹客子，斜陽夢冷。檢點殘詩尋舊句，步空廊，古殿琉璃影。一個字，吟難定。書來慰勉殷勤甚。便道是，前途萬里，風長浪穩。可嘵金蓮紅燭賜，老了東坡兩鬢。最辜負朝雲一枕。擬買清風兼皓月，對歌兒舞女閒消悶。再休說，清華省。」

秋風場屋，屢戰屢敗，難免俯仰懷慙，其所作〈七歌〉中之第一首云：

> 鄭生三十無一營，學書學劍皆不成，
> 市樓飲酒拉年少，終日鼓吹學擊笙。
> 今年父歿遺書賣，剩稿殘篇看不快，
> 爨中荒涼苦絕薪，門前剝啄來催債。
> 嗚呼！一歌兮歌偪側，皇遽讀書讀不得。

懷才不遇，老大興悲，不免以頹廢自傷，其後，浪蕩江湖，仍無所遇，徜徉山水，買醉酒家，終無以自遣，懷鄉念切，終如季子還鄉，悄然而返，又不免起愧對妻孥之心，〈七歌〉中之五歌，定見其當日不得之神情，如：

幾年落拓向江湖，謀事十事九事殆。
長嘯一聲沽酒樓，背人獨自問真宰。
枯蓬吹斷久無根，鄉心未盡思田園。
千里還家到反怯，入門忸怩妻無言。
嗚呼！五歌兮頭髮豎，丈夫失意閨房詛。

失意之狀，述之如繪，至四十四歲後，始一吐氣。板橋為性情中人，幼失怙恃，賴乳母教養，終身不忘，與袁子才未識面，或傳其死，頓首痛哭不已。晚年嘗置一囊，儲銀及果食，遇故人子及鄉人之貧者，隨取以贈，蓋亦曲知人間情偽，世路炎涼之苦者也。

三十一、陳東塾（澧）文而又儒

清代詩家之宗杜韓者，推程春海，其門下如何紹基鄭珍，皆桀熊頓挫，不主故常，其能自張風雅，才思有餘者，則推番禺陳蘭甫。

蘭甫名澧，世所稱東塾先生者是也。汎覽群籍，凡天文、地理、樂律、算術、經史百家，無不深研，工古文、駢體、詩、詞，又擅篆隸真草行書，儒林欽其賅博，而六上春官皆不售，先主講學海堂問坡精舍。譚仲修論其詩格，謂「蘭甫先生，文而又儒，粹然大師，不廢藻詠，填詞朗詣，洋洋會於風雅。」推崇備至。蘭甫平生，常以「學宜先識字，乃可讀三代秦漢之書」為言，蓋秉其師門遺訓，其所為〈感舊〉詩：「先師程春海，雄文兼碩儒，昔於侍坐閒，問我讀何書？我以漢書對；又問讀何如？我言性善忘，讀過幾如無。師言不在記，記誦學乃粗，豈欲摘雋語，以資詞賦歟？漢室之興衰，班史之規模，讀之能識此，乃為握其樞！廿年記師言，書以置座隅。」於其師治學訣竅，詳為道出，鑑古所以衡，春海固以治史誨人也。

張之洞督粵時，於廣州近郊，創廣雅書院，購置群籍，延攬通儒，更廣籌膏火銀，使來學者得以專心致志，實為獎學金制度之嚆矢。蘭甫時在廣州，之洞具衣冠，登門禮謁，聘為掌教。蘭甫深為感動，即允其請，並將所藏之珍本書籍，及其閎偉之屋宇，捐為館用，於是粵桂優秀學子來學者，多至千餘人，梁鼎芬、文廷式、簡朝亮、于式枚等，為其尤著者。

晚年著有《東塾讀書記》，於諸經微書大義，及九流諸子，兩漢以來學術源流正變得失所在，皆能抉其精妙，日有所得，輒即手錄，積數百冊。其手稿如讀周禮、讀春秋左氏傳等，帙中分用朱墨藍筆，三色同下，選摘批錄，斷以己意，有一本僅數條，或一章批至數十紙者，旁搜廣紹，洵足沾溉後學，而賸馥餘香，猶見丹鉛之雅。

東塾圖籍，後為康有為收藏。民國十年間，廣州登雲閣書肆，搜求百數十種，均初印本，紙墨俱精，鈐有萬木草堂藏書印，蓋戊戌時，康氏亡命海外，草堂所藏多有散失，遂入書賈之手。後為北大圖書館所購，將起運時為嶺大所聞，以係粵賢手蹟，宜藏粵中，堅請轉讓，北大則以既經價購為言，最後協議各鈔所有以易所無，始息爭議。蘭甫孫公睦，久居北平，東塾遺著多在其手中，今皆佚。

三十二、戴子高（望）與胡荄甫（澍）

德清戴望，字子高，以樸學為曾國藩幕府賓客，同治中任江寧書局校勘，與張廉卿裕釗相交逆，廉卿贈詩云：「往從樸叟論經學，苦說長洲一老賢，江表耆儒近凋喪，浙西弟子欻聯翩，風期孤往山皚雪，文字千年江導源，一笑相逢真我輩，秋風斜日白門前。」頗致推重。子高為宋翔鳳門下弟子，治尚書今文，守漢儒師法，棄舉子業，性兀傲，頗持門戶之見，論學有不合者，輒反覆辯難，在曾幕中，每從容諍議。國藩以西事內召，百官郊餞，子高從容進曰：「公功成名遂，意者其可退乎？」國藩為之改色，聞者以為狂，潘鳳洲鴻之萃堂詩，嘗載其事，並繫以詩：「慷慨臨岐動上公，狂名一日滿江東，白門柳色蕭毓甚，無限秋心落照中。」

子高與趙之謙善，李越縵所記對之殊多貶語，謂「戴望游丐江湖，夤緣入湘鄉偏裨之幕，嘗冒軍功，詭稱為增廣生，改其故名，求保訓導。又竊軍符，徑下湖州學官，為其出弟子籍，學官以無其人申報，湘鄉大怒，將窮治之，叩頭哀乞乃免。」其事雖不可知，然亦形容太過，以與潘鳳洲所記參校，似不至若是之甚也。

越縵之記胡澍，曰：「胡荄甫績谿寒土，以舉人能篆書，遊四方，自稱為竹邨先生族孫，後以稱入貸為戶部郎中，更以醫術游公卿間，與天水妄子為密友，互相標榜，凡貴要奘騆無不識也，曹事熟差，無不與也，予向以狹客遇之。」……又謂：「有妄人趙者，亡賴險詐，素不知書，以從戴望胡澍等游，略知一二目錄，謂漢學可以腐鼠也，時竊奇峯小品，以自誇炫；……是鬼蜮之面，而狗彘之心矣，此等委瑣，本不足寃楮穎，以世之愚而售其欺也。」直是罵街口吻。然二人實名下之士，李之詆諆戴胡至於此極，徒以其與趙悲盦，有互相標榜之嫌耳。

戴胡二人，晚年皆困窮以死，戴卒於金陵，同人為歸其喪；胡逝於都門，身後棺殮之資，由潘鄭盦（祖蔭）任之，屬王廉生懿榮為之經紀。文人天阨，生命不齊，同類自殘，抑亦何心也哉？

三十三、魏子安懷才落拓

《花月痕》為晚清說部中之上乘，述事遣詞，極哀豔淒惋之致。作者魏子安，故八閩名士也，與謝枚如章鋌同時。謝〈題魏所著書後〉五絕三首，其二云：「有淚無地灑，都付管城子。醇酒與婦人，末路乃如此！獨抱一片心，不生亦不死。」即指《花月痕》之作。

子安名秀仁，一字子敦，侯官魏又瓶（本唐）世所稱魏解元者，子安其長子，能傳其家學。少權奇有氣，獨不利童試，年二十八，始補弟子員，即連舉鄉試，才名四溢，當路能言之士，多折節下交。子安高視遠矚，獨居深念若有不足。既累應春官不第，乃遊山西，就太原知府保眠琴家館，保延師課子，不一人亦不一途，經史詩文字畫騎射，下逮彈唱拳棒，亦皆有師，課畢即退，子安則課詩之師也。日課詩一首，命題擬一首，巳時入塾午即退，故多暇，旅況無聊，乃為小說家言。子安中年，治宋學最邃，於少時所作詩詞駢儷，富麗瑰縟，不忍割棄，遂盡納於小說中。方草數回，保氏入其室，讀之而喜，乃與子安約；十日成一回，一回成，則張宴設樂以勞之，於是浸成數十回，成巨帙焉。然子安所著，以石經考為大宗，他如《訂顧錄》、《陔南詩話》、《咄咄錄》等，皆可傳之作，而獨以《花月痕》著，亦可哀也！

時同鄉王雁汀（慶雲）任陝西巡撫，子安其年家子，愛重其才，招入幕府，子安遂復遊陝，石經既近在咫尺，晨夕摩挲，考訂益精，太平軍竄陝，節署四方文報所集，一時名公章奏暨時事文件亦甚備，復據以成編，其中如洋務海寇髮捻回諸亂事，並時政得失，無不羅列，雖傳聞異詞，而皆有所據。旋雁汀擢四川總督，子安復隨而遷，客川陝十餘年，見時事多可危，手無寸尺，言不見異，亢髒抑鬱之氣無所發舒。最後主講成都之芙蓉書院。大地塵氛，鄉問不至，懸目萬里，生死皆疑，既而父與弟相繼下世，欲歸無路，仰天椎胸，末以自解，蜀寇復竊發，資裝皆盡，倉皇中挾其殘書穉妾，託命孤舟，沿江以避，稍靖，始輾轉南歸，然益寂寞無所向，米鹽瑣屑，百憂攖心，憤廉恥之不立，刑賞之不衷，吏治窳壞，而兵食戰守之終無可恃，就其利弊，增益其所著，晨抄夜寫，汲汲終日，一年數病，又遭母喪，形神更復支離，旋以哀毀卒。謝枚如哭之以詩：「憂樂兼家國，千夫氣不如。亂離垂死地，功罪敢言書？將母情初盡，還山願豈虛，幽光終待發，試看百年餘。」

三十四、陸建瀛庸懦恇怯

張佩綸甲申馬江之敗，貽譏後世，以為書生好言兵之戒，然按當時奏報，敵人與地方交涉，但知有督撫，漫不省欽使為何人，固不能全歸咎於張。至沔陽陸建瀛於洪楊之役，則純乎書生不自審量，貿然遽出，遂至於僨事。

建瀛字立夫，咸豐壬子任兩江總督，初頗英銳任事，有「當官蹇然」之稱，平日賓禮賢士，一時名流如嚴正基仙舫，梅曾亮伯言，魏源默深等，皆所羅致。且研究儒書，凡所施為，不肯自居庸儒，聲望踔起，廷眷亦隆。

太平軍初出嶺嶠，其勢方張，陸嘗從容語幕客：「潢池群弄，勢若莫當，然實尟遠略，苦今無任事者耳」！因屬草疏，擬戰守四事以上，樞廷嘉之，令察度局勢，酌量籌辦，授為欽差大臣，分飭文武水陸歸其節制；陸亦自負調度，就長江要衝及上游黃蘄等處設防。

出師之日，中軍以下屬櫜韃，將弁整隊伍，恭請大帥祭纛旗，而陸久不出；窺之，則與愛姬執手泣涕，難為別矣。再三請始忍淚出，草草與員弁幕客，乘舟溯江。癸丑春，太平軍乘銳自武昌蔽江而下，遇於老鼠峽，未交綏而潰，總兵恩長陳勝元落水死，陸次九江，聞警返棹疾行，率眾趨安慶，陸輿過城下，皖撫蔣文慶登陴問戰事，陸憑軾搖手曰：「寇勢大，不可敵。」蔣邀入城，不聽。九江安慶相繼陷，文慶死之。迨返江寧，僅十七人從，將軍祥厚等請迎剿，請結營城外為犄角，均不答。請詣商戰守事，則稱疾不出，閉閣謝客者三日，巡撫楊文定拜疏移守鎮江，於是祥厚與布政使祁宿藻等刻其「喪師避寇」，有詔革職拏問，詔未到，城已將陷，宿藻憤嘔血死，祥厚及提督福珠洪阿皆力戰死之，陸乘小輿，至聖廟前遇寇，叢刃斫之死，南京遂陷。

據張汝南所記：「賊由柳巷上雞籠山，或穿紅，或著黑，或披髮，或裹巾，各持白桿槍、長短刀……或三或五，經成賢街口，入小營，欲薄滿城也。先是城陷時，報至督署，某督乘綠呢四人輿，武巡捕童某扶輿，壯勇數十名前導。行至小營，望見賊，壯勇即逃，輿夫亦置輿遁去，童扶某督出輿，將負而趨，賊奔至，殺某督。」某督者即陸也，時為咸豐三年二月初十日。與上述參看，陸臨事恇懦若此，蓋亦大言之書生也。

三十五、周天爵傾服林則徐

王湘綺〈獨行謠〉：「……誰輕鼷鼠機，林死降李周，周剛意輕李，雁行始不和，奏用軍二萬，大巨舌矯呿，惜哉謀不用，足為後世模，嚮使并全力，武宣掃無餘，置此曲突計，焦頭賞曾胡」……於周天爵頗置崇許。

當洪楊金田起義，桂撫鄭祖琛以告權相穆彰阿，穆祕不以聞。弈詝嗣位，太平軍勢張甚，已不可諱，祖琛始奏請自往討捕，益調固原提督向榮率兵往，然為言官所劾，坐奪職，朝命以鄒鶴鳴代之，並起用林則徐為欽差大臣，入桂督師。林由閩啟行，道卒潮州，乃派兩江總督李星沅繼則徐，以周天爵代鄒桂撫。是時兵力總計，只三千人左右，天爵乃奏言：「盜未可輕，請募二萬人」，實有輕李之意，而李亦忌周，然當時言兵，無過周策，惜不能用，其後周死於軍，謚為文忠，蓋思之也。

天爵字敬修，東阿人，以進士出掌懷遠，累官至巡撫，生平篤信王陽明良知之說，於義利之辨最嚴，天性剛正，治尚威猛，江淮荊楚之間，媲為包孝肅復生。雖出身科第，而武藝絕倫，移撫安徽時，安慶已陷，以廬州為行省，每出剿，親自督陣，短衣勒馬掣佩刀，鬚髯飄拂，士卒畏葸不前者，輒手誅之，遇材武之士，則從而保護備至，張國樑即其一也，以故士樂為之用，所嚮多捷，旋以老病逝於軍次。

天爵於並時僚案輒少所許可，而最傾服林則徐，常謂：「如少穆督部不死，雖執鞭韃亦甘事之」。邵懿辰曾贈以詩云：「堂人礫人如礫鼠，穎川大姓栗在股，威名萬里郅都鷹，拱手對賓色呴呴。盡尸渫惡作屠伯，不侮孤惸稱眾父，令淵徒鱷江渡虎，墨吏望風自引去。只今行年七十六，白髯飄蕭瞳正綠，召來金殿伏青蒲，愛國有懷傾不足，上書慷慨策平邊，一心推服林公賢，天其福我厭此虜，不見瑞麥在野雷誅祆。嗚呼安得公及林公守圻甸，方州得人士選練，折衝六合有精神，坐困鱷鯤可無戰。」與湘綺〈獨行謠〉參看，可以明當時得失之跡，而補《清史》所紀之遺。

懿辰字位西，浙之仁和人，以舉人官員外郎軍械章京，治學以李光地方苞為則，擯斥當時漢學家者言，而博覽典章，文益奧美盤折，性故戇直，往往面折人短，天爵素欽重之，咸豐間，懿辰在籍殉難，遺著有《半嚴廬集》，今佚。

三十六、湖南畸人嚴受安

清道咸之際，肅順以宗室由內閣學士擢戶部尚書領協辦大學士，深得主歡，驕橫恣肆，朝士為側目。然其人愛才好士，頗能延攬識拔，士以故歸之，幕中湘南六子，曰王闓運、鄧彌之、鄧保之、黃瀚仙、李壽蓉、嚴咸，皆三湘才俊，肅順禮待之甚至。洎咸豐逝於熱河，同治以冲齡繼統，肅以不附西后，與載垣、端華同被逮，垣華賜自盡，肅則斬於菜市口，死事甚慘，時六子均在京，不久壽蓉被捕治，餘五人始匆皇南下。

嚴字受安，辰州漵浦人，於六人中齒最少。天才橫溢，又能自厲於學，下筆萬言立就，然性介猛務奇，長瘠多力，面如削瓜，跅跎自放，鄉里以嚴氏敦禮法不宜有此子也。十六歲，試〈錦雞賦〉，詞旨遒麗，文不加點，督學張金鏞讀而賞之。入縣學，明年應鄉試，經策橫恣，盡破程法，考官楊泗縣方求奇才，得之大喜，遽判中式，榜發，同考疑其違式，爭言其事，名乃益著。左宗棠嘗見其論史，謂可大成，嚴遂依左為重，於眾論不屑也。

咸豐初，覆試天下舉人，嚴至京，試官潘祖蔭得其卷，驚異之，置高選，尚書沈兆霖欲注抑之，祖蔭不可，錄以示人，榜出果為嚴，不會試而歸。其在都門，每獨行踽踽，被酒狂歌，或就屠儈歌飲，遇雨著木屐，張紙繖，造詣故舊，入座呶呶，宿酒猶醺也，其言行大率任意狂肆如此。肅順輒優容之，禮遇弗衰。及肅敗，嚴南返，鬱鬱居鄉，著書數十萬言，殫及萬物，莫窮其趣。

左宗棠既總督閩浙，函招之，嚴得書狂笑曰：「我固知此君不了事，固當輔成之」。草草葬父畢，騎一羸獨往，左遇以上客，嚴談兵自喜，欲自為將以立奇功，左始壯之，既有短之者，復漸覺其縱肆無忌，遇之漸懈，嚴由是怨望，作書舉陳師行無狀，不報，益憤怒，遂發狂疾，夜入大營，逢擊柝者，奪其柝入左之寢門大呼，軍中大驚，以為狂。左心異之，譬勸百方，俄而嚴病發，不食，以頭觸壁大呼求死，左仰嘆曰：「嚴生奇士，今乃至此耶！」遂送歸，抵長沙，嚴語人曰：「吾歸死耳！身不能光益祖父，歿牖下無名，故求死鋒刃竊附於竹帛耳！竟弗如所願，命也乎！」語已泣下，不一月，果自縊於家，年二十五。陳散原作《畸人傳》，以嚴列其首。

三十七、徐鐵生詩刺庸污吏

《湘綺樓詩》：「慟哭勤王詔，其如社稷何？至今憂國少，真覺養官多！四海空傳檄，書生豈荷戈，蕭蕭易水上，立馬望山河」。「拒虎誠無策，飢鷹且未馴。如何載彤矢，翻擬賜黃巾，西望咸秦險，東依晉鄭親。從龍卌八族，今日竟何人」。憤洪楊亂時，綠營旗將徒多憒事之人，然當時旗籍明智之士，固亦不無其人，如徐鐵孫即其佼佼者。

鐵孫名榮，原名鑑，亦字鐵生，漢軍正黃旗人，初以進士官廣東知縣，阮元督廣時，常以「詩縣令」呼之。所著有《縣令解義》，詳所以牧民之道，居官有惠政，旋擢至杭嘉湖道。又精隸法，並善畫梅，均清超拔俗。道咸之交，政窳習敝，官場中養成掩飾彌縫苟且偷安風氣，穆彰阿、琦善等蒙敝貪污，朝士大夫識見短淺，在下者有臣朔之歎，朝局腐壞，識者齒冷。鐵孫有「小池即日」詩隱刺之，句云：「牆東小池容兩弓，涵以靜綠春溶溶。傍人頗笑手掌大，亦有日月星辰風。群魚戢戢此最樂，追逐翠影吹殘紅。祇疑賦性不得飽，終日仰食聲險喁。蚌如處女每閉戶，蝦似迂儒常鞠躬；跛鼈蹣跚更可笑，阿誰攜汝來泥中？怯蝥怕寒頸屢縮，萬事不理真癡聾。先生飽飯無一事，捫腹自照冰霜容，紛然似識謦咳響，仰首欲自明其衷。我無川經與巴瑟，與汝言語何由通；欲為汝說世界廣，五湖四海春無窮。汝今眼前有樂境，若聞此語心應恫；亦有波臣困涸轍。升斗不至憂長終。若為說此汝亦得，恐汝自滿甘愚蒙，不如緘默笑相對，竹影淡淡斜陽東。」

及和春繼向榮督師，與張國樑包圍天京，金陵大營，月支餉錢，取辦於杭嘉湖寧紹諸郡者大半，徐搘持甚苦。李秀成欲殺清軍之勢，以輕兵從間道疾搗安吉武康犯杭州，江南大營瓦解，國樑戰死，和春傷亡，鐵孫率勇與禦敵，遇李世賢，眾寡懸殊，被追入窮巷欲擲刃中之，世賢以長矛割其胸，遂殉。事聞賜謚立嗣。翁松禪題其遺像云：「落落斜行墨未乾，相公真不厭酸寒，禮堂弟子研經手，卻費千言釋縣官。」「亂鴉灌木擁祠門，過客來尋碧血痕，自古詩人多忠孝，九歌第一國殤魂。」蓋哀其死事之勇也。

遺著有《懷古田舍詩鈔》，陳石遺亟稱之，如題筍輿句：「六扇窗櫺總不安，芙蓉八面四圍看；亦知風雪侵凌極，錯過奇峯再見難。」皆不平庸。

三十八、周壽昌風節及其詩

《思益堂詩文集》，長沙周應甫壽昌所著，周又字荇農，晚號自庵，清道光乙巳進士由編修累遷內閣學士兼禮部侍郎，致仕後仍居京師，以著述為事，詩文書畫，俱負盛名，卒時年七十一，歷道咸同光四朝，所見聞者甚廣，紀述不諱，足稱信史。

太平軍入長江後，於岳州得吳三桂所藏武器，及舟車等甚夥，聲勢始大，清廷所派欽差賽尚阿，柔懦無能，朝命屢諭其迎頭截擊，賽擁兵自衛，捏報敵精，欽賜遏必隆刀亦不敢用。咸豐壬子十二月初四，武昌陷，巡撫常大淳死之，太平軍從漢陽門入，屠殺三日，官民死者數萬，逐家搜刮財物，城中七大湖，血骸撐塞，前後五十日，旅舍無烟，巢禽無樹，男子被脅為兵，婦女納入女館，獲船萬餘艘，紋銀百萬兩，食糧軍火無數，洪秀全楊秀清在武漢度歲，依錢江之計，東下趨金陵，殺傷尤眾，總督陸建瀛將軍祥厚均被擒戮，勢燄益張。陳徽言所著〈武昌紀事〉，張汝南之〈金陵省難紀略〉，均詳載其事，周詩集中〈武昌謠〉所紀尤哀慘，並具疏嚴劾賽尚阿督師，和春總鎮，遇敵畏縮不戰，兼條陳征討事宜，朝野服其敢言。壬子二月，賽果因之被逮。

荇農為駢文家，隸事裁對，自應所長，其詩斷句如「龍比固知非俊物，皋夔終竟讀何書」，「蠛蠓幾聞生甲冑，貂蟬真見出兜鍪」，其〈南康野次所見〉七律：「荒村寥落屢經兵，塞徑遺骸積石平，燐火夜深爭路出，血花雨後雜苔生，忍聞中澤翔嗷雁，頗慮潛波縱舞鯨，欲向宮亭乞如願，願傾湖水洗槍槍。」〈寓公〉一首：「小住荒畦笑寓公，補蕉移竹傍牆東，屢經晴雨諳花性，自濬溝塍試水功，客思漸如南去燕，音書久滯北來鴻，壯水已作寒灰死，殺賊猶能挽石弓。」七絕如〈曬衣感賦〉：「卅載綈袍檢尚存，領襟雖破卻餘溫，重縫不忍輕移坼，上有慈親舊線痕。」〈雜詠〉：「一軍盡甲勢難回，吾戴吾頭入幕來，大尉一言晞再拜，汾陽諸子不奴才。」皆工整可誦。他如〈偶成〉一首：「行藉雛孫當杖扶，倚嬌時捋白髭鬚。病常作畫強消倦，老尚購書真笑愚。仲實囊空魚莫買，翟公門寂雀誰驅。昨宵夢拜先祠墓，手種喬松數百株。」〈瓶中芍藥〉云：「老去憐花倍有情，一朝真見幾傾城，芝蘭玉樹何關慮，長願庭階處處生。」蓋用放翁語也，寫來老態可掬。

三十九、郭筠仙（嵩燾）意城（崑燾）兄弟

湘陰郭筠仙嵩燾，字伯琛，道光丁未進士，選庶吉士，丁艱歸，洪楊軍起，贊曾滌生治軍，江忠源進軍簑衣渡，筠仙獻計就木筏上列砲，與陸路各軍夾擊，造成大捷，湘軍聲勢因之大顯。旋授翰林院編修，入直上書房，為尚書肅順推服。同治間，以道員督兩淮鹽運，剔除積弊，不稍寬假，逾年，署廣東巡撫，旋擢兵部左侍郎，光緒初年，著瀛海論，倡煤鐵之利，好談洋務，及充出使英法大臣，於道途所見，有《西使紀程》及《海外日記》之作，述彼邦富強，非僅船堅砲利，嘗上書李鴻章，主令第一次派遣出洋之官學生，改習煤鐵冶煉及興修鐵道電學，以求實用，惜李狃於偏見，而朝士大夫謗為「中洋毒」，其議遂不為所採。旋因與副使劉錫鴻不協，同被召歸。計其奉使三年，取於公者惟薪俸屋租二事，嘗言「廉者君子以自責，不宜以責人；惠者君子以自盡，不宜以望於人。」時稱名言，實以諷錫鴻而發。

錫鴻廣東舉人，以貲郎見知於郭，自負能辦洋務，郭出使時力荐之，因驟擢京堂，膺副使，實無他才，惟剿襲策略為浮夸語，朝命赴法，頗糜費，嵩燾因劾之，既歸即乞休，於外交局勢，猶惓惓不置，曾論：「交涉之才，不外理勢；理者所以自處，勢足而理直固不可違；勢不足而別無可恃，尤宜折之以理。」

迨朝鮮亂作，法越衅開，郭於時政多所論列，馬江敗後，慨語人曰：「宋以來，士大夫好名，每誤國事，託攘夷之名，圖不次之擢，洎夫事變，故與遷就，倉皇失措，喪心病狂，莫此為甚！」晚自號玉池老人，築室曰養知書屋，立社教以訓後學，學者稱養知先生，光緒辛卯卒於家，遺著甚多。

弟崑燾，原名先梓，字仲毅，號意城，道光舉人，贊胡林翼最久，湘兵出境四援，意城輯和將帥，應機立濟，曾湘鄉函札中，與意誠論兵事為最多，旋以諸大吏交章論荐，膺任湖北布政使，意城意不屬，乃假榷稅避之衡陽，先嵩燾十年於光緒壬午攖急病逝。

意城內行端厚，文詞簡古，有《臥雲山莊集》。王湘綺與郭氏昆季素相忌，嘗言意城似瑜，而自況為亮，蓋傳意城死前得李元度書，閱未竟，一嘆遽瞑，所謂似瑜者指此，非以公瑾醇醪美之也。

四十、朱濂甫（琦）招撫張嘉祥（國樑）

張國樑以盜魁而成名將，未嘗讀書，而用兵神化處，遵古而不泥古，雖老於軍者莫之測，其武勇處，世多知之，蓋平劇有《鐵公雞》，故其姓名能傳於婦孺也。

國樑本名嘉祥，美秀恂雅，喜任俠，跅跎不羈，十五從其叔習賈，日與輕俠惡少年遊，其黨有為豪門所困者，嘉祥往助之，殺人犯法，避禍投盜藪為老么。嘗從其眾借糧越邊，越南人驅象陣禦之，嘉祥使其徒捕鼠數百，既戰，擲鼠於地，縱橫跳踉，象畏鼠皆慴伏，遂獲全勝，大掠歸，眾乃翕服，推為魁，方十八也。廿八歲從勞崇光折節從軍，卅八歲而致命遂志，十年間大小數百戰，死謚忠武，亦傑奇士也。

相傳洪楊遣人招嘉祥，為嘉祥所拒，時向榮提軍廣西，聞而異之，因朱琦為書招之乃降，並為改名國樑。自後張每戰皆捷，時人有「殺賊江上江水紅，向公黑虎張公龍」之歌。

朱琦者臨桂人，字伯韓，又字濂甫，由翰林改官御史，候選道，在京時數上章言事，與蘇廷魁、陳慶鏞，稱「諫垣三直」。洪楊變作，朱適家居，辦團練。張國樑既允降，其眾或尼之，朱以全家保之，復解衣推食，有忌國樑者，恒欲假事殺之，朱與周天爵維護週至，故國樑於朱獨感紉不衰。後以道員守杭州，辛酉冬，杭城陷，與巡撫王有齡同日死難，距國樑之陣歿（庚申閏三月），僅年餘也。

伯韓詩古文，以梅曾亮為師友，曾亮嘗言：「伯韓學韓而自開異境，下筆老重，乃天稟所獨得」，「五七古長篇，雄深峻邁，如百金駿馬，騫波注磵，絕不蹉跌。」其〈來鶴山房詠古〉句如：「涪翁內外篇，銳意藥甜熟，明月作寒鑑，高詠齊玉局，江海證氣味，演雅寓感觸，平生奉母心，友愛性敦篤，作堂名怡偲，結寮傍槁木。西風吹夔道，淚灑古藤綠，憂國挺大節，如公信不俗。」「晦庵昔論詩，南渡首放翁，萬樹寒梅花，團扇誇吳中。壯年志功業，邊雪掣朔風，中原誤和議，仗劍思從戎。斗酒換西涼，一笑千觴定，南國偶作記，規諷何從容，淒涼綿州詩，異代符孤忠。」蓋為隱詠鴉片戰爭第三期戰局者，而於林則徐有「閩江一老多訏謨」語，尤致推崇，見其答蔣元峯比部詩中。賦性孝友，其〈寄弟〉詩：「我始還鄉汝在京，秋深聞汝又南行，獨遊每恨無朋輩，投老相親祇弟兄，最憶對床聽雨夜，不堪吹角到天明，迢遙南北七千里，細數山程與水程。」蓋守杭時所作也。

四十一、記無錫薛氏兄弟

無錫薛福辰、福成昆季，為名宿薛曉帆先生子。福辰字撫平，傳其家學，能古文，復精於醫理。同治間，以工部司員，不數年，外放濟東道，有政聲。光緒時翁同龢授讀毓慶宮，頗留心時務，福辰往謁，暢談洋務，以國家無事，坐失厘金千萬，是大失計。又言：中國一旦對外有戰事，惟陸上作戰，可以制敵，陸戰之法，曰散陣、行陣、小陣：其守法，則用滇黔地營，必可操六七成勝利。翁甚韙之。

光緒六年，慈禧忽遘疾，且劇，有旨下直省薦醫，曾國荃荐汪守正、李鴻章荐福辰，與御醫李德立，同至長春宮，召見請脈。時頗傳宮闈不謹，有如長信故歌者，各醫皆不敢言，認為血膨而已。福辰診而知其病所在，脈亦同為血膨，藥則產後疏瀹補養之品。守正與牴牾，主用甘平，然卒服薛藥地骨皮等味佐以溫補，旋瘳，得優賫。後即歸隱於家。

福成字叔耘，以同治副貢，參曾國藩幕府，以積勞敘至直隸知州。光緒初，下詔求直言，福成上治平六策，又密議海防十事，凡數萬言，詞甚剴切。得旨留中，旋下所司議行。時總稅務司英人赫德，好言事，總署議授為總海防司，福成以赫實客卿，不當授，上書力爭之，乃止。

甲申前，張樹聲代李鴻章督畿輔，聞警，將牒總署，請發兵，福成以緩則蹈琉球覆轍，請艦東渡以援。亂定，以功升道員，授寧紹臺道。迨法酋敗盟，構釁越南，沿海戒嚴。寧波故浙東要衢，巡撫劉秉璋知福成才，檄綜營務，調護諸將，築長牆，釘叢樁，造電線，清間諜，絕鄉導與窺伺等等，謀甫定，敵至，卻之，再至再卻之，卒不得逞，敘除湖南按察使，旋出使英法義比四國大臣，折衝樽俎，不卑不亢，有聲國際間，嘗與英廷力爭，創設南洋各島領事，歸後升右都御史，光緒廿二年歸至上海，病卒。

福成講求經世之學，善古文，有義法，深宏駿邁，蓋亦衍桐城之緒餘，與黎庶昌、吳汝綸、張裕釗等，同為繼曾國藩之後者，世目為湘鄉派。晚年自號庸盦，其筆紀實為晚清有史識之紀述，足為治史者之參考。與海寧陳子莊所著之《庸閒齋隨筆》，同為談晚清時事之重要史料。惟陳為左宗棠所舉士，往往右宗棠而左國藩：薛則瓣香師門，不免多抑左而揚曾耳。今有《庸盦全集》，傳於世。

四十二、容純甫（閎）洋務先鋒

梁任公著《新大陸遊記》，曾詳紀容閎事，且附容之小影一幀，蓋容提倡新學最早，亦康梁之鄉前輩也。容閎字純甫，一名達明，中山縣南屏鄉人，生於道光八年。少就學澳門馬禮遜紀念學校，未終業，歸里從塾師讀，十三歲時，香港割讓與英，馬禮遜學校亦遷港，乃續入學，為第一班學生。以成績優異，為校長美人勃朗所賞識，因得其助赴美留學，蓋已十九歲矣。在耶魯大學讀七年，連獲首獎，為彼邦師友所重視，逐娶於美，且生二子。目睹美國教育日新，民治日益發達，慨然有為祖國倡導革新之宏願，並欲將中國學術，介紹於西方，西方文明，灌輸於中土，為文化交流，而收救偏補弊之功。咸豐四年歸國，先至澳門，旋居廣州，勤習中國文學，一度在港為律師，不久赴上海為英商寶順洋行書記。

太平軍踞金陵時，容嘗赴南洋，遇仁王洪仁玕，與語大悅，容以為滿運將終，漢族代興，因條陳數事，大要為廢教條行善政，改科舉設學校，組軍隊定編制，創銀行興實業，選議員重輿論，開報館創銀行等等，以達於洪秀全。洪獨持天父天兄之義，以容為大不敬，其餘亦不能行，容遂憤歸上海，仍任職於寶順洋行。

同治初，赴九江購茶，以李善蘭張斯桂邀約，具言曾國藩慕名之殷，亟欲一見，容即隨謁，暢談甚洽，因受命籌備機器總廠於上海，並命其赴美購置。經兩載返國，即於高昌廟裝置，即江南製造總局。局設兵工學校，創譯述館，並建議遣派穎雋子弟遊學，湘鄉從之，與李鴻章會銜奏陳，奉旨准予照辦，即命容與陳蘭彬共負挑選赴美留學之專責，兼充駐美副使。時華工之秘魯古巴諸國者，多受虐待，事聞，使容就近往查，得實，遂禁移民秘魯。及湘鄉逝世，合肥忽悉召遊美學生回國，皆未及畢所業，容爭之無效，遂留美居焉。

朝鮮事起，容上書張之洞，主張：一、向英借款一千五百萬，購巨艦招借志願兵五萬，由太平拊日本之背，以阻其西侵：二、以臺灣抵押向歐洲某國借款四億，九十九年還，大興海陸兩軍。張納其第一策，而和議已定，遂作罷。其後戊戌庚子國內種種政治運動，容皆附之，曾充愛國會會長，唐才常起義，議事成推容為大總統，才常敗，張指名通緝，容由海道走臺灣。時日兒玉大將為總督，容投刺，兒玉示以閩浙總督請引渡文件，容泰然，兒玉慰之曰：「我不為清國捕吏也」，護之轉道赴美。民國成立後，國父當選為臨時大總統，以書招之，容大喜慰，將行矣，而老病旋發，元年十二月終於美寓，年八十四。

四十三、葉名灃雅重人才

漢陽葉氏，遷自江南溧水，代有巨儒，嘉慶間葉繼雯居臺諫，侃侃建言，世稱雲素先生。道咸之交，名琛名灃兄弟，並稱才子，一時有雙丁二陸之目。名琛以名進士，累官至兩廣總督，方三十九歲，時海禁大開，朝野昧於外情，名琛木強，又大言好自負，英法聯軍人廣州，張皇致敗，被擄送加爾各答，薛福成所譏為不戰、不和、不死、不守、不降、不走之驕愎疆吏也。名灃字潤臣，又字翰源，方家門貴盛時，僅一登鄉薦，為中書舍人，博覽群書，篤嗜吟咏，清微遒厚，駸駸少陵，並時如梅伯言、何子貞、王少鶴、劉炯甫諸人，皆與交摯，尤以汲引人才自任，為時所稱。

建寧耕者余某，自號癡樵子，與張亨甫善，蓋隱君子也。亨甫嘗攜其詩卷於行篋，炯甫每言其事，名灃以為奇人，寄詩贈之云：「朝出事耕稼，夜讀忘劬饑，我心葆厥初，與世終不移。有瓜復有葵，有桃復有梨：有廬傍隴畝，先人之所遺。旭日照桑麻，班坐談皇羲：酌我素心侶，時哦新詩。邱中有至樂，豈與桃源期？」

名灃官內閣最久，史館玉牒館纂修，轉侍讀，故尤富史識，每掇拾史遺，付諸吟諷，如復〈天寧寺塔鈴歌〉，塔為明司禮監馮保所造，詩云：「天風無聲銅仲泣，浮圖高聳十三級。塵沙飄墜懸鈴孤，廠臣馮保名可識。雙林松檜參天長，遺窟人付孤魅藏。風雲魚水信難恃。得毋鑄此諛空王，三千寶琅雲中舞，塞耳不聞鐘與鼓，燈火高懸燕薊郊，膏脂力竭江南土，威權早竊薦紳危，象教有靈神鬼怒。青玉崢嶸飛鳥絕，此塔歷遍興亡劫：九鼎潛移十廟荒，異代傷心有殘鐵。噫吁嘻！奄人倒柄持太阿，鐵牌豫誡良非苛：煌煌祖訓將如何！」明神宗嘗以風雲際魚水相逢牙章賜保，詩中故及之，時清宮奄侍漸用事，託以諷之也。

相傳其在都門時，有翁氏女，溷跡市廛，貧無以度，其乳媼之夫，固市井無賴，鬻之娼家，鴇迫女賣淫，名灃聞女為翁覃溪曾孫，遣人探之得實，乃微服往，召詢之，女泣涕自陳家世，並謂能詩，名灃以「對鏡」為題命賦，女應聲云：「垂髫全改舊丰神，對此渾如又一身。自笑娉婷年十六，生疏從未識斯人。」名灃大為歎賞，乃央巡城御史，捕其鴇與無賴，科以賣良為娼之罰，攜女歸，引為己女，使與諸女共繡讀，如是者數年，擇名家子之清貧者嫁之，奩贈豐於諸女。士林益頌其賢。迨名琛敗，以父老遠在嶺南，思侍親，請改官南中，及聞兄喪，悒悒抵浙，病店遂卒。

四十四、何子貞（紹基）高名遭訕

道州何子貞紹基，為晚清一代書家，其書具體平原，上溯周秦兩漢古篆籀，下至六朝南北各碑版，搜集至千餘種，皆心摹手追，卓然自成一家，行草尤為一代之冠，當時宇內求書者踵相接。其作書命筆，每用懸腕，若張強弩，取李廣猨臂彎弓之意，自呼曰猨臂翁，藝林宗為猨叟，曾作〈猨臂翁〉一首，於書法多有闡發，句云：「書律本與射理同，貴有懸臂能圓空：以簡馭繁靜制動，四面空滿吾居中。李將軍射本天授，猨臂豈止兩臂通？氣目踵息極指頂，屈伸進退皆玲瓏。平居習書頗悟此，將四十載無成功：吾書不就廣不侯，雖曰人事疑天窮。同心忽遇二三子，篆分隸楷各求工：皆用我法勝我巧，巧不可傳法可分。惟當努力躡前古，莫嗤小技如雕蟲。嗚呼書本六藝一，蘄進於道養務充，閱理萬端讀萬卷，消息得失惟反躬，外緣既輕內自重，志氣不一非英雄。笑余慣持三寸管，無力能彎五石弓，時方用兵何處使，聊復自呼猨臂翁。」

子貞為何仙槎凌漢長子，家本寒素，十歲時，仙槎登進士第一甲第三，其夫人方登山採筍，報至，喜極踣地，觸筍傷一目，遂失明，子貞驚痛，遂病癡悸，及長隨侍京師，其父詢以所學，竟弗能對，怒摑之，疾竟已，所學乃大進，道光乙未舉鄉試第一名，次年聯捷成進士，年三十七。時吳荷屋任湘撫，以子貞為年家子，詩文書法有盛名，深致愛重，廣為揄提，旋改庶常散館，授編修，充武英殿國史館協修總撰提調，歷典閩粵黔等省鄉試，旋充四川學政，已五十三。廷諭訪察地方庶政，子貞俱直言無隱，朝石側目，謗啖騰熾，終以條陳詩事，罣議鐫秩，從此徒意仕進，放浪山水，悠然世外，然書名滿天下，吏績文章幾為所掩，同治十三年七月二十日卒於吳門，春秋七十有五。

子貞頗高自標置，故多不愜於並時諸人，李慈銘《越縵堂日記》曾謂：「何紹基實不學而狂，絕以善書傾動一世，敢為大言，中實柔媚，逢迎貴要以取多金，蓋江湖招搖之士，而世人無識，干謁所至，爭相迎奉，余嘗疾之，以為此亦國家蠹亂之所由生也。」。蒓客好罵，月旦人物，或未盡可信，惟子貞晚年亦頗忘好得之誡，翁松禪日記中亦有「蘇州晤何子貞前輩，七十四歲，足不能行留滯江南何為哉？」之言，王湘綺更謂：「何貞翁文集，乃甚自信其詩，亦如曾侯（指國藩）自信其書，不足為外人道也。」均不無微詞，名之所至，謗亦隨之，甚矣處高名之難也。

四十五、岑毓英在滇黔偉績

岑毓英彥卿，為晚清名將，即岑西林春煊之父也。岑氏始祖仲淑，宋時由浙從征廣西，遂襲土職。其後有名密者，分襲上林長官司，清初改土歸流，始隸籍西林縣。毓英狀貌雄偉，材武多智略，能馭宿，初以附生，因事與豪胥爭，誤殺之，逃入雲南，捐從九品，治匪有功，敘縣丞。咸豐初，滇省回亂，蔓延至廣，毓英率勇助剿，赤足芒鞵，著短後衣，奮勇為士率先，故所向克捷，積功至封疆。光緒初年，授貴州巡撫，旋調福建，督辦臺灣防務。在臺之日，開山撫番，濬大甲溪，建臺北府城，今臺北所存城樓遺址，即毓英當時所倡築者。嘗以臺灣孤懸海外，為強隣覬覦，請增購兵械，厲防守，樞廷以其能，譽望益增，授雲貴總督，滇黔兩省，賴以鎮懾。

迨法越事起，毓英疏請出關赴前敵，朝旨命節制關外楚粵各軍，乃進駐興化，密令黃桂蘭率部先入安南，為黑旗軍聲援，節節獲勝，奉命督辦越南事務，兼兩廣雲貴四省軍務，有對法備戰意，乃以停戰詔遽下，遂班師回滇。

其防英事，係在其督滇時，即史稱瑪加里事件，實英人意圖侵滇，終而有烟臺之約。先是，英駐印度總督，於同治末年，派測量隊入滇擅測礦藏，翌年光緒乙亥正月抵騰衝，英使威妥瑪命書記瑪加里，隨隊由緬入滇，其意在圖開闢滇緬間商路也。瑪在騰衝為土著所殺，英方指為毓英主使，向清廷要求賠償，並處分岑氏，五月，詔湖廣總督李瀚章赴滇查辦。傳瑪等過騰越神護關，至猛卯土司境，土官弟李四（名師泰），適領兵巡境遇焉，瑪責犒饗，弗應，則大詬怒，李亦怒，盡執而殺之，英人因責於我，並連毓英。毓英既忿英人之謀我，又內懷李四，不欲討，游詞往復，思以金帛釋其憾，而英人借詞由印陳兵二千，駐緬境示恫嚇。滇人大譁，爭欲效死，毓英馳疏請戰，清廷責勿妄動，廷寄十四諭相繼發，毓英得旨，拊膺流涕不已。又湘人李沅者，以軍功保至知府，前一年赴滇謁毓英，請貸數萬金，言赴印貿易，毓英與之，沅得金，則募結楚中弁勇之在滇者凡數千人，率之以去。時印度地屬英，緬甸國土亦半入英，沅眾入印後，即奮擊英人，得數十城，眾十餘萬，英人畏忌，故毓英外恃李四李沅，而滇將如楊玉科等皆經百戰，勇悍無匹，且多欲立功域外。李鴻章慮英藉口，力尼之。毓英志既弗遂，清廷且以不堪英人頻迫，遽捕土人十餘人，指為殺瑪兕犯處死，英使仍弗允，以艦隊駛入直隸灣威脅，李鴻章與英使會於烟臺，訂約償款，屈辱至極，而國人遂多毓英之膽見為不可及云。

四十六、丁寶楨廉剛飭吏治

丁寶楨於晚清吏疆中，以廉剛智果著稱，政尚威猛，以安民飭吏為要，當時談吏治者常與沈葆楨並稱。

寶楨字稚璜，貴州平遠人，初以進士改庶吉士，旋以母喪居里，會遭匪亂，斥家財募勇士八百，屢出奇計，鄉里以安，當道嘉之，奏留軍中，特旨授編修，所部亦增至四千人，復平越獨山諸城，授岳州知府，始罷遣所募兵，虧餉巨萬，乃陳五百金於案，語其眾曰：與諸君共事久，誠不忍別，又庫給絀，徒手歸奈何？眾泣曰：公毀家紓難，我輩敢有異言？遂去。後調長沙，以協餉有功，擢山東提刑，時僧格林沁奉廷命，剿辦捻匪，治兵魯豫間，頗貴倨，司道進謁，向不設坐，寶楨以為非制，投刺時語其材官：請啟僧王，坐則見，否則罷。左右皆大驚，僧服其強項，為容加禮，巡撫閻敬銘異之，於寶楨之至，迎之於郊，自是每事輒諮之，不久晉藩司，忌者輒摭瑣事劾之，下曾國藩澈查，曾白其無罪，閻敬銘夙高其能，至是舉丁自代，遂拜巡撫之命。在魯十年，某次，值黃河決口，東南幾成澤國，群工集議莫敢當，寶楨慨然自任，兀立沙石冰雪中，督工修築，所費不及原估之半。捻匪自晉竄豫，將及京畿，樞廷震動，急檄禁衛之師，寶楨馳至東昌，率騎旅千，步卒三千，齎五日糧，一日夜行數百里，轉戰於任祁高肅之交，勇往迅捷，功最盛，又以誅安得海功，洊署四川總督，澄肅官方，安民恤吏，復都江圾堤，還民田數十萬畝，民困大甦，又改鹽法官運商銷，歲增帑金百餘萬，光緒十二年卒於任，喪歸，僚屬集賻，始克成行，士民郊祭野哭，其得民如此。

安得海以閹人侍慈禧后，頗用事，寶楨聞其出京，詭稱奉有密遣，所過招權納賄，騷擾殊甚，因以入告，旋奉廷旨：「丁寶楨奏太監安得海矯旨出都，僭擬無度，招搖煽惑，著直魯吳三省巡撫，迅遴幹員，嚴密擒捕，捕得即就地正法，毋許輕縱。」寶楨乃檄東昌府程繩武追之，繩武踵其後三晝夜不敢動，復會總兵王正起追之，至泰安，遂被擒，得海大咆哮。時朝旨未下，寶楨念旨意不可知，欲先殺之，泰安縣何毓福主少待，旨至遂殺之於市，時且稱其勇且智焉。

平日居官，剛明而惠，又器量恢廓，寮寀傾服，治安甲全國，尤勵清操，遺摺指陳時政，尤切時弊，略謂：「治道之隆，要以遠佞親賢為本，勿以財用不足，而進言利之臣；勿以時局多艱，而行苟且之政，固結民心，即所以深培國脈」云云，忠誠懇款，尤為可稱。

四十七、何紹基之書法

道州何子貞紹基，何仙槎凌漢子，少承家學，雅擅書法，藝林宗之，至今為寶。其書初習顏平原，旁及柳、歐、蘇、米及魏碑，遠溯漢隸秦篆，心追手摹，靡不融會貫通，集其大成。後得道因碑，聚精會神，一意專習，字體為之一變，今日傳世最多之作，即其習道因碑後之作也。其習字之勤，無間寒暑晦明，即於旅程之馬背車辱中，亦皆心維手追，其有恒與刻苦處，可於其所作跋語與日記中見之。

所作不論尺書寸楷，均用懸腕，即經常之日記，及閱讀之眉批，亦無不懸肘曲腕，振筆直書。平生所作聯句，少有重複，蓋於讀書之暇，預將《多寶塔》、《玄秘塔》、《蘭亭序》、《聖教序》爭座位以及漢魏唐宋以下各名家詩詞句，或四五言，或六七八言等，集之既久，成帙盈寸，書訖，識以標記，不再循環，故鮮有雷同者，所集不僅對仗工穩，巧不可階，而且語圓句妙，寓勸善箴過，足為座右之銘。

晚近書畫家，好蓄閒章，子貞獨不喜所謂引章壓角章之屬，經常所見僅大小名字章兩對，用之既久，多漫瀾漸不可辨。其墨跡亦如唐人之詩，分初、中、晚三期，初年所書，多正體，中年帶行而肥，晚年則行而帶草，瘦硬如鐵索，酣暢飛舞，遒勁中有秀麗，圓潤中見渾淪，不愧為一大家數。流傳最廣為行書，對聯屏條中堂最多，篆隸較少。篆仿二李，隸則張遷孔宙禮器衡方石門西狹郙閣等，所臨動輒數十過至二三百過，而運腕使筆，一以行草之意為之。

生前筆潤所入頗豐，訂例亦高。相傳王有齡殉職杭城，清廷賜祭葬，其嗣請書墓誌，子貞以便箋書「雁足鐙來」四字與之，蓋王氏家藏漢竟寧雁足鐙，為數千年寶物，欲索以代值也。又湘潭郭子美（松林）以平髮捻博高爵，八秩壽日，欲乞子貞一聯，子貞久未應，郭急遣人賚以重金，子貞乃書「古今雙子美；前後兩汾陽」十字贈之，取不傷廉，傳為佳話。

海內收藏何書者，推茶陵譚家，凡漢隸數十種，日記十餘本，楹聯屏幅不計其數。譚瓶齋（澤闓）好臨摹，於錢南園、石庵、翁叔平三家，尤能刻畫入微，幾可亂真，獨於何書，不欲有刻鵠之誚。與子貞同時有楊海琴（翰）者，號息柯，亦工書，見何所作，嘆為古今獨步，遂專力摹擬，頗得形似，人稱南何北楊，然併觀之，則神趣氣韻，相去甚遠。子貞亦擅繪事，然不多作，松竹山水，逸趣盎然，惟為書名所掩，故鮮有知者，而得之者亦反疑為贋矣。

四十八、謝甸男懷才抑塞

《櫻桃軒詩集》，侯官謝甸男作，中有〈得恭甫杭州書〉云：「熱腸信有陳恭甫，癡絕無如謝甸男。為報花時歸陌上，已看梅雨落江南。曲中楊柳愁頻折，夢裏空侯字久梓。結習未空從努力，欲從宗怡問瞿曇。」恭甫者陳壽祺也，其〈題謝甸男詩後〉，則云：「十載同攀杞梓枝，深叢傲兀見孤羆。身游冀雍荊梁慣，才壓封胡遏末奇。六籍笙簧供鼓吹，九霄河漢沃肝脾。石渠高議經師盛，惟遲匡來與說詩。」二人交誼之篤，如斯可見。

甸男名震，乾隆己酉舉人，治經宗漢學，尤熟於三禮，旁逮篆隸、金石、星卜、刑法、醫術，靡不通曉。時閩士多汲汲於場屋取功名，務為帖括文字，甸男約閩縣林芳林等，倡為通經掔古之學，號會所曰「殖榭」，語於眾曰：「學之不蕃，弗殖將落，吾為此將以播精鼓莢，抉故闡微，不則讀書種子絕矣！」蓋清初人才多明代之遺，略尚文詞，經史大義尚無塗轍，故其言如此。

壯年時亦頗銳意進取，踔厲激蕩，志氣若不可一世，數上春官不第，則漫游冀雍荊梁秦蜀間，雖才名四溢，而輒弗當所遇，乾隆末年，自四川歸，過漢中，人曰：「終南亘七百餘里，連跨數郡，秦蜀門戶也，守險安可忽？且鄖庸以西，夔巫以東，巴閬之北，武都之南，大山老林，螘蝝其間，今大吏諸將狃於承平而弛控馭，不數稔難其作歟！」及嘉慶初，白蓮教起於襄陽，蔓延秦蜀，以南山為窟宅，良民遭教眾與清軍雙重蹂躪者歷時數載，甸男之言皆卒驗，曲突之言弗錄，蓋自古然矣。

甸男既不得於時，抑塞之餘，英華寖衰，每風雨淒晦，烟月靚深，徘徊景光，欷歔若不自已，亦莫知哀樂之何從，所為詩多近哀感一路，如〈寒食登高會閣〉：「一百五日花亂飛，繁條下矚紅已稀。誰家澆飯哭青冢，有客登樓愁翠微。薄暮東風吹雨急，遠村流水送春歸。登臨無限傷遲暮，北望長吟淚滿衣。」〈春日城南訪陳三陳六兄弟〉：「青蚨一百書一編，青蚨索醉書索眠，行逢佳處便開讀，城南十里花含烟。鳴鳩斷續喚殘雨，故人遲我舒吟肩。入門一笑春釀熟，瞑色已逗群峯巔。兒童愛客秉燈燭，婦媼絮語羅蔬鮮，苦辭酒薄不足飲，前村社火人聲喧，燈光爆影射屋角，柘枝瓦鼓闐軒前，十觴累舉未覺醉，但喜氣象招豐年。須叟鐘動雞膈膊，枕上更約桃花川」。他如〈落花〉之「何曾中酒瞢騰立，似有離魂婉娩依」。「舟橫野渡霞將暮，客上離亭酒半醺」。〈北行雜詩〉之「荒祠虎馬斷頭立，叢塚群烏相命譁」。〈自題〉之「相經半死仍孤賞，蟲號相思亦可憐」等等，所為文亦每挾其迕時嫉俗之孤憤，流露於章句間。懷寧汪銳齋德鉞，時官禮部，好談國事利病，遇義慷慨敢為，素重甸男，讀其文，嘆曰：「甸男其古之傷心人歟！」陳恭甫與甸男交最摯，數有句贈之：「叔寶愁多似江水，玄暉夢遠是青山。」及「日邊名士多於鯽，江上歸心不為鱸。」而甸男終以無所發舒，彌為鬱抑。旋補順昌縣學教諭，其〈詠燕〉四律，謝枚如、章鋌最稱之，錄其四云「日長底事語丁寧，春草池塘覺夢醒，玉冢好留紅縲信，香泥休污太玄經，窺人巧伺垂犀押，拖翦頻搖罥索鈴，莫倚身輕大飄蕩，雕籠閉殺海東青」。旋卒於任，年甫四十，陳恭甫為之傳，遺著有《禮案》二卷，《四書小箋》一卷，《櫻桃軒詩》二卷。

四十九、曾國藩之《挺經》

有清道咸時代，所謂法敝民頑吏貪兵惰之社會，曾國藩以少數人而能轉移其風氣，且影響甚大，於地則普及全國，於時則綿延兩代。至其思想學術，亦皆本於實事求是，復漸演成知行合一之士風。而其初年治術，實法申韓，嚴懲殘害鄉里之奸蠹，重則處以斬梟，輕則立斃杖下，故當時有「曾剃頭」之目。迨後勳望日隆，聲譽日高，因地位關係，不得不以理學之方剛為表，老莊之柔道為裏，於是舊日袍澤如左宗棠，遂覺其過於做作，因詆毀而成隙末，實則已非國藩本來面目矣！

歐陽小岑（兆熊），曾居國藩幕中，其所著《水窗春囈》云：「文正一生凡三變……其學問初為翰林詞賦：既與唐鏡海太史遊，究心先儒語錄；後又為六書之學，博覽乾嘉訓詁，而不以宋人註經為然。在京官時，以程朱為依歸，至出而辦理團練軍務，又變而為申韓，嘗自稱欲著《挺經》，言其剛也。咸豐七年，在江西軍中丁外艱，聞訃奏報後，即奔喪回籍，朝議頗不謂然。左恪靖（宗棠）在駱文忠（秉章）幕中，肆口詆毀，一時嘩然和之。文正亦內疚於心，得不寢之疾。予薦曹鏡初診之，言其岐黃可醫身病，黃老可醫心病，蓋欲以黃老諷之也。先是文正與胡文忠（林翼）書，言及恪靖遇事掣肘，哆口謾罵，有欲效王小二過年永不說話之語。至八年奪情再起援浙，甫到省，集『敬勝怠，義勝欲；知其雄，守其雌』十二字，屬恪靖書篆聯以見意，交歡如初，不念舊惡。……蓋文正嘗言吾學以禹墨為體，以黃老為用，可知其趨向矣！」國藩之以柔濟剛，是否出於歐陽之進言，姑不論，要其參用柔道，當屬不誣。

惟國藩之欲著《挺經》，未見有文字流傳，僅李鴻章曾口述其內容，然亦略舉一端而已。鴻章平素最服膺國藩，啟口必稱老師，敬佩殆如神聖，嘗語國藩之孫婿吳永（漁川）曰：「我老師的秘傳心法，有十八條《挺經》，這真是精通造化守身用世的寶訣。我試講一條與你聽：一家子，有老翁請了貴客，要留他在家午餐，早間就吩咐兒子，前往市上備辦肴蔬菓品。日已過巳，尚未返家。老翁心慌意急，親至村口看望，見離家不遠，兒子挑了菜擔，與一個京貨擔子對著，彼此皆不肯讓，就釘住不得過。老翁趕上前婉語道：老哥，我家中有客，待此具餐，請你在水田裏稍避一步，待他過來，你老哥也可過去，豈不是兩便嗎？其人曰：你教我下水，怎麼他下不得呢？老翁曰：他身子矮小，水田裏恐怕擔子浸著濕，壞了食物，你老哥身子高長些，可以不致於沾水，因為這個理由，所以請你避讓的。其人曰：你這擔內，不過是些菜蔬菓品，就是浸濕，也還可以將就用的，我擔中都是京廣貴貨，萬一著水，便是一文不值，這擔子身分不同，安能教我讓避。老翁見抵說不過，乃挺身就近曰：來！來！然則如此辦理，待我老頭兒下了水田，你老哥將貨擔交付於我，我頂在頭上，請你空身從我兒旁邊岔過，再將擔子奉還如何？當即俯身解襪脫履，其人見老翁如此，作意不過，曰：既老丈如此費事，我就下了水田，讓你擔過去。當即下田避讓。他祇挺了一挺，一場爭競，就此消解。這便是《挺經》中開宗明義第一條云云……余當時聽之，用意何在，不甚明白，仔細推敲，大抵謂天下事在局外吶喊議論，總是無益，必須躬自入局，挺臂負責，乃有成事之可冀，此亦臆度之詞，究不知以下十七條，尚作何等語法也」。（見庚子西狩叢談）是歐陽所謂國藩嘗欲著《挺經》者，此可為一證。

五十、立山被殺真因

石季倫被收時，顧謂綠珠曰：「我今為爾得罪！」其實美色固招孫秀之妒，而珍寶貨賄亦召禍之基，「多藏厚亡」、「謾藏誨盜」，固無間古今也。

庚子拳亂時，滿人立山被殺，與於「五忠」之列，《凌霄一士隨筆》，謂：「立嘗於冬令為幽禁瀛臺之光緒帝，設一屏蔽寒，那拉后惡其向帝致慇懃，故逢彼之怒。」實則立山之死，亦財色所牽累耳。

立山字豫甫，自稱漢軍，故又姓楊，由奉宸苑郎中，洊升戶部尚書，為內務府大臣，雄於資，慷慨好施與，交遊甚廣，鑒藏古磁字畫綦富，家居侈靡，其邸內園林之勝，甲於京師。陳恒慶記其園：「自門至後院，可循廊行，雨不能阻，山石亭榭，池泉樓閣，煞費經營，演劇之廳可坐四五百人。時鴨片盛行，設榻兩側，可臥餐烟霞，靜聽詞曲，男伶如玉，女伶如花，……脂粉之香，馥郁盈室。」立山本有烟癖，而儀容俊偉，容光煥發，無知其為烟霞客者，素與榮祿輩交誼頗密，目為后黨，而終不免於庚子之戮者，費行簡謂：「已亥，議為同治立嗣，山主溥偉，載漪仇之，及拳亂作，延臣議對御前，山復言神術未可恃，而匪涎其財富，遂說載漪等殺之。」雖不無可信，而其起因則為與載瀾爭一妓。

先是都下口袋底有妓曰綠柔，豔麗冠一時，又慧黠解人意，瀾與山皆暱之，爭欲貯諸金屋。山雄於貲，瀾不能與爭，綠柔卒歸於山，以是瀾銜之刺骨，及是，遂傾之以快。行刑之日，為拳匪之大師兄，縛繫於馬後，曳之以馳，抵西市時面目毀敗，塵土坌湧，不復成人形，草草就戮，氣僅懸屬，其家則遭掠一空。伶人路三寶，為之備棺始成殮。

另傳立山眷一妓，曰秋娘，顛倒備至，議嫁娶矣，而載漪爭之，故構陷成獄；秋娘急匿賽金花處，漪復蹤跡及之，賽婢玉菱以託其友胡容，胡教秋娘易男裝，雜光緒萬壽儀仗中逸出，避昌平，乞宿野叟家，為所識破，叟蓋李合肥友歐陽大可，告以立已被殺，秋娘大哭，翌晨赴水死。是則綠柔之外，復有秋娘，而漪瀾二人併爭之，益以財富，宜乎不免。此事高樹《金鑾瑣記》曾有詩紀，謂爭賽金花而然，蓋訛傳也。

五十一、曾國藩推重朱學勤

李慈銘《越縵堂日記》，光緒元年正月初四日記朱學勤一則：「朱修伯，名學勤，杭之塘棲人。其父名以升，道光丙戌進士，官直隸知縣，以經學名。修伯承其家學，頗知探討，聚書甚多而精。咸豐癸丑進士，由庶吉士改戶部主事，入直軍機章京房，不數年為領班，官至宗人府府丞。丁母憂，服闋，補大理寺卿而遽卒，年甫五十耳。其在軍機也，深為恭邸所眷，十餘年來，聲氣灼甚，外吏爭走其門，曾湘鄉、左湘陰諸公皆頗惡之。然其人尚自檢敕，好與文士遊。予識之在同治初，時方為戶部郎中，及此次入都相見，亦甚致殷勤，予以其居要津，不甚答也。今聞其死，殊為悵然，蓋此人猶能讀書、習掌故，在軍機中自勝餘人。又其儲藏既富，可以暫相借讀，今則此等人亦無之矣。」述修伯生平事蹟頗備，然亦微有出入者。

修伯蓋張簣齋（佩綸）婦翁也，仁和朱氏，其先隨宋南渡，定居於塘棲之豐田，其地介杭湖兩府間，實為仁和人。修伯生三歲喪母，父以升，官順義知縣，以修伯屬其兄以泰，以育以長。朱氏三世皆嗜學劬古，以泰兄弟尤精擘經史，求假善本，手自勘校，修伯自幼即事搜討，借里中勞氏藏書，晝夜鈔誦，篇卷積聚，精且博，又讀書過目不忘，十年學遂大成，十六應郡試，學使姚元之讀卷嘆曰：此陸敬輿馬與儔也。旋北上侍父官舍，益質問群經疑義，遂盡傳父學，舉順天舉人，成進士，以翰林庶吉士改戶部入值軍機，先後曲機密者十七年。咸豐間，髮捻先後起，海內洶洶，端華、肅順方用事，專務深刻，朝士大夫，或遲行緩步以養望，其黠者則鷹擊毛摯舞智相排以取進，修伯獨與邵位西（懿辰）、王少鶴（拯）、閻丹初（敬銘）、丁穉璜（寶楨）及一時魁奇髦傑之士，講求實用之學，直廬夜宿，發歷朝詔令奏議讀之，於朝章國故，日益以明。率以夜半趨公，退而記事，餘暇則接賓客詢各省利病將吏長短地形險易，條分縷舉，筆之瑣簿中。金田變作，曾國藩以團練起家，基者多陰握之，孤危日甚，修伯調護其間。英軍犯津沽，咸豐避熱河，以恭王奕訢留守，修伯隨恭王最久，歷同治一朝，樞廷諸大臣，均深相委重，每議大政，輒與聞其事，處置便宜，用弭大難，曾國藩入都時，握其手曰：「學足論古，才足幹時，樞輔之重器也！」恰與越縵所言相反。

畿宇既清，修伯慮朝野踵承平故事，漸即便安，而一切軍興權宜苛碎之政，當有所更弛，曾三上文祥書，極言外侮之亟，國用之殫，人才之消長，深切著明，時人比於賈長沙焉。嘗以大亂之後，庫儲支絀，作〈國用出入考〉，請於京師及邊海各行省，用封樁庫法，歲存三百萬，以備不虞，其後閻丹初長戶部，即用其議作光緒會計錄，而封樁惜不果行。海通之始，修伯首建言，宜於通商衙門設商、防、文、教四司，頗具識見。顧才氣凌厲，遇有不可，輒侃侃與長官力爭，時文祥久病，沈經笙（桂芬）在樞，憚修伯名高，不能屈，而心內不平，同治季年京畿大雨，修伯請發帑振濟，沈外為廉謹，內實持權，及苑囿議起，言者以戇直觸怒，沈益以此猜修伯，遂鬱鬱不獲盛展所抱，光緒元年正月初四日病卒，年五十三。《遺集》三十卷，《讀書跋識》二十卷，《樞垣日記》十二卷，皆存於家，未鐫，今佚矣。

五十二、龔自珍雄文睨一代

仁和龔自珍，於清嘉道間，以奇才名海內，學術藝文，出入於九經七緯諸子百家，沈博奧衍，雄睨一代，流風所靡，下逮光宣。自珍字璱人，一名易簡，字伯定，號定盦，後更名鞏祚。父麗正字闇齋，官安徽知府，為金壇段玉裁子婿。自珍生八歲，得舊登科錄讀之，有志為科名掌故之學；十二歲，其外祖授以說文部目，則有志為以經說字以字說經之學；十四歲，考古今官制，則有志為國朝官制損益之學；十六歲，讀《四庫提要》，則有志為目錄之學；十七歲，見石鼓文，則有志為金石之學；涉獵既泛，自然賅博。廿一歲隨宦於院，不半載，母段歸寧吳中，自珍侍焉，旋就婚於吳，其詩文作述即有聲於時。登道光乙卯進士，授內閣中書，以嫻習滿文，陞宗人府主事，充玉牒館纂修，旋考軍機章京，以不擅作楷字落選，鬱鬱居冷曹。十九世紀初葉，實為中華古國從鼎盛而嬗變為外患憑陵國力衰微之轉捩期，當此之時，朝野昧於世界大勢，枋政諸臣，一惟好爵自縻，務為粉飾，鹽法河工漕運之弊既極，病國害民之鴉片，又自沿海偷進，漏耗尤多，自珍悄然以懼，有詩云：「津梁條約遍南京，誰遣藏春深塢逢，不枉人呼蓮幕客，碧紗櫥護阿芙蓉。」「鬼燈隊隊散秋螢，落魄參軍淚眼熒，何不專誠花縣去，春眠寒食未曾醒。」其送林則徐序，亦言「漢世五行家以食妖占天下之變，鴉片則食妖也，病人魂魄，逆晝夜，其食者宜繯首誅，販者造者宜刎脰誅」……林公覆書，極贊其議，有「歸墟一義，足堅我心，雖不才遏敢不勉」語。然終以好評時政，為權者所惎，道光丁未改禮部，尋告歸，出都時以一車自載一車載書，夷然而行不以貧自餒也。

自珍之文，戛戛獨造，論者謂「桐城之文，如泰山主峯，不可褻視；龔氏則若徂徠新甫，相與揖讓俯仰於百里之間，不自屈抑，蓋一代文字之雄也。」詩則合六朝游仙，唐代二李（長吉、玉谿），元末楊鐵崖、明初高青邱，冶為一爐，當時有評「其聲情悱惻遒上，如萬玉哀鳴，世鮮知之；抑人抱不世之奇才與不世之奇情，及其為詩，情赴乎詞，而聲自異。」可謂深得龔詩指歸。詞則合周辛而一之，譚復堂讚其佚宕曠邈，能為飛仙劍客之語，然毀之者亦所在多是，原夫天才橫溢者，不出之此，則洩之彼，自珍懷經世之志，而落落不遇，遂自放於禮法之外，託意醇婦，耽志佛陀，而又嗜酒如命，均借瑣耗奇，寄憤鳴哀，故以詼詭自憙也，「中年才子耽絲竹，儉歲高人厭薜蘿，兩種情懷俱可諒，陽秋貶筆未宜多。」評隲自珍者，當於此二十八字中求之。

五十三、張亨甫（際亮）瑰才見扼

閩北建寧，自南宋設治後，文風素盛，清代以學術著者，稱三朱一張，曰朱霞，字天錦，號曲廬，康熙時人，博學工詩文，有《樵川二家詩》、《綏安存雅》、《閩海雅記》、《閩海風雅》、《廟學全書》及《曲廬詩集》等。乾隆間之朱仕玠仕誘兄弟，仕玠字璧豐，號筠園，能文古詩，有《筠園詩稿》、《鴻雁集》、《龍山漫錄》等；仕琇字斐瞻，號梅崖，其文博採秦漢以來諸家之長，醇古冲澹，自成一家，有《梅崖居士集》。其後道光時，復有張際亮者，字亨甫，富經濟，尤擅才華，其詩沈雄悲壯，所著《婁光堂稿》、《南來錄》、《金臺殘淚記》、《南浦秋波錄》諸書，藝林傳誦，其《松寥山人集》，則逝後其故人子姚濬昌所為刊輯者也。

亨甫幼孤露，而穎慧逾常兒，其伯兄業賈，奇其才，資之讀書，遂益守志勵學，弱冠補諸生，肄業會城之鼇峯書院，院長陳壽祺，讀其文器之，所以策勵之者甚至，亨甫謹受教，顧於舉業外，詩古文詞擩染獨深，旋試拔貢，入京師，而朝考報罷，朗士知者皆嘖嘖稱其詩。

南城曾庶蕃（燠），號賓谷，以進士官兩淮運使，嘗於邗上闢襟館，與賓從賦詩為樂，敦盤稱盛，所為詩亦清轉華妙，其文亦頗眩六朗初唐之勝，適以事至京，朋輩醵飲之，亨甫與焉。庶蕃以名輩自憙，縱意言論，酣而益肆，上下古今，目無餘子，座客拊掌贊服，亨甫心薄之。食頃，米粒粘於鬚，曾不覺也，有人起為拈去，且作白鷺集青松之喻以諂之，亨甫大笑起曰：何不云糞蛆集屎坑耶？眾慚，曾亦恚憤，語嗔亨甫，亨甫狂笑避席，歸寓，投書責曾，不能教後進，徒以財利奔走寒士門。庶蕃益怒，毀亨甫於諸顯貴，斥亨甫無行。由是得狂名，試輒不利。

亨甫乃遍遊宇內山川，窮幽探奇，以其窮愁慷慨抑鬱牢落之意，發之詩歌，益見沉雄悲壯。龍溪鄭雲麓官廣東鹺使，素善亨甫，亨甫遊嶺南，雲麓視之極厚，賭棋山莊詩：「江東烽火滿危橋，都轉風流剩酒瓢，知守齋（雲麓齋名）頭芳草歇，奔波誰與念松寥」（松寥，亨甫自號），即詠其事，其所作：〈武夷宮望大王幔亭諸峯〉一首：「肅肅靈官古，蕭蕭老樹存，誰知五嶽外，自擁數峯尊，人采烟霞氣，仙為水石魂，穹巖遺蛻在，聊與示曾孫。」名句在唐宋之間。又〈宿天游道院〉句：「我舟泝曲流，茲峯渺雲際，安和千仞顛，數折轉幽邃，陰泉奏虛籟，空岩養寒氣，風高夜多聲，天瞑石增勢，中宵大星出，側掛落平地，蕭森萬象動，空闊百靈至。」又〈醉題一覽亭〉云：「黃葉落澗中，響在白雲裏。」咸稱其能不專仗筆氣以為盛唐之音者。其作〈王郎曲〉，起首四句：「天下三分月，二分在揚州，一分乃在王郎之眉頭，彎彎抱月含春愁。……」最為時所傳誦。瑞安孫琴西以文詞噪於京師，與亨甫尚未相見，亨甫自武昌寄詩與之，琴西賦答云：「先生隻帆黃鶴津，懷人卻向長安塵，長安六月熱炙骨，月讀君詩涼欲雪，平生不識元紫芝，懷中喜有清風詩，白雲千里未得報，長安木落風颸颸。君也風塵東西走，我亦土牛落人後，今君合返黃華峯，我尚異鄉愁飄蓬，寄書答君秋復冬，到時已有南來鴻。」其推挹如此。

旋回福州就鄉試，忮之者，相約際亮狂士不可中，然亨甫已易名「亨輔」中式，折卷者欲終扼亨甫，謀去之，副老官疑為非是，及來謁，果亨甫也，主者駭愕，然會試終復報罷。

亨甫忠貞磊落，好急人之難，故與桐城姚瑩善，及聞石甫以臺灣道禦英事，被訐欺罔冒功，下刑部獄，亨甫扶病北上，困居宣武門外楊椒山祠中，時猶以獄事奔走，及石甫事白，亨甫已疾篤，彌留時以所著付石甫，欷歔而卒，朗野聞而傷之，唁札盈尺。林少穆則徐以鴉片獲譴，謫戍伊犁，中間王鼎留佐河工，工竣，荷戈遂行，亨甫亦時致存問，既死，則徐中途聞耗，哭之甚慟，寄詩輓之並賻其孤。詩云：「尺素頻從萬里貽，吟成感事不勝悲，誰知絕塞開緘日，正是京門易簀時。狂態次公偏縱酒，鬼才長吉悔攻詩。修文定寫平生志，猶訴蒼蒼塞漏巵。」亨甫瑰才不遇可傷，而竣邨老人生死交情，亦溢於言表矣。何子貞紹基與亨甫為至交亦輓一聯云：「是骨肉同年，詩訂閩江，酒傾燕市；真血性男子，生依石甫，死傍椒山。」

五十四、薛慰農（時雨）不忘貧賤

呂新吾嘗言：「而今士大夫聚首時，只問我輩奔奔忙忙，熬熬煎煎，是為天下國家，欲濟世安民乎？抑為身家妻子，欲位高金多乎？世之治亂，民之死生，國之安危，只於這兩個念頭定了！」說來十分沉痛。學優而仕，從政服官，要當勿忘本來面目，廉勤固分內事耳。昔薛時雨居官不忘貧賤，因述之以為貪墨卑污者知所儆儆。

時雨字慰農，晚號桑根老人，滁之全州人。少舉於鄉，以侍母疾，不應禮部試者十年，至咸豐癸丑始成進士，出知嘉善縣，遷杭州府，兼督糧政，代行藩臬，旋以疾歸，主崇文尊經惜陰書院，光緒乙酉逝於江陵。陳石遺稱其「治績循良，而宦游勇退。」在官時有善政，杭人思之，為造湖船名薛舫，並結廬於西湖鳳林寺後，顏曰薛廬，以旌好官。

時雨恂恂儒者，不自忘其少賤且貧，其初抵杭垣，有詩紀之云：「揚帆度新關，關吏睨而笑，是真窮措大，破袱裹詩料。薄暮入東城，人烟翳夕照，舉目無因依，自矢特立操。沿街覓投止，晚風暗吹帽，須臾得蘭若，斗室聞香妙。容膝便可居，無庸卜杯珓。宦游寄僧家，自我倡變調，淨宇庋琴囊，斗室支茶灶，百錢沽斗酒，洗塵作慰勞。」「嚮晨謁大吏，如婦見舅姑，寅寮即宛若，聯步相追趨，新婦或愆儀，宛若先揶揄，手版躬自陳，義與榛栗符，禮成屈一膝，欲坐仍趦趄，大吏但頷頤，答拜姑徐徐。讀書希崇顯，此狀何卑污，倘令妻孥見，謂我不丈夫，思之實忸怩，退食自嗟吁，卓哉陶淵明，掛冠賦歸歟。」其描寫歛版低心之狀，恍讀官場現形記之另一頁。

惟其有所不為乃可有為，及為糧儲道時，值洪楊之亂，遇有投奔者，輒延納之，衙署為滿，漕倉旅店，半為避難之人，而以「白裘杜廈古人心」自解。年五十無子，娶妾亦不育，以猶子為嗣，生日自述云：「……相士號半仙，相我形貌殊，前生老瞿曇，今生為老儒，面有陰隱文，晚景榮桑榆。我聞啞然笑，素性疏浮屠，象教書不讀，鄙我酒肉軀；赤手謝斧柯，善行無由敷，五十望富貴，毋乃翁子徒！果依若所言，吾將尋故吾。西湖叢林多，劫後荒榛蕪，方丈首開闢，瓶缽次第儲，募化十萬緡，浴佛金重塗。教主尊香山，伽藍奉髯蘇，百年得解脫，千古歸虛無。成就過來人，免為俗氣污，無量大歡喜，但恐相士誣。引作自壽詩，不堪語妻孥。」胸懷何等洒落！李蒓客見之讚為真摯老成，百年所僅見者。

五十五、西南兩儒記鄭、莫

廣雅堂詩：「……早年高名動帝都，西南鄭莫稱兩儒。」姚叔節永概曩執教北大時，所為〈讀詩〉諸首中，亦有「生平怕讀鄭莫詩，字字酸入心肝脾」之句，鄭莫者晚清黔中詩人鄭子尹莫子偲，蓋並時瑜亮也。

子尹名珍，晚號柴翁，遵義人。道光丁酉舉人，執贄於程春海（恩澤）之門。春海於六藝九流，無所不通，工篆法，熟精許氏學，詩文雄深博雅，於金石書畫，考訂尤精審，固道咸間文章宗匠，得子尹甚喜，詔之曰：「為學不先識字，何以讀三代秦漢之書？」子尹謹受教，遂致力許鄭之學，已而從程氏於湘，涵濡聲音文字之原，與古宮室車輿之制，詩古文辭，則私淑昌黎雙井，沉雄鬱勃，彌見淒苦，有《巢經巢詩文集》行世。

子偲名友芝，號郘亭，晚自號眲叟，獨山莫猶人與儔子，猶人以進士出知鹽源縣，舉卓異，旋改遵義府學教授，以六藝故訓課士與子。子偲幼承庭訓，喜聚書，通蒼雅故訓六藝名物制度，旁及金石目錄家言，治詩尤精，且工真行篆隸各體書，舉道光辛卯孝廉，禮闈報罷，籤取知縣，意有不樂，遂棄不赴，京師朝貴歆其名，爭相羅致，子偲又慎所擇，輒婉卻。時海宇騰沸，亂靡有定，子偲既弗得於時，俶憂嘆惋，一一見之於詩。與鄭子尹固相善，詩文工力又匹敵，爰有西南兩儒之稱。

子尹公車歸後，蟄處鄉里，寄詩子偲，有「愁苦又一歲，何時開我懷，欲死不得死，欲生無一佳，……悽切結中腸，事事增欷歔，生本乞者相，強命金閨才，徒然止自苦，何益於所為。…」讀之酸楚。咸豐五年，苗人犯荔波，子尹時任訓導，縣尹稱病，囑子尹率兵拒，卒完其城，事定，祁春圃雋藻荐於朝，以知縣分發江浙，未行，疾作竟逝。

子偲於太平軍起時從曾國藩於安慶金陵幕凡十年，蹤跡遍大江南北，事定，寄妻子金陵，以詩文書法交遍江淮吳越名士，張之洞謂其「澀體慣作孟郊語，瘦硬能為李潮書」，蓋紀實也。髮捻俱平，李鴻章疏荐之，朝旨徵用，又弗就。同治十年，赴揚州求文匯閣書，行至興化，病卒，雖窮老而身世稍發舒於鄭矣。曾國藩於莫最推重，嘗寄詩有「黔南莫夫子，志事無匹雙，萬事薄其服，廿載窮幽鄉」語，傷其弗遇而窮也。

五十六、高伯足（心夔）豐才薄命

湖口高心夔，字伯足，咸同間江右名士也，文學實為京國之冠，有《陶堂志微錄》等作，詩文宗漢魏，沉雄峭拔，識者稱之。朱之榛撰其行狀，曾謂「體物諷詠，」託之康言，意多沉悶，趣鮮懽愉，類於境之窮者。」敘略中亦言：「何為是諧隱天下也，深思遠憂，不可弭於胸，不可旌於口，暫而寄之或遠或近其然豈其然之辭。」陳石遺詩話則稱其「詩功甚深，而辭句勾棘。」伯足蓋古之傷心人也。

伯足號碧湄，咸豐庚申進士，朝考以詩出韻，置四等歸班，先以己未會試中式，覆試詩亦出韻，置四等，停殿試一科，所出韻皆為十三元，王湘綺所嘲「平生雙四等，該死十三元」，即指此。然伯足實名士，久主肅順家，肅雖滿人，頗樂親漢人之才雋者，待伯足尤厚，時方筦柄，欲使魁多士，殿試前，語之曰：「君書素捷，何時可完卷？」伯足答以「申酉間可完。」至期，肅監試，並語諸王大臣，酉刻悉收卷，蓋以工書者必遲，未完即違例，則伯足必置第一矣。同時並頒壽字印，及限，一呼撤卷，紛紛掣取，完卷者鈐於卷末，未完者就所止鈐之。然伯足實未完，遂抑置三甲，相與嗟嘆！以是朗野忮肅者，於伯足亦不無微詞，翁松禪誚其「曳裾侯門」，然亦稱其「倜儻磊落，非凡夫也！」李蒓客則深以「己庚兩榜中人，所罕能及」為惜。

及肅順敗，伯足感深知遇，不盡栖皇，鄧輔綸作〈高生行〉，有「數奇不侯固其命，才高棄置真可惜。……平生意氣何激昂，即今身世兩逼側」，深致扼腕，於以知其詩終尠懽愉之趣者，有由然也。

後郭嵩燾任蘇松兵備道，招致幕中，後以李鴻章之薦，署吳縣，將軍都興阿，欲以禮羅致幕下，伯足謝曰：「吾自知才不濟，安吾縣令而已！」

當局朝局日非，內外煎迫，而非舊紛呶，伯足傷往憂時，彌多感慨，一官匏繫，遂乏政聲。旋以斷一富人買妾事，誤信市魁譖言，誣為他姓逃妾，將加刑，女與其母慚憤交加，雙雙投繯死。伯足聞之，深有「我雖不殺」之感，雖無及矣，遂病失心，未幾怏怏卒。

伯足詩文之餘，亦工書，且擅篆刻，落筆如風雨，然非其人不作，故不多見，廿餘年前，於吾師青山農之破盋龕中，見其印拓一卷，莫友芝李眉生潘伯寅均有跋，可寶也。

五十七、紀曉嵐藏硯詩銘

紀曉嵐（昀）與袁簡齋同時以詩鳴於乾嘉間，人稱「北紀南袁」。其撰四庫全書，進退百家，鉤沉摘隱，各得其要指，蔚為巨觀，成一代文治。以名位言，袁固遜於紀，然清福優游，紀實不逮於袁也。所著如《熱河志》、《歷代職官表》、《河源紀略》、《八旗通志》，又綜方略、會典、三通諸館。一般所習見之《閱微草堂筆記》，則以編排祕籍至熱河，校理日久，晝長無事，追錄見聞，成《灤陽消夏錄》六卷，《如是我聞》、《槐西雜志》、《姑妄聽之》各四卷，《灤陽續錄》六卷，其門人盛時彥襄之也。

曉嵐學問淵通，才識雋捷，起於侍從文學，其詭譎應對，與夫臨機捷就之詞，諸家筆記多有記載，不復贅。

紀氏所藏硯石，皆為紀念珍品，彌有足述者，其詩集中有〈硯箴〉詩，以朱晦庵評王安石作書從來潦草，一若無時不在忙中過之言，以為自嘲，句云：「筆札匆匆總似忙，晦翁原自怪荊王。老夫今已頭如雪，恕我塗鴉也不妨。」「雖云老眼尚無花，其奈疎慵日有加。傳語清河張彥遠，此翁原不入書家。」以詩論詩，其所用翻案筆法提及王介甫，亦即從半山詩集中學來者，自謂老年疏懶，由於自然，而心忙意亂，亦不復顧及鴉塗之誚。然紀晚年，猶是孜孜矻矻，著述不輟。其集中〈蕉葉硯銘〉第二首：「蕉葉學書，貧無紙也；今紙非不足，而倦於臨寫。刻蕉於硯，蓋以愧夫不學書者。」即為其晚年手筆，老如炳燭夜遊之興味，盎然自見！

他如〈浮筠硯銘〉，註云：「賜硯多龍尾石，惟編輯《永樂大典》成，特賜端溪舊坑石，其製為竹節形，敬名曰浮筠。」銘詞云：「帝曰汝昀！嘉汝校文，錫汝紫雲，粵嶠之珍，昀忭以忻，榮媿銘勳，敢不勗以勤！」〈鄭夾漈硯〉銘：「惟其書之傳，乃傳其硯，鬱攸乎予心，匪物之玩。」此硯為裘曰修於新建農家購得者，以紀修鄭氏通誌，故以為贈。

紀嘗於盧見曾獲罪時，坐洩泄軍機處文件，遣戍烏魯木齊三年，行囊中僅留石硯一方，惟無硯石，其詩集中，有〈辛卯六月，自烏魯木齊放回，囊留一硯，題二十八字〉：「枯硯無妨似鐵頑，相隨曾出玉門關。龍沙萬里交遊少，抵汝多情共往還。」感慨激昂，情詞豪壯，佳句也！較之銘文，純以質樸者自別。另有〈自題校勘四庫全書硯〉一首：「檢校牙籤十萬餘，濡毫滴過玉蟾蜍。汗青頭白休相笑，曾讀人間未見書。」以上兩硯，其形式如何，以及有無刻字，且亦似未有他人題跋，但兩詩格調風采言之，不愧名作！

五十八、梁茝林（章鉅）數羅漢

羅漢，又稱阿羅漢，為釋氏高行者之尊稱，修得此種善果者，稱為得阿羅漢果。十六羅漢之名，曾見於大阿羅漢難提密多羅所說法註記。此十六人者，皆為佛弟子，奉命在佛涅槃後，繼續宣揚佛法，頗類於基督教之十二使徒。十八羅漢則為佛法傳入中國後所產生者，於原有十六人之外，增以降龍伏虎兩尊者。其變化當在唐代以後，五代禪月大師貫休，以畫羅漢著稱，所作則稱十六應真，其像流傳至今者頗多臨本。

五百羅漢之名，從不見於佛經，其所由來，迄無可考，但可斷言為次於十八羅漢以後之中國佛門產物。俗傳此五百人者，實海盜，其後放下屠刀，立地證果，又傳為商賈，五百人結伴浮海採寶，為海盜所乘，並遭剜目抉背之苦，日夜悲號，為善知識者引以見佛，佛為說法，得大解脫，各證阿羅漢果。但其名無可考，而塑像中，有達摩，有馬可孛羅像，殊不可解。

梵剎中之五百羅漢堂，亦不悉起於何時，國內各地規模較大之禪林，多有羅漢堂或羅漢廳，有二三尺者，有大如人身者，金裝寶相，宏偉莊嚴，如杭州西湖之靈隱寺淨慈寺，廣州之華林寺，均著稱，更有五采裝塑，附有山水背景，如雲南圓通寺所列，結構恢奇，神情超越，更為金馬碧雞間之佛教藝術名物。

考靈隱寺之羅漢像，為南宋時僧道容所塑，道光時，廣州南華寺僧祇園，遍遊各地名剎，倩人臨摹，攜回廣州塑造。咸豐間，靈隱燬於火，又以南華所摹之像為標本而重塑，故兩寺之羅漢形態相同，惟南華較靈隱者為小耳，其最古而發現較晚之羅漢塑像，則為蘇州甪直鎮保聖禪寺，經考證為唐楊惠之所塑，楊惠之與吳道子齊名，楊之塑工與吳之畫工，均為中國藝術上之絕品，流傳至今，已如鳳毛麟角，其背景附麗壁間，古所稱「塑壁」者是也（繪畫者稱畫壁）。民初發現後，曾設法加以保存，今不知如何矣。以神態言，則滇之圓通寺，為最靈活。畫像則貫休之後，以宋李龍眠之白描羅漢手卷稱絕。

長樂梁章鉅（茝林）所著《浪跡續談》中，有記靈隱寺五百羅漢一節，謂：「凡婦女之遊寺者，必入此堂，因相傳有『數羅漢』之說，就所到處，指定一尊，按本身年歲數至某尊，視其標題之佛號，以為終身之斷。然佛號義多奧難，每不可以理會，故有驗有不驗。余初出山時，亦曾到寺默數一遍，遇如意雜尊者像，其義即不可解。然今回憶，中外歟歷，數十年中，一路坦途，不能不謂之如意，而所歷之宦境，亦不可謂之不雜，斷章取義，似亦可通。去年重遊，又默數一過，遇增福壽尊者像，則恰合大海收帆境象矣。」梁為清嘉道間人，進士出身，累官至江蘇巡撫，著作甚富，所述亦附會有趣。憶七七抗戰前數月，荊人遊杭，伴遊者告以數羅漢事，因曾讀梁記，亦赴寺隨喜，入堂即遇駢伸兩指慈眉善目之白面羅漢，視其標題曰「永刦」，不禁懼然，旋以不迷信自解。三十年中紅桑再刦，及今思之亦自笑也。

五十九、楊雪茱清介絕俗

楊雪茱慶琛，清道咸間名士，通籍廿餘年，官至光祿寺卿，致仕歸閩後，不名一錢，鍵戶擁鼻而吟，學士大夫爭相引重，大府折節下交，惟詩酒往還，絕不干請，人以是益高之，一時仰之如泰山北斗。所居會垣之道山精舍，插架圖籍，檻外紅梅，花時科頭坐樹下讀，故顏其齋曰絳雪山房。生平淡素自甘，治家嚴，無事不衣帛食肉，諸子雖授室，猶日課以經史，同里後進問難者，亦樂與講解弗倦弗厭。

通州徐樹人宗幹，名宦也，時任福建臺灣巡撫，為雪茱任魯省藩司所荐拔之循吏，德之甚，甫涖任，即首謁楊執弟子禮甚恭，過從日密，見其麤疏自給，刻苦殊甚，思有以裕之。一日，乘間請曰：「諸世兄年事均長矣，科第既未成名，盍令其稍習吏事，薪給所入，或足以分生計仔肩乎。」雪茱笑曰：「若憂吾貧耶？吾固弗貧也。」因指其室之櫥，續言：「此中纍纍者黃白物也，幾三萬兩？吾宦囊所餘固無多，休致之日，貨田宅所得，併為三萬兩，製為銀錠者六百，每錠五十兩，每月支用限以一錠，年十二錠而已。自致仕迄今凡五稔，所用錠祇六十，吾年已耄，人生誰到百年者？即百歲而三十載用額，亦但萬八千而已，尚餘近萬以遺子孫立門戶。吾歆心疏廣多財損志之語，故不以廣田宅益紛糾，權子母增繁屑，猶取泉為流水之義，用而不居，以盡為止。吾但求諸子循分讀書，不望其役役祿仕，至若澹泊自奉，則為吾性所安，君知我者，當知非務為矯情也！」

時雪茱諸子皆侍立屏後，初聞徐撫所請，私冀其父之從，既聞其峻卻，則皆大觖望。其長媳持家務，甚苦私用不足，聞其夫述其事，則慫恿其自託於徐，子韙之，乃贗為乃父書以達，乞為己安置。徐撫得書笑曰：「斯吾固早有意，特師自靳耳！今者迨思而豁然，易拘為達，乃有此命也！」閩撫本兼轄海關，遂命札委楊子為閩海案總文案。翌晨，遣戈什哈致之。戈什哈至，叩門，見一衣衫補綴之老者龍鐘出應，意其為司閽人也，詢以楊大人起未？老者曰：「爾欲見楊大人耶？即吾是矣。」蓋楊之老僕方秉命赴市購物，適坐廳事代為應門，不期撫署使者之至，因命之入，戈什哈既知為雪茱，即肅立為禮呈札，雪茱取札，閱竟納諸袖，正色曰：「煩歸覆爾主，請即來此，有要語待罄。」戈什哈歸白於徐，徐覺有可疑，即命輿往，既至，雪茮出委札抵於案曰：「爾我分雖師生，情猶骨肉，故日昨所談，竭肝鬲無隱，何至自為矛盾若此？」徐曰：「茲事乃以師名來者，不爾不敢也。」雪茮怫然曰：「言乃不虛，函可贋也，爾為大吏乃臨事弗思耶！折足覆餗，迨矣！」徐面赧語塞，謝過而退。師生一則賤利忘勢，能行師道，一則尊師禮賢，能受師戒，聞者咸兩稱之。

雪茮詩什繁富，意格工雅，與閩之黃莘田、薩檀河、謝甸男、陳恭甫諸人，工力伯仲伊呂，長篇警句，多不及俱錄，錄其藻繪丹青之作，〈題畫〉云：「一杖還山日未斜，疏林殘葉幾村家，西風不管人消瘦，開遍東籬黃菊花。」「黃鶯恰恰柳條遮，尺半肥魚上酒家，春色過江人不識，一篷紅雨載桃花。」〈看山圖〉云：「流水聲中夕照斜，白雲深處幾人家，一笻扶起詩肩瘦，清受秋光滿隖霞。」「茅屋欹斜枕碧峯，濛濛七十二芙蓉，畫眉聲斷雞聲起，家在幽嵐第幾重。」雪茮自言，詩學從太白入手，觀其全集諸作，似更於放翁為近。

六十、湯敏齋綽有父風

蕭山湯敦甫金釗，以公廉彊正，稱嘉道間名臣，道光十七年，官至協辦大學士，吏部尚書。及海口事件發生，英人不得逞於廣東，則東陷定海，南窺廈門，北至於天津，沿海騷然。宣宗從容問以廣事可付託者，湯以林則徐對，坐失旨，是時穆彰阿琦善等用事，金釗正色立朝，清節並著，素不附和議，與穆著意齟齬，雖以直言被擯去位，卒以恩禮終。其學以治經為務，主敬為本，不立門戶，不爭異同，本明道敬義夾持，兼取良知即慎獨之說，以刻意勵行為宗，魯一同稱其安靜持大體，難進易退，有古大臣風。可謂自信特立者矣。

金釗子二，長寬，前卒。次修，字敏齋，晚自號沺翁，以舉人官至太常寺卿。居官遇事敢言，綽有父風，治經主敬，亦悉秉庭教。少端重，不輕言笑，善事父母，每侍立逾時不遷地，尤能急人之難，為人如為己，嘗曰：「既為之，則善惡皆在己，天下事豈有代人做者耶！」人以為名言。

道咸之交，內憂外患，紛至迭乘，敏齋多所舉正，見賞於祁雋藻，曾以議軍儲上啟，累千言，雋藻不能用，顧益重之。林文忠收繳躉船鴉片，稱誦者謂烟患從茲可絕，敏齋獨以不先講武備為憂，人服其遠見。迨登卿寺，先後疏陳各省團練事宜，軍務各省變通開科，津沽戰守之策，多格於部議。庚申之警，清廷議北狩，敏齋密疏力爭，言詞激烈，時肅順端華等方貴盛邀寵位。敏齋官內閣時，肅順與相迕，又屢言事，遂積嗛敏齋，乃引疾乞休，退訓其子曰：「孝弟忠信，做人根本！」又謂：「主敬以靜，惟靜則艱難危苦時，腳根才立得定！」蓋熟譜於古名臣言行者，通知世務，又能胚胎前光，濡染典訓，雖以名父之子，而一掃世俗貴介之習者。宋史稱司馬康云：途之人，見其容止，雖不識，皆知為司馬相公子也！當時都人士之於敏齋亦然。

咸豐初，金釗逝於北京，敏齋奉父柩南下歸葬，其友吳昆田（字雲圃，清河人，潘四農德輿弟子，有《漱六軒集》）時丁母憂，過浦相見，約服闋入都主其家。八年秋，吳如約就居敏齋之長安街頭條邸，旋敏齋亦自蕭山起復至，下車謂吳曰：「江浙兩省淪陷矣！」吳愕然曰：「何以知之？」敏齋曰：「以何桂清知之。」因言：「北來過常州，晤何根雲（桂清字），見其衣服鮮妍，舉止輕便，而面有驕色，卒然曰：金陵指日克復矣。默計此何等事。此古所謂舉趾高，心不固者，豈有不敗者乎？無已，或提督張國樑謀勇足恃乎？急往見之。其人起坐輕率，無片刻寧定，叩以軍事，慷慨指陳，證之平昔所聞，誠為不謬，然戰將耳，非載福之器也！古人選將，必取雄傑敦厚之士，蓋有由矣！」其後，太平軍出金陵，國樑戰死，桂清走，蘇杭遂陷，一如其言。蓋其誠正伉直，發於至性，故能察理於微，而斷言之如此，不必讀相人書也。又以其父神道碑未作，不欲以煩朝貴，聞魯一同（通甫）文有剛直氣，走書請之，文既成，受而讀之，曰：「不激不隨，傳矣。」又以譚祖同（桐舫）隸書，方整峻勁，為近代所無，並乞書之，歸以刻於蕭山，謂人曰：「此碑必百年後出。」蓋指其中言起用林文忠事，為當時朝貴所不喜，必數十年後始有知者也。後卒於蘇州，吳昆田為哭之云：「誰知長孺真愛國；從此潛夫廢著書。」

六十一、姚石甫（瑩）在臺治行

姚字瑩，石甫，惜抱之從孫也。於書無所不窺，顧如好經生章句，慕賈長沙、王陽明之為人，留心經世之學，遇事激昂奮發，銳意欲有所為，文章持論，多指陳時事利害，慷慨深切，異乎世以苶弱詀澀為學桐城者，祁雋藻亟稱之。

其於吏事，以長才見稱。初以進士，選福建平和縣知縣，授龍溪。閩南俗故健悍，械鬥仇殺之風，歲有所聞，石甫擒其倡首者斃之，其豪猾者予以自新，使侵奪者各還其業，擇方正者為家長，約束族眾，誓解仇讎；籍壯勇者為鄉兵，逐捕盜賊，有犯者責家長縛送，於是械鬥戢而盜賊亦平，治行稱第一。旋調臺灣，署噶瑪蘭同知，亦著名績，坐忤上官落職，尋以獲盜功，復官，遂改發江蘇，歷金壇元和武進，遷高郵知州，先後大吏陶澍林則徐皆荐可大用，擢臺灣道。時海疆戒嚴，石甫與總兵達洪阿，預為戰守計，達性剛，與同官鮮有合，以石甫書生，易之，石甫推誠相接，達悟，登門謝曰：「武夫不學，幸相容久，今而後唯子之命矣！」及英人犯基隆海口及大安港，石甫設方略，與達洪阿督兵，連敗之，毀其船並縶其人，收所失寧波廈門炮械甚夥，以功加按察使銜，進秩二品。迨江寧和議成，英人訴臺灣所獲船，皆遭風觸礁，文武冒功欺罔，而總督怡良亦嫉基隆大安功，遂被逮問。石甫與達約，義不與俘虜質，引咎而已。樞廷知非其罪，入獄六日，特旨出之，發往四川，復為總督寶興所忌，會乍雅兩呼圖克圖相爭，檄往平之，兩次入藏，事竣，補蓬州，旋引疾歸。

穆彰阿既黜，石甫與達洪阿被陷事得伸，於是復起用，陳臬廣西，時太平軍起，賽尚阿以欽差大臣入桂，以石甫知兵，命參軍事，石甫條舉利害，累數千言，不用，而太平軍遂不可制，烏蘭泰戰死，賽奪職，石甫辭營務，轉餉湖湘間，張亮基奏署按察使，以時危勢亂，憂憤致疾卒。

遺著《東溟文集・東槎紀略》，紀臺灣山川形勢風物甚詳，康輶行草，則入藏時所紀者。」

有蔣念亭作梅者，以知縣辦理糧務，能愛民卹眾，竟遭寃獄瘐死。石甫知其寃，為之伸，雪後念亭子霞舫，以遺翰遍請題記，祁雋藻為作長歌，於石甫獨多推許，如：「……蕃漢爭廟祀，歲時肅駿奔，此事萬口傳，公道照乾坤。姚君攜大筆，信有神明存，神明無不在，遺翰粹且溫，早邀朱衣鑒，豈識獄吏尊！雪山萬里白，金沙流不渾，諒哉夏侯言，陰德及子孫。」石甫子濬昌，能繼家學，曾國藩邀佐其幕。

六十二、曾國藩與天津教案

晚清同治九年，天津發生教案，燬教堂，擊殺各國教士教民等廿餘人，清廷以曾國藩威重，詔使辦理此案，曾氏出以斷然手段，雖保全和局，卒負重謗，然非如此處置，則庚子之禍將提前發作矣。當時士大夫既不肯以殺外人為非，又不敢公然主戰，但以詆毀當事者之措置為事。如王湘綺日記：「聞曾侯治天津夷務，有民變之機。朝廷有失政，為民所挾持，大臣士人當疏通而掩覆之，固不可抑民氣，尤不可長民囂，曾侯未足以知之。」

按《清史・曾國藩傳》載：「九年四月，天津民擊殺法領事豐大業，燬教堂，傷教民數十人，通商大臣議嚴懲之，民不服。國藩方病目，詔速赴津，乃務持平，保和局，殺十七人，又遣戍府縣吏。國藩之初至也，津民謂必反崇厚所為，備兵以抗法，然當時海內初定，湘軍已散遣，天津咫尺京畿，民教相鬨，此小事，不足啟兵端，而津民爭怨之，平生故舊持高論者，日移書譙讓，省館至毀所署楹帖。而國藩深維中外兵勢強弱，和戰利害，惟自引咎，不一辯也。……既負重謗，疾益劇，乃召鴻章治其獄，逾月事定，如初議。」

自咸豐間，英法兩國，乘中國內亂，脅以謀我，英法聯軍陷大沽，入天津，蹂躪通州及八里橋一帶，縱兵焚掠圓明園，蠻橫無理，北方民眾記憶猶新。而在天津北京兩約訂立後，教士傳教，「一味庇袒教民，扛幫插訟，」每與地方官為難，亦所在多有。無識細民，以厭惡侵略者之心理，而生仇教舉動。惟當軍事初定之際，己彼之勢懸殊，曾氏熟熟籌審慮，故決化大為小，委曲求全，不令決裂，一般人指為「偏護洋人」，至有呼為「賣國賊」者。號稱通達如張之洞，於曾死後，猶有「武歪」之謔，他可知矣。翁同龢日記中，於津案經過，對曾亦多譏誚，如：「曾侯查辦津案告示，有決不用兵之語，道府並撤，而委署縣令，一猾吏也，未審其用意所在，大略為索證據拏辦兇手耳。」又：「曾國藩力言洋人無迷拐事，請明旨昭雪。遂召見諸王大臣，惇醇兩邸持論侃侃，恭邸持之堅，卒如曾請。」又：「曾相報羅威兩酋入都，前所要求殺府縣事皆未允，請勿為搖惑。又與人言：前者以崇厚傳語激切，一時氣忿頭暈，而崇厚遽請更派重臣，摺已發始知會云云。至此始悟前失矣。」又「訪曾湘鄉，頗誚其津事。」當時惟丁日昌奏言：「自古局外議論，不諒局中艱苦，一唱百和，亦足以熒上聽，撓大計，卒之事勢決裂，國家受無窮之累，而局外不與其禍，反得力持清議之名，臣實痛之。」為最有見地。

曾國藩於津案始終但論事實，無一言之辯，其子紀澤。曾於日記中謂：「觀近來時事，見得中外交涉事件，有須看得性命在第二層，又須拚得聲名看得不得緊，方能替國家保全大局。即如天津教案，臣的父親先臣曾國藩，在保定動身，正是臥病之時，即寫了遺囑，分付家中人，安排將性命不要了。及至到了天津，覺得事務重大，非一死所能了事，於是委曲求全，以保大局。其時京中士大夫罵者頗多，臣父引咎辭職，寄朋友的信，常寫『外慚清議，內疚神明』八字，真是拚卻聲名，以顧大局，其實當時事勢，除了臣父之所辦，更無辦法。……」雖為述志之語，實持平之論也。郭意城曾跋其後云：「天津教案，曾文正辦理此案，明知必遭時人指斥，而考之事實，準之情理，勢不得不出於此。事外論人，原多任意高下，及至中外交涉，則是非曲直，尤難得其平」云云，郭氏兄弟深知外交情勢，特不明言耳。

六十三、天津教案發生經過

天津教案之發生，為清同治九年五月二十三日，地點為天津東門外運河邊之天主教孤兒院曰「仁慈堂」者。仁慈堂之工作，為收養孤兒與棄嬰，由於民間自動將孤兒或棄嬰送養者少，堂中主持者為鼓勵起見，凡有送養孤兒棄嬰者，例給與小費為酬。以是，拐徒每迷枴幼童，偽為孤兒棄嬰送堂領賞，兒童失蹤日多，民間遂起恐慌。仁慈之修女，於染病垂危之童幼亦予收留療治，死則由神父施洗，謂可使靈魂獲升天國，遺骸則每於夜間，以天主教葬禮予以殮葬，而天主堂墳地，埋嬰日多，於是謠傳仁慈堂常派人以迷藥拐幼兒，挖目剖心，用以製藥，天津知縣劉傑，出示購捕拐徒，得張拴郭拐二人，團總亦拘送拐徒曰武蘭珍者，據供：從仁慈堂華人司事王三，領到迷藥，另一拐徒曰安三，於施術時當場被捕，則均教民也。時仁慈堂中，有數名病童染疫相繼死，葬後，為野犬挖出，「胸腹皆爛，腑腸外露，」民間遂益指為洋人挖目剖心之證據。群情大憤。

時三口通商大臣崇厚，遂向法領豐大業交涉，要求調查仁慈堂，並提訊王三、豐允之，於五月廿三日，方會訊間，而仁慈堂附近發生鬥毆，崇厚正欲派人彈壓，而豐大業率眾挾銃入，對崇口狂罵，並開槍射擊，民眾坌集，劉知縣趕至，豐大業適出，又發一槍，死僕從一，於是豐大業及其祕書西蒙，均死於憤怒群眾亂拳之下，禍變既作，而天主堂被焚，神父修女被殺，成為鉅變。

曾國藩抵津後，認為仁慈堂「挖目剖心，確非事實，迷拐人口，實難保其必無」，為避免事態擴大，先將道府縣撤換，以緩和局勢。並奏覆清廷云：「……因奸民迷拐人口，牽涉教堂，並挖眼剖心，作為藥材等語，遂致積疑生忿，激成大變，必須確查虛實，乃能分別是非曲直，昭示公道。臣國藩抵津後，逐細研訊教民迷拐人口一節，王三雖經供認授藥與武蘭珍，然尚時供時翻，又其籍在天津，與武蘭珍原供在寧津者不符，亦無教堂主使之確據，致仁慈堂查無男女一百五十餘名口，逐一訊供，均稱習教已久，其家送至堂中豢養，並無被拐情事，至挖眼剖心，則全係謠傳，毫無實據。臣國藩初入津門，百姓攔輿遞稟數百人，親加推問挖眼剖心，有何實據，無一能指實者，詢之天津城內外，亦無一遺失幼孩之家控告有案者。……外間紛紛言有眼盈罎，亦無其事，蓋殺孩壞屍，採生配藥，野番兇惡之族尚不肯為，英法各國豈有為此殘忍之行？以理決之，必無其事。……即仁慈堂之設，其初意亦與育嬰堂養濟院略同，以救恤窮民為主，每年所費銀兩甚鉅，彼以仁慈為名，而反受殘酷之謗，宜洋人之忿忿不平也。至津民所以積疑生忿者，則亦有故，蓋見外國之堂，經年扃閉，過於祕密，莫能窺測底裏，教堂皆有地窖，係從他處募工修造者，臣等親履被燒堂址，細加查勘，其為地窖不過隔去潮濕，放置煤炭，非有他用，而津民未盡目睹，但聞地窖深邃，各幼孩幽閉其中，又中國人民有至仁慈堂治病者，往往被留，不令復出，仁慈堂收留無依子女，雖乞丐窮民及疾病將死者，亦皆收入，又堂中院落既多，或念經、或讀書、或傭工、或醫院，分類而處，有子在前院，而女在後院，女在仁慈堂，而子在河樓教堂，往往經年不一相見，加以本年四五月間，堂中死人過多，由是浮言大起。…」當日教案之真相，不過如此，非法領豐大業之莽撞從事，或不至此。嗣後英法等七國外交代表聯向中國抗議，法代辦羅淑亞單獨要求將天津府縣與提督陳國瑞斬首抵命，國藩允賠償教堂損失，拒絕抵命之要求，知府張光藻知縣劉傑，則罷官遣戍。

六十四、湯海秋（鵬）顧視雄驁

清道光間，益陽湯海秋（鵬），邵陽魏默深（源），仁和張亨甫（際亮），仁和龔定菴（自珍），各以負才磊落，蜚聲都下。定菴言多奇僻，舉動不依恆格，時近俶詭，默深兀傲有大略，熟於朝章國故，學術流別，馳騁往復，四座皆屈，劉逢祿賦〈兩生行〉，即謂龔魏也。亨甫才氣橫越，詩歌幾追作者，以迕鹺使曾燠，被毀於諸貴，由是得狂名；海秋汶汶曹屬，頗自侘傺，獨時意氣感激，抗言天下事，憤義形於言色。四人者，固皆以慷慨踔厲，其志業才氣，轢礫一時者也。

海秋以道光壬子舉於鄉，明年成進士，以主事分禮部，觀政之餘，益閉戶為學，縱涉經史百氏之書，年甫二十也。初喜為詩，自上古歌謠至三百篇，漢魏六朝唐，無不形規神摹，其所為文，亦復震鑠奇特，顧瞻雄驁，言論侃侃，又樂交傑奇之士，中外名公卿以至偏隅遠方具薄技片能者，聞聲相與傾倒，而皆樂就之。旋入軍機章京，補戶部主事，轉貴州司員外，人皆以海秋將洊躋津得膴仕矣，而海秋獨以貲求為御史，慨然有肩荷一世之志，旋擢山東道，甫拜官，未踰月，三上章言事，多所論議，後以宗室工部尚書載銓叱辱滿司官事，其人訐之，廷旨置尚吏議，舉朝屏息，海秋以為司官朝吏，過失當付有司，不當奴辱之，此大臣作威福之漸，疏劾之，清廷囿於議規議貴之見，以海秋為不勝言官任，罷歸戶部員外，而海秋方有所論建，奏草畢具，未及上而改官，憤其言不用，乃大著書，冀有以表白於宇內，乃為《浮邱子》八十一篇，篇數千言，傚昌言論衡，通論古今政俗，人情事變，治道學術，標二字為題，論一事必先曲盡情勢利害，而後證歸經傳之言，榦立枝分，以演迤於不窮，自言：「海秋之所學，與海秋之生之所目蒿而心傷者，悉於是焉存。」又謂：「為天下者，貴能通萬物之情，以定天下之務，若徒治天下事以吏胥之才，而待天下士以妾婦之道，惡在其為治也！」文作《明林》十六卷，指陳前代得失，《七經補》若干卷，則疏明經義，亦能尋躡要眇，為世所重。

性伉直，於所弗合，不中必盡言以質，或相執忿爭，以是始與交者，莫不曰海秋賢，而或者不能有終，蓋其豪氣任事，不規規繩檢，拘謹者每不敢與近。邵懿辰（位西）於京師書肆間，見所售海秋時文，喜其善調繪物情，而舉以大氣，五言詩亦崛奇可誦，則其成進士時所為制藝，海秋曰：「是不足言文也，委靡文飾，正坐氣觽耳。」「漢以後作者，或專工文辭，而義理時務不足，或精義理明時務，而辭陋弱，兼之者，惟唐陸宣公，宋朱文公耳，吾欲奄有古人，而以二公為歸」。其持論如此。其時海內學人，多好訓詁考訂，或為文嚴矩法，海秋皆厭苦之。邵位西攻禮記，以李光地方苞為則，其文奧美盤持，曾滌生（國藩）嘗稱之，海秋語之曰：「子文筆天出，曷徒徇世所謂八家者？」位西謝曰：「生平但識歸熙甫方靈皋，猶病未能，敢望八家乎？」各拊掌大笑。王錫振（定甫）與海秋同官，知而未見，而時人方以海秋好岸異不可近，一日，海秋於友人家，讀王詩大喜，遽策馬至其家，持詩文相與縱談，及暮始去，自是有所作必相質，激揚宏獎，無所不至，其率易處可愛有如此者，至遇迂俗者，則輒曰：「曷一讀我之《浮邱子》乎！」聆者愕眙，則益鼓掌大笑，咯咯不已，所謂「氣陵物而志冲，弸於外而賺中」者也。道光廿四年七月初九日偶疾，飲大黃暴卒，年四十四。

六十五、駱秉章渾厚載福

駱秉章為清季同治中興名碩，治功戰績，具詳史冊。乘章原名俊，以字行，號籲門，廣東花縣人，與洪秀全同里，相傳二人少曾同師讀，洪每言異日我長成必造反。駱曰：若反，我必平之，洪藐之曰：豎子豈足以平我？駱曰：我或不能亦當舉才者以代我。其言確否無可徵，然駱科名早達，洪則四赴府試皆不第，失望沮喪之餘，遂蓄覆滿之志，乃各趨極端。然駱休休有容，取人為善，與人共事，不掣其肘，不掩其長，外樸內明，於賢不肖之尤著者，口雖不言，而辨之彌精，既能摧轂賢才，賢才亦樂為之用。晚年愈負重望，樞廷要政多就諮決，西南軍事，胥以倚之，所論薦人才，悉被任用，著勳名，其所涖雖僅方圻，而規劃動關全局。川民感戴最殷，歿之日，巷哭罷市，每家各懸白布於門，或書輓句誌哀思，時崇實以將軍署總督，謂為不祥，飭吏論止之，蜀民曰：將軍脫有不諱，我儕小民決不若此。可見遺愛之深，世與漢諸葛亮唐韋皋並稱，為丞相祠堂焉。王湘綺所著《湘軍志・川陝篇》亦載：「秉草薨，省城士民，如喪所親，為位巷哭罷市，其喪歸，號泣瞻慕者，所在千萬計，自胡林翼曾國藩莫能及也。……」

駱生平不以經濟自命，其接人神氣渾穆，視之固粥粥無能。薛福成《庸菴筆記》，極稱其為人，有「駱公德器渾厚，神明廉靜，接誠以待賢俊，亮直以事朝廷，斯其載福之大端也。同時，張石卿（亮基）中丞，其初名位與駱公相埒，才調發越，且十倍於駱，然有為不能有守，好用權術，又多謀少斷，所與共事多庸妄小人，……崎嶇二十年，蓋其德不足以運其才，器不足以載其福，適與駱相反」。……足知其渾厚處即其長處。

民初，費行簡以沃丘仲子筆名，著《近代名人小傳》，於駱獨有貶詞，略云：「駱名震海內，莫不擬以諸葛，其實則驕蹇庸碌人也。左宗棠處其幕中，雖操軍權，而每有計事，秉章坐聽之，送迎未嘗起立，接僚屬益倨傲，雖起甲科，而俗拙不成文，臨歿自為聯輓，出語則『由翰詹科道而轉京卿』……丁稺璜（寶楨）見而笑曰：『此履歷也！』當官不飭吏治，軍謀更非所長，但任將甚專，且果殺戮，遂薙蜀寇（指石達開等）。生平廉素，及歿，布帳一，銀百兩，破笥二而已。家無田室以處子孫，然好男色，有薙髮某，其孌人也，瀕死，執手以屬臬司楊重雅焉。……」左宗棠在駱幕時，有「左都御史」之稱，果如費氏所述，則似非兀傲如左季高者所能堪矣。

六十六、曾國藩對革新政風之名論

湘鄉曾國藩，生平事功之隆，稱晚清名臣第一，其討平篇，成為「滿清命運的挽回者」，而尤在於護持固有文化，且為提倡科學事業之始倡者，談清末典實者，言之已多，而於曾氏帶兵從政前之言論風采，則鮮有及者（《清史列傳》中，亦從咸豐時敘起），曾之事功，實自其器識之宏深，學問之純粹而來者。

清嘉道間，已漸式微，政治風氣日非，社會人心亦浸衰靡現象，曹振鏞穆彰阿輩所造成「多磕頭，少說話」之政風，以畏葸為慎，以柔靡為恭，曾日擊朝政日非，岌岌可危，且以運會平陂相乘，非常之變，往往萌蘖蠢兆於承平既久之際，為固身保位之計，胥為召亂之道。道光三十年三月初二日，曾應詔陳言，指陳朝列諸臣，有守者雖不無其人，而猷有為者，漸覺其少，謂「京官之辦事通病有二：曰退縮；曰瑣屑。外官之辦事通病有二：曰敷衍；曰顢頇。退縮者，同官互推，不肯任怨，動輒請旨，不肯任咎是也。瑣屑者，利析錙銖，不顧大體，察及秋毫，不見輿薪是也。敷衍者，裝頭蓋面，但計目前，剜肉補瘡，不問明目是也。顢頇者，外面完全，而中已腐爛，章奏粉飾，而語無歸宿是也。有此四者，習俗相沿，但求苟安無過，不求振作有為，將來一有艱鉅，國家必有乏才之慼。」對於當時政風之泄沓，揭發無遺，且對洪楊變亂之來，亦若預有所感。

文宗奕詝嗣立之後，太平軍已在金田起義，聲勢雖未壯大，而清廷已有手忙腳亂之勢，曾於咸豐元年四月二十六日，有敬陳聖德三端預防流弊摺，一曰「防瑣碎」，以為人君於小者皆謹其所不必謹，則於國家大計，必有疏漏而不暇深求。謂「廣西之事，其大者在位置人才，其次在審度地利，又其次在慎重軍需。今發往廣西人員不為不多，而位置之際未盡妥善。夫知之而不用，與不知同，用之而不盡，與不用同。」又謂「漢之陳平，高祖不問以決獄，唐之房杜，太宗惟責以求賢；誠使我皇上豁達遠觀，罔苛細節，則為大臣者，不敢以小廉曲謹自恃，不敢以尋行數墨自取竭蹶，必且穆然深思，求所以宏濟於艱難者。所謂防瑣碎之風，其道如此。」二曰「杜文飾」，謂「自去歲求言以來，豈無一二嘉謨至計，究其歸宿，大抵皆以無庸議三字了之，是鮮察言之實意，徒飾納諫之虛文。」又「前者臣工奏請刊布御製詩文集，業蒙允許，皇上春秋鼎盛，若稍遲數年再行刊刻，亦足以昭聖度之謙冲，且明示天下以敦崇實政不尚虛文之意，風聲所被，必有樸學興起，為國家任棟樑之重。所謂杜文飾之風，其道如此。」三曰「戒驕矜」：謂「黜陟者天子一人持之，是非者天子與普天下之人共之，宸衷無纖毫之私，可以謂之公，未可謂之明也，必國人皆曰賢，乃合天下之明以為明矣。」又「自古之重直臣，非特使彼成名而已，蓋將借其藥石，以折人主驕侈之萌，培其風骨，養其威稜，以備有事折衝之用，所謂疾風知勁草也，若不取此等，則必專取一種諧媚輭熟之人，料其斷不敢出一言逆耳而拂心，而稍有鋒芒者必盡挫其勁節，而銷鑠其剛氣，一旦有事，則滿廷皆疲苶沓泄相與一籌莫展而已。夫平日不儲剛正之士，以培其風骨而養其威稜，臨事安所得人才而用之哉！目前軍務警報，運籌於一人，取決於俄頃，皇上獨任其勞，而臣等莫分其憂，使廣西而不遽平，固中外所同慮，然使廣西遽平，而皇上意中或遂謂天下無難辦之事，眼前無助我之人，此則一念驕矜之萌，尤微臣區區所大懼也。」此摺於轉移政風剴切言之，其致諸弟書中謂：「摺奏雖多，斷無似此之激直者，恐犯不測之威，業將得失禍福置之度外。」其忠誠殊不可及。

六十七、道州何氏一門四傑

道州何凌漢，字雲閣，又字仙槎，於清嘉道間，以文章道德，繫宇內清望者數十年，筦吏工戶三部，皆久任，熟諳利病，主持公議，而一無所苟，輦轂風清，稱矯矯焉，卒謚文安。子四，紹其、紹業、紹祺、紹京，稱何氏四傑。

紹基字子貞，亦號東洲，書名滿天下，詩文出入蘇黃，才思皆有餘，隨境觸發，不名一體，金石書畫題詠，視復初齋有過無不及，閒喜用通俗語詞，如「湘省鳌捐薪水寬，坐卡如斯況做官，」「鄂州試上鳴火輪船，北看郡臬兩衙門」，「自鳴洋鐘將報十」等等，倡用白話入詩，在當時宿儒老師見之，或不免駭怪矣。曾國藩於子貞為翰林後輩，備致推挹，有「九嶷山水天下清，中有彥者何子貞，大譎老謀不自白，世人誰解此縱橫？八法道卑安足數，君獨好之如珉理，終年磨墨眼不昧，終日提管意未平，自言簡篆通性道，要令天地佐平成。怡神金鲫朝吹浪，失勢怒貌夜擣營。同心古來亦有幾，俗耳乍入能無驚？可憐四十好懷抱，空使九州播書名」蓋子貞放歸時正四十餘也。

紹業字子毅，廢生，精繪事，所作花鳥人物，力追宋元，清超絕俗，兼精算法，早卒。子貞、子毅實為孿生，幼時二人用甎摹石鼓文字，嵌置其父山左學政署中之四照樓壁，故《東洲草堂集》中，〈書韓蘇石鼓歌後〉句有「……噫予昆季生更晚，強索彝鈛譚周秦，偶磋百甓范大篆，更參八體誦說文，竭來秦臺恣模覽，益信此碣尊無倫」……句，子毅既卒，子貞於友人處得其遺作出水畫幅，愴然書：「吾家仲子抱神慧，於畫得髓形能離，與我孿生愴先逝，忽睹此幅心酸悲…」鴒原之痛可知。

紹祺字子敬，號勗潛，浙江道員，書法平原，能承家學，道州有醞菜，日酸鹹，最宜佐餐，湘人多嗜之，子敬家東鄉，闢園種菜，每歲輒醃藏之，風味倍美於鄉農所製。曾國藩極嗜此，有〈瑣瑣行〉簡子敬乞鹹菜之作，詼諧可喜，句如「瑣瑣復瑣瑣，謀道謀食無一可，大人夭矯如神龍，細人局蜷如螺贏，皇皇百計營齋鹽，世間齷齪誰似我。……君家醃菜天下知，忍不乞我賑朝飢，丈夫豈當判畛域，仁者況可懷鄙私。……」蓋與曾同官京師時也。

季紹京，字子愚，以舉人候選道員，書法初亦宗顏，後改兼華亭筆意，與諸兄並稱。子毅逝後，子貞池塘春草之思彌篤，寄詩子愚，有「乘傳屢懷非分恥，聯牀長使此心違。江湖有約期偕隱，坡老徒來蜀叟譏。」清例，典試時試官例不得通家書？子愚函告平安，從賀耦耕（長齡）轉眎，子貞題云：「萬水千山少雁聲，平安傳語未分明。高堂白髮行人淚，一例關防似不情。」門四傑，兄弟怡怡，特子貞獨享盛名，諸兄弟不免為所掩耳。

六十八、周荇農（壽昌）窮老著書

王湘綺嘗言：「吾鄉有周徐，通博人中豪。」指周荇農壽昌，徐壽蘅樹銘也。荇農於太平軍犯湘時，劾賽尚阿、和春失職，逗留不戰，一時推為敢言。迨洪楊據金陵，被命協辦京師防務，有鄉民十七人逗留京城，當事者疑為間諜，偵獲之，荇農察得實，命盡釋之，或懼失要人旨且得罪，荇農曰：「吾豈能以民命阿權貴哉？」卒釋之，然卒被彈劾，罷職居京師，以著述書畫為事。其被彈，傳以薄游為忮者所偵，牽及安得海得寵時，頗與款密，雖無所得據，而物議紛呶，曾國藩入覲時，亦聞而諷之，荇農終不自白。惟經此打擊，官終不遷，窮日著述，入其居？陳書滿案，懃懃考據，志不少懈，至於髭鬚皓然，衰頹病喘，而丹鉛不輟，或勸節勞，荇農曰：「此吾曹素業，不能因性命忍須臾者也！」性精賅強記，雖宦達，而劬勤過諸生，篤嗜漢班固書，塗染無隙紙，成《漢書註校補》五十卷，又《後漢書註補正》，《三國志註證遺》，各若干卷，皆能貫洽無遺，卓然不朽。然生計頗絀，左宗棠常賙潤之，李蒓客贈詩，有「二品歸無半頃田」之句，荇農即取刻印章。光緒甲申，法越事起，憂懼遂卒，其冬，家人盡賣其所藏書，為歸櫬之資，亦慘矣！

荇農長於駢文，於詩則隸事裁對，最為精長，斷句如「龍比固知非俊物，泉夔終竟讀何書。」「汾陽避客防藍面，江總登朝正黑頭。」「多病名應呼百藥，作書顫似寫雙松。」其〈謁于忠肅墓〉七律：「已將隻手挽乾坤，蓋代功名絕代寃。神駿誰令返西極，外虵重見鬥南門。奉馮自出群臣議，賊隱全忘攝國恩。碧血一坏鄰岳墓，滄桑如夢話忠魂。」「懷愍徽欽事忍論，幾聞北狩返南轅。朔方不假汾陽節，蜀道終悲望帝魂。豈是夷吾仇里克，翻因叔武恨元喧。絕憐轉地旋天業，止替他人辦奪門。」雖意思綿邈，終嫌用典太多。至於〈讀書獨坐偶感〉之作，寫來自覺飄逸，如「橫胸五嶽聳嵯峨，自剔殘燈倚醉歌。階下寒蛩樓上雁，十年消受此聲多。」「伏日涼生肺病瘳，殘燈坐對小窗幽。小樓聽雨剛宜夜，老樹吟風只當秋。一卷長看如故友，百端難解是離愁。青山得住便須住，何用君平卜去留。」及「默坐無營萬慮袪，閒心搜討遍蟲魚，難忘故友長吟句，有味兒時讀舊書。瓶插花分添水後，爐焚香散捲簾初。西窗日影連朝度，戲印磚痕驗疾舒。」皆其罷官後所作，他如〈晒衣感賦〉一絕：「卅載綈袍檢尚存，領襟雖破卻餘溫，重縫不忍輕移拆，上有慈親舊線痕。」則純見情性矣。

六十九、龔藹仁卓犖軼群

清乾嘉間，閩縣龔海峯景瀚，以進士出守蘭州，精通兵謀，建堡寨之議，敉平教匪，並主靖亂宜先吏治，所著《澹靜齋文鈔》諸書，宇內傳誦。丁稚璜寶楨曾具其政績，奏請宣付史館立傳，蓋以吏道喻則紀綱隳而民生蹙，康亨豫大之治，將邈焉不可見，海峯之言，蓋知臨民之要者。

海峯之子若孫皆服官，頗以廉能顯，故雖簪綬相延，家風依然寒素，再傳至龔易圖，海峯之曾孫也，字藹仁，童丱喪父，家已式微，所居位於城北，雖敝而頗寬敞，久質於豪儈，質饘粥膏火焉，儈利之欲謀買斷，藹仁母邱不忍棄，婉卻之，其人恚曰：「吾為此，特恤彼孤寒耳！孺子稚且弱，食且將不繼，寧能掇青紫贖祖物者？斷不斷亦等也。」藹仁適聞之，歸泣誓於祖父栗主，必紹堂構之先芬，而存弓裘之舊物。自是下帷攻讀，刻苦精進，逾冠舉咸豐九年己未進士，由庶吉士，改官知縣，籤分雲南，時英人寇天津，髮捻亦侵及汴洛間，毛煦初昶熙方督辦團練，奏留藹仁差遣，遂從軍，以功擢知府回滇補用，既而張石卿（芾）、張子青（之萬）、閻丹初（敬銘）諸大吏，以藹仁英年幹濟，皆欲羅致，遂開去滇缺，留閻丹初幕差遣，以吏事相切劘，謂欲強兵必先富國，欲富國必先安民，欲安民必先察吏，皆深合閻意，歎為本省不可少之員，奏准留魯補用。及曾國藩督劉銘傳入魯，與閻議守黃河運河，以藹仁能，欲調歸其幕，閻不可，檄守東平，旋奉曾命築河壖，自濼口至濟寧二百餘里，限期竣工，不及百日而畢。李鴻章繼曾督師時，鹽梟聚眾蠢動，將與捻合，藹仁馳館陶，計誅其首謀之驍悍者，捻至而無應，淮皖各營，遂奏厥功，藹仁赴德州謁鴻章，請以軍餘米數萬石，以賑被兵各邑民庶，閭閻謳頌，補濟南府知府，世稱為龔濟南焉。旋擢登萊青道兼東海關監督，時中外籌議海防，藹仁上〈防海芻論〉八篇，英人馬嘉理在滇被殺事，李鴻章與英使威妥瑪會於煙臺，十三國兵船麕集，藹仁內撫外防，終役無事，鴻章嘉焉，後此洊擢藩臬，歷蘇粵滇湘，功名固其所自有，合肥推挹亦與有力也。

藹仁天資敏捷，自官文書以至詞賦，皆不甚思索，下筆立就若宿搆，詩才雅近袁隨園，間出入於趙甌北，身世亦兼似兩人，既登膴仕，即贖回故宅，歸隱時年甫五十，廣築園林，徜徉終老，故宅土木一新，榜曰環碧軒，以池沼勝，城東南有武陵園、芙蓉別墅兩莊，城南曰雙驂園，占烏石山一角。以山石荔支勝，有烏石山房、餐霞仙館、啖荔坪、袖海樓、淨名庵、南社詩庵諸構。文酒之樂，無日無之。南社者蓋早歲與林錫三天齡、郭穀齋式昌、楊豫庭叔懌、陳子駒遹祺結社聯吟所稱，五人者皆以庚寅生，曾同刻「惟庚寅吾以降」一印公用，嘗有南社五虎之稱，其時林楊陳三君已前逝，因建龕祀焉。新成時，楹帖皆所自題，其烏石山房之「平日最愛說東坡，日啖荔支三百顆；天下幾人學杜甫，安得廣廈千萬間」一聯，最為膾炙人口，至環碧樓前之「綠波照我遠今日；紅樹笑人非少年」，則猶不忘幼時典屋事矣。對於鄉里貧士，頗多獎掖，每年必斥若千金，為文會課其文字，佳者輒有贈遺，大比之年，凡公車北上者，亦必分別饋贐，勗勉有加，以故士論多之。

藹仁晚號含真，優游林下者十年餘，鄉人稱為藹老。素與楊子恂（仲愉）交厚，每有文讌非楊在座不樂，某歲除夕，楊猶不至，速之，楊報書以所營鹺業短課三萬金，藹仁即如數代償所負，命輿迎之，聯吟達旦。雙驂園中有鬮師龕，祀淨名子，蓋明季殉難者，藹仁少習文昌筆錄，晚年好為亂語，淨名子贈詩有「今宵與子話前生，萬里功名積累成，畢竟英雄與才子，不知誰是黨懷英。」因叩前生，謂乃稼軒，稼軒以十萬贈劉改之，改之即子恂也，藹仁檢稼軒傳讀之，則稼軒起家軍諮，由山左而返江南，皆與相類，則大喜異。見其所題辛稼軒傳後詩序中，文人結習，固亦不免涉於夸異矣。

環碧軒有藏書樓，購藏海寧陳氏藏書三千餘種，多海內孤本，有句云：「舍此他無術可嬉，貧兒乍富便成癡，搬薑無用將憐鼠，還酒從今不借鴟，高閣料應終日束，名山已悔十年遲，封侯食肉尋常事，得作書癡亦大奇。」樓僱書傭，子弟登樓閱讀，不許外攜或出借。抗戰時，福州陷敵，日兵侵入其居，強攜其大半捆載以去，插架縹緗，遂多不全，亦藏書家一大刦也。

七十、林穎叔（壽圖）秀材遭雄阨

宋歐陽修功業文章，昭炳奕世，蘇子瞻謂其「論道似韓愈，論事似陸贄，記事似司馬遷，詩賦似李白。」後世文士大夫每於六月二十一日歐陽公生日，集祀紀念。清季瑞安孫琴西衣言之《遜學齋詩集》中，有句：「宋亡六百載，畫象臨此堂，生晚各相慕，百拜羅酒漿。歐公三十七，諫府十拜章，已欲佐韓富，康國綏西疆，今也二三子，並仕年各強，有言不能發，負此鬢蒼蒼。治平初即阼，光獻垂衣裳，歐公蹶始起，輒正國論狂，回首旋罷去，氣節今堂堂。……」蓋與王少鶴、邵位西、龍翰西諸名士集林穎叔齋中分韻之作。穎叔為閩縣林壽圖字，感歐陽永叔荻畫承訓故事，與其少所遭長所遇，無不略同，故署所居曰歐齋，壽陽祁嶲藻為之書額，居燕時每歲歐陽生日，必懸象以祀，琴西與穎叔交篤，時同官京師。

穎叔髫齔喪父，母張苦節撫孤，搜破篋殘書授讀，家貧，嘗風雪中赴市負米，寒餓僵踣，顛於石，折其兩齒，及長，笑則盡露，自言：「先太夫人之教壽圖也，母而兼師，授論語口占云：『入學志讀書，書亦無多字。有若似聖人，孝弟根本備。卜子為經師，君親身力致。』時習即習此，三章通一義。」及學作文，又口占以示云：『之乎者也矣焉哉，必要用心去學來，此字文中不可少，欲求端要自童孩。』比長，勉以句云：『學到能貧殊不易；士無自賤乃為高。』終身誦之弗敢忘。」是真可以上媲歐母者矣。穎叔秉闈訓力學，少即見知於曹公瑾，弱冠舉於鄉，道光廿五年乙巳成進士，觀政工部，入軍機處，諳練有名聲，與孫琴西、王少鶴相切劘，講求有用之書，旋轉御史，所言多關重大，尤負時望。擢順天府尹，以嚴治，畿輔帖然，外放為陝西布政使，向例尹京兆者多出為巡撫，為藩司非所願，又當時漢回方構亂，凜為危途，其母曰：「急病攘夷臣職也，速行勿疑！」穎叔託母於所親，乃單騎以往，有句云：「苑園流水繞銀河，記得宮牆擫笛歌，別駕久遷供奉老，貞元朝士亦無多。」「分明夜夢見離宮，春盡鶯啼檢落紅，鸚鵡啣恩獨西放，隴雲無際月朦朧。」指其事也。

抵西安時，適當霸橋兵敗，縋城以入，寅寶驚為天降，大吏問計，穎叔曰：「吏事為戎事根本，大吏尤小吏綱領，未有吏不治而能治軍者。遇猾吏當剪除，遇悍將必裁抑。」聞者嘿然。亂後繼以大災，穎叔總荒政，遍設粥廠以賑，侵晨寒風匹馬挈僕役出巡，以防吏胥弄弊，饑民遠望呼曰：「老林來矣！」謠曰：「老林來，老林來，粥鼎開，食無災。」旋板輿奉母至，母偶小疾，陝民知穎叔孝，至為之禮佛，並築亭於終南山，名曰「慈壽」，其得民有如此者。既而有伊犁參贊聯某統兵過境，向民間婪索逾例數倍，穎叔裁其半，聯忿而不前，劉蓉時為秦撫，上疏訐林朝命按而不得實，遂以求治太驟，御下太嚴入奏，被降調，楊岳斌過陝聞之，以紳民公稟入告，特旨改署兼任轉饟責，左宗棠西征，議借餉百萬，令分派各州縣，穎叔以地方已敝，民力不堪，且以將乞終養為言，事乃中止，而已拂左帥之意矣。

穎叔長不過中人，而目光炯炯四射，聰明機警之氣盎然，議論應弦赴的，或以談笑詼諧出之，眾口皆廢，疆臣大吏懾且忌之。左季高移師征捻，穎叔見其〈論西事疏〉，初頗推挹，後以論兵，穎叔策捻必踏冰北竄，請於北山口築圍，左未納，捻竟由此逸擾畿近，左素以今亮自號，穎叔以「此葛亮之所以為諸也」一語為嘲，左咈然銜之。後移晉藩，山西旱荒歷年未報災，穎叔至，文書山積，半為催餉，半為報災請賑請緩征，而萬事掣肘，一籌莫舉，不久以協餉解不及額免官，然窺其籍則所解已十逾七八，而借帑買米，倉卒未能歸款，曾國荃適撫晉，謂之曰：「吾在此，使君失官，吾甚愧之，君失官而猶負累若此，吾更愧之，君自歸，官款吾任之可耳！」遂行，送者傾城，皆呼曰：「官何行之急，吾民方為官謀償逋也」。抵漢口時，，念故鄉無一椽寸畝，遂留依所親以居，沈葆楨時為江督，迎為鍾山書院主講，閩督何璟亦勸其歸，猶羈滯兩年餘，始得行，甲申法入寇閩，何璟奏以穎叔督辦團練，旋為之營宅以居，並刻《黃鵠山人詩鈔》。穎叔嘗夢前身為黃鵠山僧，晚年因自號黃鵠山人，有《海山紀夢圖》之作，海內題者殆遍。卒年七十七，葬西湖，自營生壙，手書墓聯：「未知東越歸何傳，為愛西湖買此山。」同門謝枚如誄之，有「御馬上征馬方縱，飛杖敲頭蟲成蛹。」及「善刀而藏吾道壅，削趾適屨公心痛，百鍊丹砂代為汞」等語，深悲其鎩羽之後，隨俗就時不復能矯亢也。

七十一、謝琯樵之畫與其人

連雅堂《臺灣詩乘》載：「近代如謝琯樵、呂西村皆有名藝苑，琯樵之畫，西村之書，鄉人士至今寶之。」琯樵名穎蘇，號嬾雲，閩之詔安人，少負奇氣，工技擊，能舞劍，喜讀兵，尤好蓄馬，初主臺南枋橋吳家，吳雪堂師事之，旋寓海東書院，迨移居臺北，僦廬於艋舺青山宮，與大龍洞士大夫遊，書法平原海岳，有求書者，則興之所至並盡與之。其畫著墨無多，靡不佳妙，求者踵相接，然非其人弗應。

每作畫時，翳其窗紙，令不漏日光，則以小紙條撚為細莖，蘸油以自照其畫。畫時不令人觀。又常跣二足，令小僮搔其足心，若奇癢不可遏抑，則瞑自有得意，故日必三跣。

其於山水花卉，無不能亦無不精，墨竹尤有聲於世。亦偶作大桃實，則閉戶裸下體，展絹榻上，脂汁濡其臀，狂跳略酣，遽坐臀紙絹上，形成大桃實，乃用筆隨其輪廓，略為勾劃，加以枝葉，無不入妙，自謂為「任天不任人之筆」。

其題畫詩尤清雋，如〈題竹〉云：「橋壇風月本雙清，十笏茆齋構竹成，添寫篔簹千萬個，夜深同聽此秋聲。」〈題菊〉云：「半生落拓寄入籬，剩得秋心祇自知，莫笑管城花事淡，筆頭還有傲霜枝。」

琯樵以藝勝而氣亦復峻介，某巨公出箋乞畫，囑邑會致其意，棺樵遽曰：「彼以勢逼吾畫歟？」卻之。某公曰：「琯樵故傲耳，彼係寒士，予以千金，其可乎哉？」然終弗受。其來臺灣，為呂西村所代為禮邀，不久仍返籍。嘗斲檀香木為小櫬，肖己像為木偶人，製衣冠，稱木偶之長短，寒暑數易，閒時衣著既完，復納入櫬中，且加釘焉，則拊掌大笑，曰：「吾事畢矣」！

後參林文察戎幕，太平軍殘部竄漳州，苦戰郊垌，終以眾寡不敵，與文察同被執，賊帥欲活之，琯樵數其殺戮淫掠，遂被殺。乃寇去，其友蘇某求其屍不可得，即以其嚮所具之木偶與櫬並衣冠葬焉。

林琴南於琯樵之畫，最為傾倒，曩於燕都過老人寓齋，壁間懸琯樵所繪墨蘭摺扇兩面，裱為橫幅，兩端題識，於琯樵生平紀述甚備。

七十二、楊岳斌夜渡援臺灣

曾國藩編練湘軍初期，陸師以塔（齊布）羅（澤南）並稱，水師則楊（載福）彭（玉麟）分領。王湘綺《獨行謠》詩註：「曾軍立水師時，議以廣州艇船為最，奏募五營，以總兵陳輝龍、游擊沙定邦，知府褚汝航，知縣夏鑾，將之。湘軍十營，各有營官，以衡陽附生彭玉麟，千總晃州楊載福，為左右長，至岳州越師先出，乘疾流順風攻寇，及將還，舟不能上，沿岸牽纜，寇斫纜者，舟橫眾亂，皆陷沒，而彭楊卒為名將。」有「水國利戈船，篙工身越招，僨軍陳陵磯，拖罟重被膠，折肱果知醫，彭楊狎奔濤。……」之句。

載福善化人，後改名岳斌，字厚菴，家世習武，幼嫻騎射，然讀書有智計，亦擅書法，臨摹閣帖書譜，皆極神似，非純乎赳赳者也。初以外委，率湘勇從剿，及國藩治水師，拔為營官，岳州及城陵磯之役，水陸皆敗，彭玉麟僅以身免，惟楊部獨完。後水師重整，彭楊俱為前鋒，破田家鎮，再復武漢，克湖口，奪小姑山，攻彭澤銅陵安慶，收九洑洲，武勇有過於彭。世多以彭為湘軍水師特出之才，更以「彭郎奪得小姑回」一詩，傳誦殆遍，楊之聲績遂為所掩。然二人實不相協，胡林翼嘗調和其間，國藩則推許玉麟甚力，每奏列戰功，於彭獨多褒飾，談水師者知有彭不復知有楊，更無論陳沙諸人矣。後楊得左宗棠之薦，督辦江西皖南諸軍，尋授陝甘總督，功名始大顯，但以久於軍旅，不嫻治政，引疾辭歸。

光緒九年，法人肇釁，詔楊會辦福建軍務，未至，復命赴江南幫辦軍務，十一年法艦擾臺灣，命赴臺與劉銘傳籌戰守，閩臺雖隔帶水，而法船方縱橫海道，楊攜數人，易賈人服，乘漁舟夜渡，十二營繼濟，事定猶屯軍山中，至和議成，仍乞養歸，不數年以病卒於湘。

家居時，作書不倦，陳弢菴曾於其子處得其晚年所臨閣帖，〈感舊賦〉句云：「瘴雲六月山煁烘，我初謁公滄海東。茅檐竹椽拄刁戟，颱颶夜捲如飛蓬。其秋把晤榕葉底，坐歎鑄錯哀藏弓。湘江一臥遂契闊，聞鼙又見邊烽紅。峭帆微服炮滿耳，年時手障鯤身雄。山川百戰付豎子，天胡此醉神其恫。陔餘弄筆累千紙，斂抑奇崛何冲融，左書彭畫足正氣，鼎足晤對江樓中。賦詩報君愧衰憊，努力忠孝承門風。」蓋作此詩時已在乙未之後矣。見《滄趣樓集》。

七十三、吳荷屋（榮光）筠清館鑑藏及著述

偶見趙松雪尺牘真蹟，後有題跋云：「天目中峯禪師，趙文敏公與之為方外交，同院學士馮海粟子振甚輕之。一日，松雪強拉中峯，同訪海粟，海粟出梅花八韻詩，示之，中峯一覽，走筆而成，如馮之數，海粟神氣頓攝。右錄陳眉公筆記如此，知中峯尚未離文字禪也。」下書「道光丁酉春三月十日，伯榮書。」字作歐陽率更體，參以眉山筆意，丁酉為道光十七年，伯榮者海南吳榮光，亦字殿垣，號荷屋，又署石雲山人，嘉道間有數之鑑藏家也。嘉慶四年進士，由編修擢御史，道光十一年官湖南巡撫，前後六年，中間曾兼攝湖廣總督，後以事坐降，生於乾隆三十八年，卒於道光二十三年，年七十一，題趙書跋語時，蓋已六十有五，作於湘撫時也。

荷屋家世饒富，為儀徵阮芸臺（元）門弟子，又受教於翁覃溪（方綱）劉石菴（墉），工書畫，精鑑金石碑板。明清之交，海內法書名畫，於清人入關後，多為內府蒐羅殆盡，乾隆時，收藏更富，乾清宮、養心殿、三希堂、重華宮、御書房、學詩堂、畫禪室、長春書屋、隨安室、攸芋齋、翠雲館、漱芳齋、靜怡軒、三友齋等處，藏貯之數以萬計，民間衍成風尚，競相搜求，荷屋即其一也。並時粵省之富於鑑藏者，有葉夢龍、潘正煒、伍元惠、潘仕或，及孔廣鏞廣陶兄弟，皆編刻法帖，並有著錄行世。書畫鑑賞，氣象蓬勃。荷屋居京時，即已注意及此，故所收最多。

道光十年間，荷屋任湖南布政使時，已積貯書畫法帖甚多，曾建筠清館以貯，後又將所藏舊拓及名人真蹟，摹勒上石，輯成筠清館法帖六冊；此外並將所收宋代以來集帖，詳臚細目，逐一標注某刻，某處斷絕，某處殘泐，著有《帖鏡》六卷，抉擇之慎重，研究之精湛，實駕並時各家之上。

何子貞紹基，回湘應鄉試時，居長沙，荷屋時任湘撫，試後，招邀入署，出所藏書畫金石碑板眎之，屬題詩十餘首，題跋十餘件。時子貞方三十五歲，已蜚聲藝林久，故荷屋雅重之。傳荷屋居京師時，以京官清苦，將所藏精品易錢者亦不少。明王穀祥祿之，（號酉室，工書，有清望）所書千字文，即曾由荷屋收藏而又鬻出者，輾轉為成親王所得，題其後云：「吳榮光所藏古帖，率以易求散去，余得其數

種，如化度、皇甫，皆宋拓本，世所罕見，此西室千文，道光二年，又為余所得，想歲莫未能摒擋故，可嘆。」足見鑑藏亦殊未易也。

所著有《歷代名人年譜》、《筠清館金石錄》、《白雲山人詩稿》、《吾學錄》、《綠伽南館集》等，其《筠清帖鏡》一書，後落於其鄉人倫孟臣之手，不知所終，道光二十一年辛丑，為荷屋逝世前二年，著有《辛丑銷夏記》，將其平生所獲見之書畫，著錄成書，並一一加以解釋，由寧鄉黃本驥校訂，考證極慎，較之孫承澤《庚子銷夏記》，高士奇《江邨銷夏錄》，尤為精博，蓋可傳之作也。

七十四、福州西湖宛在堂詩龕

福州小西湖宛在堂，位小孤山開化禪剎之後，在水中央，明高瀔、傅汝舟創以祀明以來林子羽諸詩人者也，堂三楹，堂前老藤一架，其下離蒔花木，自明至清同光間屢有興廢，所祀詩人亦屢有附益。堂故有矮牆繚繞。光緒間，以久失修，漸次傾塌，又連遭水患，堂亦遂圮。民四間，西湖建為公園，沈濤園（渝慶）歸里，占陳石遺、何梅生、王又點、龔惕庵諸詩老，共謀修復，舊臨桂朱桓所書宛在匾額，及黃莘田所集葉向高「桑柘幾家湖上社，芙蓉十里水邊城」句楹聯，均髹制一新，秋浦許靜仁（世英）先生，適主閩政，亦撰製長聯懸詩龕左右側。民國廿二年，李濟棠、陳銘樞踞閩叛變，西湖駐兵，欄檻聯板，悉被拆為爨具，亂平之後，楊子玉主工務局，重復修葺，朱匾黃聯幸尚完好，靜老所書已無復存，堂之正面圓柱四，因移十硯之聯於兩旁，因按舊志，高石門（瀔）曾有五言集句，「地臨孤嶼小，人與此堂高」十字，以筆者姓氏適多巧合，屬書為聯，並記其事，懸之正中兩柱，其餘悉仍其舊，抗戰間榕城兩度陷敵，幸尚完好，遊福州者，當能憶之。

按高瀔字宗呂，號石門，又號霞居子、髯仙子，明侯官高孔明（鑑）子，工畫山水人物花鳥，出入宋元四大家，又擅隸草八分，俱稱逸品，能詩文，與傳汝舟（本名舟，字虛木，號丁戊山人）齊名，為十才子之一，《宛在堂詩龕》中林子羽、王孟揚外，高石門、傅木虛、鄭善夫、謝雙湖、謝在杭、陳叔度、趙十五、葉臺山、曹石倉、徐幔亭、徐興公、黃莘田、楊雪椒、林范亭、劉芑川並祀焉，歲以寒食重陽，具酒饌祭焉。民初倡修時，陳弢菴、沈濤園二老適返里暫居，弢菴有：〈愛蒼倡修宛在堂詩龕見寄二律賦和〉：「菱蕹彌望損湖光，誰更荒龕訊瓣香，失喜詩人今岳牧，得閒鄉夢在滄浪，晉安風雅吾能說，天寶呻吟事可常，兩紀蕭條攜手處，百花洲上舊祠堂。」「林謝耆英不可留，邳州博野亦山邱，十年里社斯文盡，萬事滄桑我輩休，史料一朝正陽集，才名並代海藏樓，天然壇坫雄旗鼓，下視螺烟是橘洲。」此外並有〈出郭勘宛在堂舊址，泛舟繞湖歸過李忠定祠西湖書院〉諸作，亦多懷人感舊之句，蓋光緒庚子，謝枚如（章廷）曾宴弢菴兄弟於此堂，不及十年而堂又圮，藤花枯萎，但見蓬榛，故重傷之也。及創公園，重建澄瀾閣，堂亦繼成，增祀林茂之、許甌香、鄭石幢、鄭荔鄉、薩檀河、謝甸男、陳恭甫、林少穆、林歐齋、謝枚如、龔藹仁、陳木菴、葉損軒、林暾谷十四人，進主時，濤園自上海歸，又增張亨甫一人，並林子羽等，凡三十二人矣。堂本止祀福州首郡詩人，亨甫（際亮）為建寧人，濤園所主張，蓋創例；林茂之（古度）福清人，詩刻意六朝，與鍾伯敬、譚伯夏善，王阮亭極與周旋；甌香（許友）為錢牧齋所推挹，石幢（方城）為荔鄉（方坤）兄，兄弟倡和有卻掃齋集，甸男（震）與陳恭甫倡和最多，餘亦弢菴所定者，或以林少穆（則徐）事業光顯不必與詩人爭此一席者，眾以古人詩人，如歐陽永叔、蘇子瞻何嘗以事業掩其文章者？葉臺山（向高）是其一例。

又湖中舊有一畫船，屬宛在堂所莞，船上一板聯：「新漲拍橋搖櫓過，雜花生樹倚窗看」，即文忠舊句也。又初擬梁茝鄰（章鉅）亦入祀，後不知何故未果。薩檀河（玉衡）有題〈杭州岳墓詩〉：「賀酒黃龍事竟空，淒涼一闋滿江紅，十年戰伐歸三字，五國羈魂泣兩宮，水咽西陵虛夜月，枝生南向怨秋風，將軍不受金牌詔，解甲丹墀死更忠。」最為陳恭甫所稱道。暾谷即戊戌維新政變之林旭，亦濤園之女夫，木菴陳書，石遺之兄，歐齋林壽圖，靄仁龔易圖，損軒為葉臨恭大莊，有《寫經齋初稿》、《續稿》，皆弢菴所定者。林范亭名廷禧閩縣人，九歲有神童之目，弱冠成進士，觀政郎署，京察一等，簡放雲南迤西道，值回變，殉焉。生平賦性坦易，賢士大夫樂予之遊，以失後母歡，恆抑鬱，其殉之日，京師未得耗，林歐齋方官京師，中夜輪值樞廷，入城驀見迤西道燈前引，雲車風馬，馳掣而沒，逾月而警報至。歿後無嗣，沈幼丹（葆楨）以千金置祭田，並將木主配食宛在堂，於湖山香火中分一席焉。堂成之日，濤園有詩云：「重見西湖水接天，還將餘潤溉多田，公孫舊德稽圖志，鹺手常平索社錢，未信風流無嗣響，何曾賓客減當年，雌雄杭潁吾何敢，秋菊寒泉薦水仙。」公孫指林惠亭，鹺手則劉步溪都轉也。宛在堂創於明人，而祧去唐五代宋元詩人者，宋元人、明所屏棄，唐時福州未有名大家，故缺，且限於首郡籍，自張亨甫創例，其後陳香雪（海梅），林天遺（蒼）林西園（翰）等先後逝世，均入祀堂中，西園為莆田人，蓋援亨甫例也。

七十五、蔣苕生（士銓）古賢自勵

蔣苕生與袁隨園、趙甌北，稱三大家，詩文雅正有法，詞曲並清絕，《清史》列其名於〈文苑〉。

苕生名士銓，字心餘，江西鉛山人，家有清容齋，因號清容，晚號定父，又號藏園，誕生時適雷鳴三次，故小名雷鳴。家故貧，四歲，母鍾氏授書，斷竹篾為波磔點畫，攢簇成字教之，四書及唐人詩句皆琅琅上口。九歲，能背《禮記》、《周易》、《毛詩》。父堅，有奇節，嘗攜之遊太行，縛之於馬背上，讀鳳臺王氏藏書。稍長工為文，喜吟咏，金檜門（德瑛）督學江西，奇其才，以「孤鳳凰」稱之，拔冠弟子員。當道爭相羅致，慨然曰：「惟親與師，不可以假借也！」事檜門惟謹，因而得罪權門，十年不得成進士，卅三歲始入詞林。裘曰修薦苕生與彭元瑞，稱為「江右兩名士」（《清史》謂裘、彭並薦蔣，誤。）然浮沉郎署，八年不遷，高宗屢欲進用之，而和珅壓抑之，遂乞病歸。苕生一生遭際與臨川湯玉茗絕相似，晚年譜「臨川夢」，亦自抒胸中憤懣，其自序云：「……臨川一生大節，不邇權貴，遂為執政所抑，一官潦倒，里居卅年，白首事親，哀毀而卒，是忠孝完人也！……詞人云乎哉？」曲中並云：「公相自寶其權，匹夫獨守其志，即使終身窮困而死，斷不羨那鬱輪袍之富貴也。」「市恩的不覺羞，只堪籠絡人中狗。……甘心貧賤，不願識荊州。……」蕭條異代不同時，不啻夫子自道。

奉母歸里後，四十三歲主講會稽蕺山書院，題示諸生守則云：「竭忠盡孝謂之人，治國經邦謂之學，安危定變謂之才，經天緯地謂之文，海涵地負謂之量，嶽峙淵渟謂之器，光風霽月謂之度，光覺四照謂之識，萬物一體謂之行，急難赴義謂之勇，遺榮去貪謂之廉，鏡空水止謂之靜，槁木死灰謂之定，美意良法謂之功，媲聖進賢謂之名，安於習俗謂之無志，溺於富貴謂之無恥。」

迨主講崇文書院時，又有「訓士七則」：一、勿以市井待師長，勿以庸愚待自身。二、堯舜之道，孝弟而已矣，聖賢可志也。夫子之道，忠恕而已矣，君子可志也。三、讀經以正其志趣，讀書以發其醒悟。四、磊落瀟洒，率真本色，不必講道學，乃真道學也。五、小人而好義者，容或有之，未有君子而好利也。六、局外之談，未必皆確，事後論之，無乃太苛？七、民吾同胞，物吾同與，雖老生之腐說，實真儒之至性。皆精闢簡切，足銘左右。

苕生長身玉立，眉目朗澈，志節凜然，以古賢自勵，急人之難如不及。少與汪軔、楊堃、趙由儀，有四子之目。所為詩文雄奇渾勁，敘述節義事，足以振頑立懦，卒年六十一。

七十六、袁簡齋（枚）樂天任性

袁子才（枚）少年舉進士，改知縣江南，歷任縣宰，遇事盡其能，事無不舉，宦海收帆，歸隱小倉山下，以山水為侶，聲色怡情，自號簡齋，亦稱隨園老人。優游五十年，樂天任性，耄耋終老，備林泉之清福，享文苑之盛名，雖遭忌者譏詬，然趙雲松評之云：「其人與筆兩風流，紅粉青山伴白頭。作宦不曾逾十載，及身早自定千秋。群兒漫撼蚍蜉樹，此老能翻鸚鵡洲。相對不禁慚飯顆，杜陵詩句只牢愁。」允稱洽當。

其所歷溧水、江浦、沭陽、江寧，非貧瘠即衝繁，而江寧尤難治，而治績斐然。嘗言：「為守令者，當使官民無壅隔，尤須嚴束吏胥奴役，則百弊自除。」嘗終日坐堂皇，任吏民白事，小獄訟便立即判遣，無稽留者。又多設耳目方略，集鄉保，詢惡少及盜賊姓名，出所簿記相質證，使不能隱。每榜其姓名，許三年不犯，湔雪之，奸民多斂跡，亦能知為治之要者，然不以吏能自憙。退職後，崇飾池館，疏泉架石，自行胸懷，屢徵不赴，隨園釐為二十四景，游者闐集，自皇華使者，下至淮南賈販，多聞其名，造請交歡，而飲饌之精，尤稱江南無兩。然篤於友誼，不以窮通生死易心，嘗為亡友沈鳳司祭掃，三十年如一日，其友程晉芳死，子才往弔，焚所負五千金之券，並撫其孤。見人善，讚之不容口，皆有足稱。

性故跌蕩詼諧，某年患腹疾，久而弗痊，自以當死，曾作輓詩，並遍索諸友預和，然鮮有應者，催之以詩云：「久住人間去已遲，行期將近自家知，老夫不肯空歸去，處處敲門索輓詩。」「輓詩最好是生存，讀罷猶能飲一樽，莫學當年癡宋玉，九天九地亂招魂。」「莫笑詩人萬念空，一言我且問諸公，韓蘇李杜從頭數，那有人間七十翁。」「臘盡春歸又見梅，三才萬象總輪迴，人人有死何須諱，都是當初死過來。」亦極風趣。

子才詩才橫逸，一以性靈為主，與王漁洋主神韻者相反。自言：「作詩不可以無我，無我則抄襲敷衍之弊大。」又以詩無須強宗唐宋，謂「唐宋一代之國號耳，與詩無與也。」又：「多一分格調，便少一分性情。」故其詩多屬創作，而不拘於格，筆又鋒利靈活，他人意所欲出不達者，悉為達之，一時多效其體。或謂「清自隨園之後，文壇轉入復興時期。」其後文人能漸脫古人桎梏，出現新趨向，不論字句格律命意遣詞，均能獨出，實隨園啟之也。晚年獨遊天臺、雁蕩、黃山、匡廬、羅浮、桂林、南岳、瀟湘、洞庭、武夷、四明、雪竇諸勝，不知老之將至，蓋有其自遣之妙想者。

七十七、包世榮博洽文采

涇縣包世榮，包慎伯（世臣）從弟也，字季懷，始生十月，而母病歿，適慎伯母方育女，有乳，遂並育之。父貿易江寧，季懷稍長，欲往從，而其祖愛之甚，不令習異業，使就學，然性稍鈍，又不得專意讀，年過成童，經傳尚未卒讀。後慎伯攜之遊揚州，與約曰：「吾年少，不幸薄有聲於斯世，奔走食力，常用自慚，包氏先世以經史立家法，中葉衰遲，弟性沉銳，能守寂寞，修復先業其惟吾弟，期以十載，勉之勉之！」季懷諾，遂專攻詩學，凡十四年，寒暑不輟，成書若干卷，皆能窮其通變，成雅儒焉。

以治詩故，於載籍無不蒐覽，貫穿馳騁，尤好荀卿、屈原、呂不韋、司馬遷書，班、陳、范三史，司馬光通鑑，下逮文選，及漢魏以迄近世詩文，遂深通文法，明於激射、隱顯、繁簡、疾徐、得失之故，不穿鑿，不牴牾，慎伯有所著述，必以示之，季懷正其疵累，然自著詩文甚尟，偶為之亦輒不稱意，故其名不若慎伯之顯。

揚州故為四達之地，鹺賈尤富裕，文士或自衒，以邀名利。季懷旅居於揚者近二十年，常閉門弗與人通，然遇積學敦行之先進，則以弟子行自處，於聞人華士蔑如也。與薛子韻（傳均）、劉孟瞻（文淇）、姚仲虞（配中）暨其族子包孟開（慎言）最摯。四人者皆務實不近名，又博洽有文采，與季懷志趣如一，以道義相切劘，故論交尤篤。時戴金溪以清操著海內，又多聞而篤實，季懷嚴事之，於張翰風（琦）性毅直而與人可親，詩詞逸宕，吳縣沈欽韓文起，強識雄文，誨人不倦，足以息驕吝，風惰廢，皆執禮於師友之間。於古文推惲子居（敬），詡為百年巨手；龔定菴（自珍）淹聞博學，文詞奧衍；於書法推鄧頑伯（石如）、劉石菴（墉），而惜不及見，蓋其肆力於書者有素也。其立品之峻，信道之篤，擇交之嚴，與學業之遠至，著述之豐博，雖言論丰采不及慎伯之震動當世，亦一時之彥也，

年十九，始應童子試，八試始遇，應鄉試五次，復以不中程式殿榜，北闈報罷，聞父病足，急返揚侍疾，遽染時疫，自知不起，泫然謂其妻曰：「吾不起矣！」囑以幼女許姚仲虞子，歸其童養，長子撫至六歲，亦以託仲虞，次子至六歲，以託劉文淇，各為教誨以迄成立。妻泣請留書為託，則曰：「仲虞文淇，與吾為道義交二十年，非

歧視生死者也！」自後遂不復有言。遺孤二，長者甫三齡，次者尚未週歲，而姚劉二氏各能撫其孤以迄長成。

七十八、唐鑄萬名言瑰行

吳江唐鑄萬，原名大陶，後更名曰甄，號圃亭，其先本蜀人，遭張獻忠之亂，蜀地為赤，不得歸，遂為吳人。幼嗜古學，精進粹礪，不拘拘於師說，落筆卓有端緒，又擅歌詩。狀貌短小，鬚眉疏秀，樸學質行，不尚文飾，口吶吶若不能言，而剛直亢爽，不嬈婀隨俗，意有所不洽，千夫莫之挽，論事必以正，稍稍不合，輒裂眦頳顏而爭，人有過，每面折之，雖貴顯無所諱，人每以是敬憚之，然亦以此取憎於人。交遊中凡患難有無，必與共，而臨財介然不苟，遊於四方，不輕於干求，嘗曰：「取與、君子之大節，乞吏鬻獄，今之敝風，我不忍為也。」

以貧故，求為祿養，舉孝廉，即就吏部試，籤分山西長子縣令，明刑惠政，稱晉省循良之冠，甫十月，以逃人詿誤去職，遂復歸於吳。屋僅三數椽，蕭然四壁，饔餐偶不繼，則採廢圃中枸杞葉為食，衣裘敝盡，敗絮藍縷，而陶陶然振筆著書不輟。以為：「君子當厄，正為學用力之時，窮阨生死，外也、小也，豈可求諸外，而忘其內，顧其小而遺其大也。」晚年與蔡息關講道，宗陽明良知之學，直探心體，不逐於物。其往復書札，有曰：「處心不可如水火，水逆則激，火鬱則死，心運於中，不因乎物，孰得而鬱逆之者？」性喜麴糵，友朋多延之飲，自講學後，自謂「群飲晏樂，雖良友亦散道心。」遂不輕與筵讌矣。

所著《衡書》九十七篇，天道人事前古後今，具備其中，曰衡者，志在權衡天下也。後以連蹇不遇，更名曰《潛書》，寧都魏叔子見之，嘆曰：「是周秦之書也，今猶有此人乎？」每接賓客或與人書，必稱唐之文為掩漢而上之作。高稷苑讀其書，極賞其奇，後遇於黃鶴樓，握手談心，忻如舊遊。梅定九亦稱其必傳。然彌自珍惜，所著書稿，每遊必攜以俱，乘舟則誡僕曰：「設有風波不測，汝先挾我書稿登岸，然後來拯我於溺。」某日，其鄰失火，獨懷書以避，餘不戀也。

蘇郡西郊，有以孔子為土地神者，唐與尤西堂告之當事，拆除之，晚年無子，其友買妾贈之，蓋奸徒以有夫女紿之者。娶之夕，女掩面哭，詢知其事，即令寢他室，翌晨即覓女所生父攜去，不責償也，其襟懷高曠，殊不可及。其友朱某，僑吳而歿，厝於山麓，日久櫬腐見骨，睹之慘然，為乞於長興令，擇地葬之，其日，烈風大雪，唐親臨其穴，以觸冒寒疾，遂成嗽喘，醫藥弗瘳，竟以是卒。

七十九、張景祁詞與臺灣

錢塘張景祁，字蘩甫，號韻梅，全椒薛時雨弟子，清同治進士，改庶常，出宰福建連江縣，中年哀樂，登科已遲，屈承明之聲華，走海隅之鞾板，不無黃鐘瓦缶之傷。治政之餘，有衙齋早春句：「衰病經年霜髩稀，方春新柳帶煙肥。花前掃徑非緣客，夢裏還鄉也當歸。徙燕塵梁空閱世，馴鷗滄海久忘機。不愁寒雨連江暗，準備輕簑問釣磯。」用連江二字，毫無痕跡。

當時政窳民敝，朝局日非，樞廷分派，和戰紛呶，蘩甫有〈過木棉庵遺址詩〉：「半閒堂上秋蛩鬥，木棉庵中神虎吼。一椎忽出朱亥袖，撲殺此獠不汝宥！天水已碧龜鼎淪，禍機先伏由蔡秦，以國餌敵誰敢嗔，惜哉不遇鄭虎臣。」借古慨今，指陳時事，足見胸中塊壘。

晚年，由閩來臺灣，宦遊基隆淡水等地，天涯倦羽，風鶴頻驚，所為詞尤多感喟，如〈望海潮〉一闋：「插天翠壁，排山雪浪，雄關險阨東溟。沙嶼布碁，飆輪測淺，龍驤萬斛難經。笳鼓正連營，聽回潮夜半，添助軍聲。尚有樓船，鱟船帆影裏矗危旌。追思燕頷勳名，問誰投健筆？更請長纓！警鶴唳空，狂魚舞月，邊愁暗入春城。玉帳坐談兵。有撞花壓酒，引劍風生，甚曰炎州洗甲，滄海碧波傾。」

甲申法兵擾馬尾，張佩綸隻靴貽誚，熸師而逃，蘩甫更有〈曲江秋〉之曲：「寒潮怒激；看戰壘蕭蕭，都成沙磧。揮扇渡江，圍碁睹墅，詫綸巾標格。烽火照水驛；問誰洗鯨波赤？指點鏖兵處，墟煙暗生，更無漁笛。嗟惜，平臺獻策，頓銷盡樓船畫鷁。淒然猿鶴怨，旌旗何在？血淚霑籌筆，回望一角天河，星輝高擁乘槎客。算只有鷗邊，疏葒斷蓼，向人紅泣。」對好大言之論戰書生，極盡調侃。他如〈基隆秋感〉等首，痛睹胡氛，驚心危幕，寫來至為哀惋，不備錄。

臺灣改設行省後，舳艫輻輳，於紀盛中，深感非計，更屬語重心長，不徒為當時寫照矣。因錄之：「客來新述瀛洲勝，龍荒頓開新府。畫鼓春城，懷燈夜市，隊娓蠻鞾紅舞。莎茵繡土，更車走奇肱，馬徠瑤圃。莫訝瓊仙，眼看滄海但朝暮。天涯舊遊、試數綠無，廢壘啼鵑淒苦。絕島螺盤，雄關豹守，此是神州門戶！驚濤萬古。願洗淨兵戈，風雄樓櫓。夢踏雲峯，曙霞天半吐。」窮髮一隅，蒼涼詞史，蓋動於哀愉而不能自已者。遺作有《新蘅集》九卷，《外集》一卷。

八十、劉孟塗士節自持

清道咸間，以桐城派古文名家者，世稱「劉、方、梅、管」，即劉開、方東樹、梅曾亮、管同也。《清史・文苑傳》，以劉、管附於梅傳之後，傳云：「劉開，字明東，以孤童牧牛，聞塾師誦書竊聽之，盡記其語，塾師留之學，而妻以女。年十四，以文謁姚鼐，有國士之譽，盡授以文法，游客公卿，才名動一時，年四十卒。著《孟塗集》。子繼、字少塗，有信義，遍走貴勢，求刻其父書，以此《孟塗集》益顯。」所記者如此而已。

孟塗讀書，若有夙秉，過目輒弗忘，所為文、光氣煜爚，才力閎肆，惜抱先生得其書，奇而召之，與談大喜，謂諸弟子曰：「此子他日當以文顯，方（苞）劉（大櫆）之墜緒，將賴之振矣！」其見重如此。素性脫略不羈，好交遊，與人談論，輒傾肺腑，家雖貧，能以士節自持，其聲名洋溢公卿間，而絕口干求，尤為士林所重。同邑姚元之（字伯昂，工隸書行草，畫筆亦妙。）詩文自成派，孟塗與之莫逆，元之早達，嘗之習舉子業，孟塗曰：「此鄉多佳山水，使吾有菽水資，奉母築居龍眠杉渡，晨夕手一編，且不去母左右，其樂何極！顧為是僕僕哉？」然不過拂元之意，秋風場屋，試輒弗售，廢然曰：「亦有命夫！」及遊浙東，有衣冠者候門，請傳其父母，為文與之，遂邀同遊山，山有古墓，拂碑視之，曰：「宋處士劉開之墓」，蓋所稱復真先生，以神醫稱者。孟塗撫碑矍然，知已將不能貴以顯也，遂棄帖括學，徜徉山水，以母老子且幼，歲返家省視而已，旋應亳州聘修邑乘，襆被廢寺中，攜一小僮自隨，一日遣童入市，陟得疾，甫登榻臥，氣息不屬，遂逝。妻倪久病，聞喪以毀卒，其母撫教稚孫，日食常不繼，姚元之輒賙濟其乏。其詩文先已刊行，後姚瑩訪其家，得其稿，成《後集》二十卷行世。

孟塗初亦善駢文，其後乃專於古文，其論駢散云：「駢之與散，並派而爭流，殊塗而合轍。千技競秀，乃獨木之榮，九子異形，本一龍之產。故駢中無散，則氣壅而難疏，散中無駢，則辭孤而易瘠。兩者但可相成而不能偏廢。」其與阮芸臺（元）論文，以東坡稱昌黎起八代之衰，實則昌黎不盡廢八代，謂：「退之取相如之奇麗，法子雲之閎肆，故能推陳出新，徵引波瀾，鏗鏘鍠石，以窮極聲色。柳子厚亦知此意，善於造鍊，增益辭采，而但不能割愛。……夫退之起八代之衰，非盡掃八代而去之也，但取其精而汰其粗，化其腐而出其奇，其實八代之美，退之未嘗不備有也，宋儒舉而空之，子瞻又掃之太過，於是文體薄弱，無後沉浸穠郁之致，瑰奇壯偉之觀，所以不能追古者，未始不由乎此。……」品評至當，是其天資獨絕處也。

八十一、李希聖深惡八股文

光緒中葉，李希聖以才名震湖湘間。侯官張亨嘉時督學湘中，倡復古學，頗稱得人，見李生文歎曰，名下故無虛！折柬招之，深致期許。

希聖字亦元，湖南湘鄉人，髫齡讀書，過目成誦，父光照，為邑名諸生，精制舉文，嘗以所作授之，希聖受焉，而意味殊若弗欲，父異之，希聖曰：「八股制藝，為統制士流思想之工具，禍世數百年矣，明經帖括，孤章絕言，以難士子，此而可躐取功名，士猶羞之，況不可必乎？誠欲通經學古，以上躋於作者之林，是所願也。異日者，得償所志，必首議廢制藝，罷科舉，以祛士林之蠹。」父大驚異，恣其所學，遂博覽經籍，淹貫百家，發為文辭，旁及詩歌，盛稱於三湘間。既而累試第一，擢辛卯科優貢，中式舉人，明年成進士，改刑部主事，居京師。

於時，距大平軍之覆亡，幾二十年。慈禧當政，恬逸自娛，達官貴人，亦酣嬉文酒，摩撫碑版，希聖獨謂人曰，「國將亂矣。」未幾有甲午對日之戰，兵燹地割，中外引為大恥。德宗銳意議變政，講求新法，希聖以變法莫亟於理財，而後國費以裕。乃鉤稽檔冊，有光緒會計錄之作。迨戊戌變起，慈禧再度枋政，罷變法，希聖謂「當變不變，禍且益亟，終致大亂。」旋又有庚子拳亂聯軍入京之禍，畿輔之地，一時大亂，希聖所居，亦遭焚掠，僅以身免，乃掇述所聞，作《庚子傳信錄》，讀者咸稱其深識先見。

辛丑後，清廷重議行新政，撰條議三十，頒示宇內，並設政務處筦其事，希聖以變法宜先定宗旨，基礎不固，萬事莫立，不然則愚民耳，乃為駁議數萬言，傳誦都下，故官雖卑而名則顯。長沙張百熙方奉詔筦學，因引以自助，凡章程奏稿，均出其手筆，擘劃周詳，百熙極倚任之。京師大學堂成立，以希聖為提調，居三年，諸生群樂其教，學部滿尚書榮慶，本持排漢最力，專注於八旗學堂之擴展，於百熙各項措施，每事製肘，所以齮齕張與希聖者，無所不至，希聖素戇直，益鬱抑不得志，竟發憤病嘔血卒於堂中，員生數百人感泣失聲，櫬從中門出，白衣冠哭送於道，聞者嘆惜，時為光緒三十一年春末，年四十二。所為文多散佚，惟存近體詩百餘首，曰《雁影齋集》，皆通籍以後之作，多七言律詩，嘗以玉溪生自許，如〈西苑〉云：「芙蓉別殿鎖瀛臺，落葉鳴蟬盡日哀，寶帳尚留瓊島藥，金釭空照玉階苔，神仙已遣青鸞去，瀚海仍聞白雁來，莫問禁垣芳草地，篋中秋扇已成灰。」〈湘君〉云：「青槐江上古今情，錦瑟微聞嗚咽聲，遼海鶴歸應有恨，鼎湖龍去總無名，珠簾隔雨香猶在，銅輦經秋夢已成，天寶舊人零落盡，隴鸚辛苦說華清。」蓋隱詠戊庚間事也，陳石遺稱為可肩隨薩都剌云。

八十二、江雲龍被稱野翰林

合肥江雲龍，字濳之，號潤生。生甫數月，即喪父，時太平軍陷郡城，江氏世居梁園東北鄉之保業村，其母褓負之並挈其二兄隨族父老群避荒山中，踉蹌疾走，兒啼聲急且洪，又不遑哺乳，族父老惡其將為眾累，命棄之，母泣不忍，則奪而置之，凡三棄，而母三拾之，及追且至，不得已置之荊棘中，祝曰：「啼則死！否則終將綳汝以行也！」寇去，往視之，則已熟睡矣。家貧甚，伯兄堅苦自力，授讀奉母，既而母又卒，遂育於兄。性宏邁不羈，好與鄉里小兒遊，常廢讀，其兄命跽於祖宗前撻之，弟泣兄亦泣，由是感奮，悉意於學，年十八，應督學試，冠其曹。然負才自喜，嘗與同縣龔心容、周龍光有「三龍」之目，龔其頭，雲龍其尾。壽州孫振沅超悟士也，嘗於蘇州遇某宿儒，授以姚江學說，精思終年，渙若有得，歸皖後，雲龍偶與語，大為驚服，折節師事之，學遂益進。光緒十六年庚寅，成進士，報歸，其伯兄適病歿，雲龍大慟，悲其兄之不及見也。旋選庶吉士，授編修，充國史協修官，妻劉自皖至，遂居京師。與魯幼峯、張觀宸聯為歲三友，幼峯梅觀宸竹雲龍則松，性故豪邁，喜為人鳴不平。鄂人曹某令臨渝，政尚猛，豪強側目，摭其失欲致之死，曹懼罪佯狂，豪知其詐，即以令病狂上言，大吏命榆關軍將拘繫木屋中，留一竇傳飲食，兩載弗釋。雲龍聞之，過天津時自言欲遊榆關砲壘，軍將許之，周覽畢，竟至曹拘處，曹聞人聲，復佯狂詈，雲龍誦詩悟之，曹撾門求出，守兵大駭，雲龍曰：「可啟視，脫有罪，吾當獨任。」遂出曹，挾與俱去，為白於大吏，竟復官，義俠之聲大著，然弗得於貴勢。

庚子聯軍犯都門，雲龍友王鐵珊壽富皆死難，而妻亦病歿，淒然身世，抑鬱無俚，旋乞外放，改知府留蘇候補，榷稅通州。繼娶阮氏，為儀徵太傅曾孫女，溫婉富文采，其生與東坡同日，雲龍則東坡死日生，喜為巧合，故雲龍戲為詩云：「生死一東坡，形影我與爾，不信修髯人，化作娟娟子。問之戒和尚，理必衷一是。是男還是女？是生還是死？世有學道人，請下一轉語。」汪和之云：「東坡真天人，遊戲聊爾爾。安見女兒身，而非奇男子？莫問戒和尚，我聞佛如是。非男亦非女，非生亦非死，以無所用心，發大自在語。」慧業靈心，傳為佳話，所謂戒和尚者，以東坡自稱其前生也。雲龍工山水，阮並擅花卉，並游巢湖，偶作梅花小軸，雲龍題句：「眼前指認小山孤，和靖風流古所無。抱得寒花高骨格，人間何地不西湖。」可想見其風概已。後署徐州知府，心傷國蹙，不一年以病歸，旋卒，年未五十也。雲龍居官廉，故貧，又好義行，朱銘盤死，措五百金振其遺孤，與范當世交摯，有耦耕之約，在京時以釋曹事，人呼為「野翰林」，吳昌碩有詩紀之，雲龍亦有「翰林昔野今官窮」之歎。遺集有《師二明齋詩存》，阮夫人手訂者，散佚。

八十三、薛庸菴（福成）穩實多謀

清同治八年間，內閣安得海方恃寵干政，構煽宮廷間，其秋啣慈禧太后旨，違制出京赴粵採辦，魯撫丁稚璜寶楨執殺之境上，曾國藩聞之，語薛福成曰：「吾病目久，聞是事，積翳為開矣！」其事散見諸家筆記，其實促丁殺安者，即薛福成也。當安監出京時，福成先以事赴保定，道出濟南，丁邀與語時事，慨然引為言，福成即力贊其作緊要處置，而以其罪奏聞，且曰：「布置宜豫，審幾宜密宜斷，否則不惟賈禍，亦恐轉益其燄，貽患更甚矣！」丁意遂決，名位亦因而益著。

福成字叔耘，號庸菴，江蘇無錫人，少負經世之志，好觀儒先性理書，稍長縱覽經史，中同治六年江南鄉試副榜，當曾國藩督兩江時，奉命剿捻，張榜郡縣招賢才，福成於寶應舟中聞之，上書言事，略謂：「節下勳名軒天地，朝廷信倚焉，天下信焉，必將策富強，定經制，消反側，防外侮，正風俗，則舉世視為轉移，而值變亂之際，百事興革，民心望治，則尤更張不見其跡，設施易蒙其澤。」所以規勉者殊於一般之務為頌諛者，國藩大為歎賞，謂李榕曰：「吾此行得一學人矣。」遂延居幕中，軍謀機要，多與計議，由是聲譽隆起。迨同治薨逝，光緒繼統，元年下詔求言，福成上治平六策，海防十議，一時傳誦，以為馬周陳亮復出，自後始定遣置駐外使節，停止捐納之例，稽覈州縣交代之新章，及裁汰綠營添練新軍，所有興革措施，福成此疏，實有以發之。

李鴻章繼曾督直，以福成能，延為上佐，於當時局勢隱為斡旋，巴夏禮在滇被殺案，鴻章任折衝，英使威妥瑪多所要挾，議不洽，怒去煙臺，朝野洶懼，以為英將以兵船來也，福成以為英自德俄締合，方惴惴顧慮，必不敢輕用兵於我，設威使以兵相迫，彼將為其國朝野尤怨，非其本願，其意不過見可進而知難退，我不妨以拒為迎，一面備戰，一面將滇案本末，及將威辦理此案多方禁阻與百端要求，通咨各國使節，並公開此事於各國報紙，則彼之技窮向而求我矣。如其言，果德俄美法諸國使皆不直威，威為之氣沮，事遂定。

光緒五年，清廷將以總稅務司赫德，綜司南北洋海軍，下鴻章議，鴻章初頗瞻徇，福成言：「公自任天下之重，安危所繫，宜無不言，……赫德為人陰鷙，雖厚其祿高其職，終其意仍外中國，彼既總司海關，利柄在握，若又授以海防重任，則我之兵權餉權皆入其手，尾大之勢將奈何？如總署已與定議，宜告赫德須親赴沿海專司練兵，總稅務司必易人，赫德貪戀利權，必不以彼易此。」鴻章聞而聳然即據之入告，總署如其言，赫德果不欲行，遂罷其議。朝鮮新舊黨爭亂，日本擬乘之，李鴻章適丁內艱在籍，代督張樹聲聞變，與幕僚議函請總署奏發兵，福成以為發兵是也，然事機得失，間不容髮，宜急派艦馳扼仁川海口，然後函商總署，一則取疾雷不及掩耳之勢，一則使彼方莫測虛實，先定其內變，則日人無可逞志矣。樹聲用其策，韓亂定，保擢道員，授寧紹臺道。

法國搆兵越南，東南沿海戒嚴，福成言於劉秉璋，籌戰守，兼總營務，孤拔既燬馬尾炮臺船廠，乘勝追南洋援臺兵輪，入鎮海口，防軍已預有備，待其近發炮擊之，壞其兩艦，相持四十餘日，屹不為所乘，防守之固，一時稱最。十五年擢湘臬，旋持節使英法比等國。往者中國禁通海，僑民富者多不敢回，而僑屬國以中國不保僑，遇事陵削，福成以為保富肇於周官，懷遠陳於管子，中國宜拊循而招徠之，議添南洋各島領事，奏除通海之例，以安僑眾，藉裕僑資，在外數年，恆惓惓於保商護僑，閩粵人士多感之。滇緬畫界通商事宜，與英外部爭持者兩年，卒屈之，英人亦服其堅韌。甲午四月歸國，六月間以微疾逝於上海，年未五十也，朝野惜之。

福成之學，初私淑王陽明，以收斂身心為主，自師事國藩，學識日以進，凡歷史掌故山川險要以至兵機天文等等，莫不研討，洞然於胸。自壯至老，讀書治公，日有常課，數十年中，逐日寫載日記，儉以奉身，勤以約下，待人接物，一主以誠，治棼處煩，而竭坐凝然，處分無不盡理。所為文不拘宗派，本忠孝信義，而以閎雅真摯之文行之，蓋得力於乃師者深也。李鴻章聞福成之死，深為痛惜，奏稱「出使外邦著有績譽者曾紀澤外福成而已。」翁同龢亦稱「其人穩實」其言皆頗平允。

八十四、鄧頑伯（石如）品節重藝林

包愼伯著《藝舟雙楫》，於並時書家，多所詳隲，其「國朝書品」，區之有五：「平和簡靜，遒麗天成，曰神品；醞釀無跡，横直相安，曰妙品；逐跡窮源，思力交至，曰能品；楚調自歌，不謬風雅，曰逸品；墨守跡象，雅有門庭，曰佳品。」神品一人，鄧石如隸及篆書，妙品上一人，鄧石如分及真書。而鄧之草書，列於能品第五，行書亦列逸品十四，其所以推重之者甚至，近代如吳昌碩亦言：「完白山人作篆，雄奇鬱勃，鋪毫之訣，流露行間，筆意跌宕，在瑯邪石刻泰山廿九字之間，後起者唯吾家讓翁（吳熙載），雖外得盧神而內逋骨髓，吁！一技之長，未易言也」。蓋有清一代名家也。石如本名琰，以避諱以字行，更字頑伯，安徽懷寧集賢關人，家貧，少未從學，與村童逐樵採，或販餅餌供饘粥，暇從諸長者問經書句讀，弱冠為童子師，苦習古隸篆刻，鬻以自活，然鄉僻少聞見，及游籌州，亳縣梁巘方主籌春書院，見其印刻及篋書，嘆為難得，而惜其未諳古法，為介於江寧梅鏐，文穆之季子也。梅為江左甲族，弆藏至富，秘府奇珍暨秦漢以來金石善本，石如居其家，篤志臨摹，晨起即研墨盈盎，攤紙揮毫，至夜分始已，寒暑弗輟，如是者八年，所學與時俱進，顧知者猶罕。會梅氏中落，石如草屨擔簦，偶訪黃山，至歙州，鬻篆賈肆。張皋文（惠言）時客編修金榜家，偶見之，歸語金曰：「今日得見上蔡真跡。」金驚問，張告之，遂冒雨登山，禮延至家。金家廟甚壯，楹皆貞石，聯刻懸額，皆金精心之作，蓋百易而後定者，及鄧至，即鳩工斲去。石楹既豎，不便磨治，架屋臥楹，請鄧書之，刻成乃重建，其見重如此。

石如雖以技名一時，而立品峻潔，以四體千字文，見賞於曹文植，後曹入都祝嘏，強鄧同往，石如獨若笠策蹇驢後曹三日行，旋值於開山，文植輿從至，巡撫以下命吏郊迎，石如策蹇過，役隸呵止之，曹聞之急趨出，延之上座，語眾官曰：「此江南高士鄧先生也！四體書皆第一。」諸人大驚，為具車從，曹曰：「吾屈先生甚，乃肯來，卒不允同行，願諸公共成其志！」乃率群官送之轅門外上驢去。至都，劉石庵、陸錫熊均禮重，獨不得於翁覃谿，乃輾轉入畢沅幕，吳中名士之在兩湖總督節署者，多裘馬麗都，石如獨布衣徒步，居三年，辭歸，畢留之不可，乃為置田宅，設醴以餞，曰：「山人吾幕中一劑清涼散也，今行，斯遜色矣！」四座慚然。石如四十六始娶，歸後即不復出，卒於家，年六十三。子尚璽（傳密）師事李兆洛、包世臣，與弟子吳熙載能傳其書法。

八十五、朱九江（次琦）之風趣

晚清學術界，有稱九江學派者，則南海朱次琦先生也。字稚圭，一字子襄，南海九江鄉人，講學於九江禮山，前後凡廿六年，學者尊為九江先生。四十一歲，舉道光丁未進士，分發山西以知縣候補，咸豐二年攝襄陵縣事，在任僅百九十日，於舉國言事著書之際，獨棄官引疾歸，仍講學於禮山，從之者百餘人。九江尊朱子而不廢陸、王，謂陸子靜善人，姚江之學，足以知兵禦亂，由於讀書有得。於時舉世方排擊陸王，而九江獨具先見。其示生徒修行之實有四：為敦行孝弟，崇尚氣節，變化氣質，檢攝威儀。讀書之法有五：為經學，史學，掌故之學，性理之學，詞章之學。其學以經世有用為宗，不分漢宋，而於明末諸儒，尤服膺顧亭林，謂《日知錄》諸書，簡其大者可用於天下，故能直追晚明，不落乾嘉諸家之後，遂得巍然自成一派。

生平專務學問，尤慎取與，在山西時，除飲水外不名一錢，其答康逑之書云：「晉中濡次，補缺尚無其期，然自省庸虛，正須閱歷，即稍稽時日，為將來逭虛筐之誚，固可以少安無躁耳。現住省城浙江會館，館後室為典守僧禪堂，西偏屋數間，即其出息，予賃居之，出則徒步，入則齏鹽，作官是何物事，不過與和尚們隔壁耳！昔魏敏果官京師時，不攜眷屬，王漁洋詩嘲之云：三間無佛殿，一個有毛僧。弟今有佛，勝環翁多矣。一笑。」其恬淡可見。

九江頎表方頤，聲雄以徹，平居對人和悅，有所惡，則渥丹張頰，威不可干。鬚髮稀疏，七十後左鬢忽生黑鬚一叢，人以為壽徵，光緒辛卯以疾卒，病革時，強起攤書，盡燔其稿，故所傳蓋寡。生於嘉慶十二年丁卯八月廿二日，春秋七十有五。

其詩宗唐，文學六朝，書法晉人，亦善駢文，工麗無比，其典衣絕句四首，極幽默之致，如：「典衣原不損手裁，蓋篋筠籠取次開。我喜他家收拾好，未因金盡降顏來。」「思量雜珮拋何所，約略陳書失已多。到底敝裘能戀主，歲寒時節祇饒他。」「別久相逢意倍憐，記從何處話前緣。春衣與我同飄蕩，南北東西寄歲年。」「綈袍贖得當金貂，恰是杯觴不寂寥。袖底雨花襟上酒，可能留到上元宵。」彌見風趣。又有〈守歲與閨人夜話〉一首：「漸漸衣棱凍，娟娟髩影深，鏡奩今共命，燈火此愁心。萬態趨殘夜，孤思殿苦吟，高懷吾愧汝，卒歲恥言金。」自註：「宋真山民詩：貴無可買恥言金。」深情之中，自見本色。門弟子甚眾，能裒然承其道統者，推簡朝亮，輯有《朱九江先生集》十卷，《九江先生年譜》一卷。

八十六、簡竹居（朝亮）介特儉樸

簡朝亮題九江先生禮山講學象云：「嗚呼！學之不講，孔子以為憂，後世講學，非折衷於孔子六經之學，則又為天下憂。六經麤跡，天下不可由；六經精意，天下不可不由。孰漢學，孰宋學，先生謂斯乃道中咻也，而懼乎學之將離道而他瀏。嗚呼，先生講學，惟孔子六經之學折衷以修，五百年來別眾流。于其用也，牛刀宰邑，致比言遊。」朝亮蓋九江嫡傳弟子也。字竹居，廣東順德之簡岸人，與康有為同門，而學不務詼怪，性尤清峻，當其為縣廩生時，學使樊恭煦，於光緒十七年十月舉其學行，遂以訓導選用。竹居謁樊，謝其薦舉，以詩文八首為贄，計〈薦舉奉詔訓導用恭賦〉、〈戊子春懷〉、〈匡山〉、〈葺雷齋〉、〈治盜詩〉各一首，又復〈梁星海書〉、〈動土祝文〉、〈上樑文〉各一篇。迨謁祖時，不發酒帖，亦不分報紅，奠斝以告先人而已。

性寡交遊，獨與梁星海鼎芬相友善，其送〈星海北行〉：「百年意態何曾異，卻喜聞君有遠行。慷慨古稱燕壯士，衣冠行見魯諸生。風船猶火江神助，驛館寒山夜語清，報道北梅花事好，歸來攀折一枝輕。」又〈寄梁大兩絕〉云：「草堂百事不吾知，松竹當門水綠漪，猶笑點塵飛欲到，誰歌防有鵲巢詩。」「焦頭上客負前身，曲突纍纍告徙薪，曾幾太邱車馬會，萬言宿草意如新。」均見其《讀書草堂集》中。

戊戌前後，康長素以激進王變法，名甚著而遇亦險，竹居主守故晦，亦不應科舉，一志於講學著書，嗣以簡舉之讀書草堂，為盜所擾，乃移居陽山門人黃贊襄家。黃晦聞節，弱冠時曾從竹居讀，師事數歲，通貫大體，竹居愛重甚摯，旋晦聞走上海，與鄧實等倡國學保存會，竹居懼將賈禍，抗書止之。入民國後，轉家佛山，民國廿一年，以修譜至穗，寓松桂堂，翌年秋，患痰塞便祕之疾，竟爾不治，遺言殯葬從儉。其門弟子於其病亟時，醵數千金將為治喪，以遵囑，乃以布服為歛，並廢七虞之例，以朔望舉祭。發引時，以一人擊鼓前導，繼以燈籠，再為銘旌，題：「清故徵士竹居先生之柩。」後為祭品亭、真亭、靈轎及棺，執紼者五百餘人，行列肅穆，舟載歸佛山葬焉。

晦聞於竹居之喪，哭之盡哀，有謁墓詩：「送我秋風去，孤公三十春，白頭門下士，青眼塚中人。痛忍十年淚，差完萬劫身。死生都莫說，儻亦念遺民。」詞句沉痛，自是亦病，其歿距竹居僅兩年也，師弟之情，老而彌篤，而晦聞介特亦有類其師，惟此詩未收入《蒹葭樓集》中，不知何故。

八十七、包慎伯（世臣）書名掩經濟

涇縣包世臣，初字誠伯，後改慎伯，晚號倦翁，又號白門倦遊閣外史，涇縣古稱安吳，故學者稱為安吳先生。工書，肆力北魏，兼習二王，旁及篆隸，備得古人執筆運鋒結體分行之奇，以書名雄於清季，然其學在並時諸家中，亦獨樹一幟。

為人矮小精悍，口若懸河，好兵家言，尤熟於鹽漕得失，詩文亦獨闢畦徑。領鄉薦後，應朱石君皖撫之聘，編練鄉兵，又應某漕督邀，巡視沿海航運，晚歲授江西新喻知縣，不一年棄去，寓居江南，布衣絛然，藉文字為生事之資，洪楊變起，避兵出走，道卒，蓋已八十一歲矣。

慎伯於文章吏治，皆能洞本探原，終不克一展懷抱，而徒以書顯，其悒鬱侘傺之情，每於函札中見之，節紀其致及門某君書：「外間之事，殊非一手一足，所能為烈，以閣下校文之心，推之監司一路，惟有晝聽哭聲，夜呼負負而已。況今宦途，最工挾制，居上雖無瑕可指，而所持以制之者百出，道府間於上下，無可如何，承愛之深，故作此不解事之言，長安貴人千數，不足與第二人道也。世臣去歲遊貴地兩月，領略湖山，為生平極快，至人事則無可言也，自分無富貴骨相，從此不踏化衣塵矣。俛仰無藉，計出於賣文粥書，資為菽水之奉，庶幾稍有異於盜跖之粟，況人才之盛，隨在而有，藉得傳賢卿大夫之名，以及隱逸碩德，足作風教勸諭者，使將來史氏有所取材，是亦昌黎作唐之一經之彷也，惟吹枯噓生，端賴通儒。古文之道，絕於人世，且五六百年，近人惟惲子居卓然有以自立，經其點染，足可信今傳後，惜以外吏，不受眾望，有傳文而無傳人，為可憾耳。」……其言雖委婉溫潤，意實抑鬱牢騷。

慎伯與鄧石如為同鄉，其贈鄧詩中，亦有「……嗟君負此才，不勒燕然石，蓬轉市肆間，邂逅歌代食，曹霸貌行路，俗眼反遭白，真識故罕逢，妻子當嗷嘖。唯余亦蹭蹬，詩筆頗無敵，監狗亦有人，凌雲竟何益？各懷矩步傷，況是同鄉客！」……又〈偶成〉五律之「遠遊積亂夢，夢思竟無端，歸計十年拙，窮途一飯難。簾前霜影怯，烟外客魂單，展側孤衾冷，空城漏未闌。」則嘆老嗟貧，不復自飾矣。夫以用世之才，竟俛仰無所藉，至於賣文鬻字，復不能不賴於吹噓，人間世亦大可哀矣。愼伯年十三，曾獨來臺灣，留四年始歸，知者甚尠，徐子康所撰〈包世臣小傳〉，曾及之。

八十八、曾國藩甄識人物

辨察人之官體容色以判吉凶禍福者，謂之相術，亦曰風鑑，《青箱雜記》有云：「嘗謂風鑑一事，乃昔賢甄識人物，拔擢賢才之所急，非市井卜相之流，用以賈鬻取資者。」《四庫全書總目提要》更有「相術，自《左傳》已載」，蓋由來已久。

世傳：江忠源至京師，曾國藩見之，語人曰：「是人必立名天下，然當以節烈死。」時宇內尚承平也，後果如其言，於是謂湘鄉精於風鑑，薛庸菴曾記之。其實，江與曾故為相諗，然其為此言，自亦有故。

江字岷樵，新寧人，道光丁酉舉於鄉，公車入京，即館湘鄉處，時尚以京官居京也。新化鄒愚柳谿，客居陝之興安，舉陝西鄉試，家酷貧，而自守甚嚴，不苟取予，與曾江二人，交往頻密。禮部試時，鄒忽抱病，弗克與，醫藥雜投，遂患糖泄，忠源躬親之，不避穢惡。試之日，匆匆入場，故江是科亦報罷。十日而鄒死，忠源復力為摒營，並歸其喪。湘鄉亟稱之，有「急難之義，吾見亦罕之歎，並以詩酬之云：「市廛交態角一鬨，朝為沸湯暮冰凍。江侯爾豈今世人，要須羊左與伯仲。漢上鄒生獧者徒，臥病長安極屢空。導養難絕三彭仇，惡讖欲尋二豎夢。君獨仁之相掖攜，心獻厥誠匪貌貢，執役能令賤者羞，感物宜為時人誦。」……

忠源長身玉立，顧盼自喜，磊落出於天性，不若湘鄉之持謹。下第後，頗事遊讌，久之，資漸罄，湘鄉勸之歸，許為辦裝。明日，江不別行。湘鄉自公回，聞之，亟命駕追之，至長辛店，則江方早饇，握手慰之曰：「以君之才，他日將有大展，但有親在堂，此歸殊難為懷。」贐以百金，殷勤而別。及返，客問所往，曾曰：「追餞江岷樵耳！」客大愕，曾曰：「岷樵尚風義，重氣節，他日必能立名天下。諸君非其倫，異日當自知之。」此即《庸庵筆記》所自昉也！

忠源亦有〈發都門，寄別曾滌生庶子〉之作：「久客思鄉井，常恐歸無時，僕夫已趣裝，又作別離悲，別離隨處有，感君入心脾。逢人誇我賢，相對仍切偲，緬思古人交，形隔神相隨。君非祕我好，此意我自知。西風何太急，臨歧吹我衣。」「向晚渡桑乾，月暗水雲黃，平生四度過，今夕真悽涼。我友已為鬼，我師復病牀，咫尺行不易，況此道路長？蟋蟀號四野，悲風動陰房，遙憐高堂上，今夜夢還鄉。」抒寫胸臆之外，於湘鄉臨歧致驢贈言，亦深見感佩也。

八十九、江忠源一門義烈

「桑弧甫能弦，奔走歷燕越；廿年朋好間，慘慘憂離別。艱難見我友，門戶有旌節；生平伊呂志，斟酌孫吳訣。轉戰荊揚間，塵土生巾髮；我時負弩趨，戈戟互出沒。從來羆虎士，用急戒顛蹶，……旄麾雖眾建，未足資撻伐；荷負良獨艱，感念憂至骨。……」此郭筠仙嵩燾寄江岷樵（忠源字）句也，見《養知書屋詩集》。

岷樵曾知浙江秀水縣，有惠政，愛才服善，肝膽不渝，旋丁母艱歸里。會太平軍起，勢燄張甚，廣東副都統烏蘭泰，禮羅入幕，甚相契洽，永安之役擒洪大全，岷源參與機計，功甚著。及將軍橋轍戰，烏遇伙陣歿，岷樵乃自募楚勇千餘人，與其弟忠濟，從弟忠義、忠信、忠珀，分統卒伍，與太平軍魁帥搏戰。全州簑衣渡之戰，以寡擊眾，轍斃馮雲山，太平軍被殲者數千，威名大著。

自後嘗率所部，援桂林，保長沙，守南昌，馳騁萬里，所至有功，擢安徽巡撫，時在武昌庀守城備，朝命：「楚皖一體，宜相其緩急為去留，不必拘於成命。」時廬州方急，乃率所部千餘，力疾行；至六安，病益劇，因暫駐俟機。

廬州知府元煒者，其初仕時，貸戚友數百金，擬入都報捐從九什職，途中遇賈客，遂結伴行。詢知元煒將捐官，索履歷去，數日後，賈告元煒：已上兌，捐知府矣。元煒驚喜過望，以為萍水知己。賈客者實太平軍之間也。旋奉檄署廬州。時軍書方亟，某日，曩之賈客來，元煒拜德，優予款接，其人勸元煒迎降，謂太平軍且晚且至，廬州兵餉兩缺，與其自速死，盍若報德以取富貴？元煒猶豫莫決。

及岷樵率軍入廬，見城圮糧缺，怒元煒貽誤，元煒懼匿，江乃分兵部署，而太平軍驟至，江循堞督眾迎擊，以待援師。元煒所部府兵，有勇首徐淮者，本無賴，竟開門引敵。江聞變，扶病鏖戰竟夕，體益不支，左右挾之行，乃決死，自握劍刎，不殊，其部將馬良勳負之疾馳，江嚙其耳，馬負痛墜地，江乘間奔水塘死之。元煒出城迎降，廬州民痛江忠烈死難，於紛亂時，衝入府署，滅元煒家，洩憤。

筠仙聞江死，詩哭之云：「剖竹連圻總有名，結纓猶是老書生。江淮荒草無完壘，朝野衣冠有哭聲。七葉兩京塵北顧，九州一柱竟南傾，孤臣閒退今華髮，日倚紫門涕泗横。」後過江故居，更感賦六首，更感沉痛，錄其一：「向日聲名大，清時寇亂深，風雲孤淚落，江海一星沈，異域蛟龍匣，凄風檜樹林，史臣千載筆，牢落故園心。」岷樵諸弟皆先後戰死，一門義烈，筠仙之作，蓋感時懷舊之念深也。

九十、西湖勝處記俞樓

曲園老人俞樾，為晚清一代大儒，自少至老，著述不倦，每竟一歲，輒以寫定之書，刊布於世，晚年足跡不逾蘇浙，而聲名洋溢海內外，曾國藩嘗有「俞蔭甫拚命著書」，及「閎才不薦，徒竊高位」之歎，倘生性不宜官歟？

曲園提督河南學政時，御史曹澤劾其命題割裂，其筆記載其所命之題，為「王速出令反」，「君夫人陽貨欲」，見者大譁，幾釀大獄，曾國藩為俞之座主，為之疏解，然卒因而罷職回籍，或謂豫學署原祀有狐神，曲園弗祀，故祟。考曲園詩集中，對於茲事頗諱言之，僅有「余視學中州，偶因人言而罷。」詩則有：「雲烟過眼了無痕，歸臥故山好杜門。萬事是非憑吏議，一官去就總君恩。」以及「莫怪流言太不根」句，其夫人亦能詩，並有「未磨圭角難諧俗，獨抱冰心可對天」之語，宦海波瀾險惡，出題之事，可以不論，而其伉儷僉有「朝冠卸後一身輕」之想，思想固極超脫也。

先後主講蘇州之紫陽書院，上海求志書院，德清清溪書院，歸安龍湖書院，晚主杭州詁經精舍，繼王蘭泉（昶）孫星衍之後，為經學宗師。曾國藩督兩江，李鴻章撫吳下，俞以巾服從，往來如處士，足見名下無虛！

生平不好聲色，既喪母、妻，終身不肴食，衣不過大布，獨好山水泉石，居西湖時，欲依厲樊榭浮梅檻之法，以巨竹為桴，編蓬屋其上，繞以朱闌，設青帳，司啟閉，下舖木板，容六七胡床，往來湖上，未果。後詁經精舍弟子，為就孤山麓，鑿池疊石，築樓奉之，即俞樓也。

俞樓東倚孤山寺，西臨六一泉，有小曲園，碧霞西舍、瓢池、伴波亭、靈松閣、小蓮萊、西爽亭、鶴守巖、文石亭、曲園書藏、文泉諸勝，俞樓匾字為彭雪琴玉麟所書，俞有詩紀云：「陶廬謝墅總千秋，如我微名豈足留？行到白沙堤盡處，居然人盡識俞樓。」

其自述有四異：一曰佛異，嘗夢古佛不裝金，由碧霞門入，一鶴守書其下。二曰仙異，半夜湖中荷花盛開，二童子棹一舟來，登舟深入荷叢，盡興而返，回首舟與童子皆渺。三曰神異，松上見一淺綠之蛙，竟體如碧玉琢成，無磊砢狀，斷為金華將軍之神。四曰鬼異，俞樓初築，夢一青色丈夫，自西牆外至，向之拜，次日見樓西有墓；而刻石工人亦夢青色丈夫，自言明季裨將王慶祥，囑勿相犯，乃改道築路登山以避墓云云。然俞故喜述怪，嘗作書與亡婦，臨歿寫詩，隱言以後時事，皆有真蹟。俞樓於對日抗戰前，已賃為杏花樓酒菜館，風雅地竟成酒肉場，今更不知如何矣。

九十一、劉銘傳與臺灣

劉銘傳以軍功顯達，從李鴻章削平髮捻，封一等男爵，統軍陝右，而念民生凋敝，饟餉奇艱，遽請辭官撤軍，《清史・本傳》稱其「賦性恬淡，功成不居」，亦晚清一代之瑰奇人也！治臺數歲，其功績最繫人思，尤為足紀。

劉字省三，安徽合肥西鄉劉家圩人，以面有痘瘢，眾稱為「劉麻子」，然形貌威厲，秉性伉爽，少讀書，不屑於帖括，而於五行醫藥兵略占卜無不涉獵。年十八，方自塾歸，其父見辱於里豪，豪欺其少，故大言斥之，且授以刃，謂「爾敢殺我否？」劉怒憤，即猝砍以殁，遂號召鄉邦豪俊，自為領導，以衛鄉殺賊，浸而樹戰功，稱淮軍大將。

光緒六年，以俄事奉召，明年即續假返籍，十年，法軍侵安南，朝令合肥促其再起治軍，不應，及聞五月朝命督軍臺灣，始拜命。蓋以當時翁（同龢）李（鴻章）意相左，劉以不奉詔則「廷寄視同列將」，非國家所以待大臣之義也。及朝鮮事起，平壤師熸，以翁氏之在樞廷，「何異葉向高之為相」，故亦不奉詔。其來臺灣，以「臺灣為南洋七省藩籬」，將欲以建設臺灣者保衛中國，故在任六年，努力興建鐵路，講求武備，尤注意於經營海軍，及清廷移海軍款以建頤和園，且有「十年內毋增兵艦」之諭，劉見事終不可為，乃毅然辭職，及馬關簽約，劉在籍聞訊，氣憤遂卒。

遺著有《大潛山房詩鈔》。相傳劉與翁松禪因虢季子盤失歡者，盤為周宣王時物，道光間常州徐燮鈞任郿塢縣得之，攜回常州，劉攻下常州，兵弁不識古物，以為馬櫪，劉無意得之，攜歸故里，松禪欲以鉅金易之，弗允，又欲與劉結為姻婭，又弗允。翁以此銜之。然考之松禪光緒六年十一月初二日記：「劉省三來，初見也。伊封奏言開鐵路事。又贈虢季子盤拓本及其詩一冊，此武人中名士也。」初見即以「武人中名士」許之，似無芥蒂。

在臺計六年又五月，政績甚著，如築鐵路，通郵傳，勸工商，興殖產，鑄新幣，行保甲諸務，皆悉力以赴，所謂併日經營，不欺其志，惜時議以為過銳，柄政者又掣其肘，中道以去，弗竟厥功。連雅堂稱其「有大勳勞於國家，足與臺灣不朽。」非虛語也。

九十二、許竹篔（景澄）之外交識見

宋育仁（芸子）〈感舊詩〉三十四首，中「青蒲造膝淚空揮，荊棘銅駝事已非。到死無言看日影，似聞白首怨同歸。」一首，悼其師許竹篔侍郎也。竹篔嘉興許景澄字，庚子拳亂時，景澄於召見時，歷陳兵釁不可啟，春秋之義不殺行人，圍攻使館，實背公法，載漪等斥為媚外。既出，育仁往見問狀，景澄曰：「見銅駝於荊棘耳！」且囑避去。旋以大不敬，與袁爽秋（昶）同被戮，亂平，復官予謚，世稱「雙忠」。

許為文博川（祥）所汲引，明習時事，與曾劼剛同稱使才之雋。光緒癸未甲申間，法在越南稱兵，當中法尚未交鋒，許盱衡態勢，知「法夷將不免騷擾沿海」，認為「沿海萬里，南北洋要口，天津而外，莫若臺灣」，因疏陳：「請重臺灣之防，拒敵所必爭」，並飭北洋大臣增設海底電線，接通福州，以聯聲息。

劉銘傳任臺灣巡撫時，主開設鐵路，疏上，清廷付廷議，許在德聞之，即調查臺灣築路價格，其日記中載有：「臺灣路價，每英里計一千七百六十碼，用鋼條三千五百二十碼，每碼重三十六磅，計重十二萬六千七百二十磅，合五十六噸五七，每里廠價二百五十四鎊十一先令四便士，鐵路每噸十三鎊半，水腳照三十七噸重，每噸二鎊，臺灣價連運保，康邦機車每二千二百五十鎊，上等客車每六百九十鎊，二三等每四百七十鎊，鐵蓋鐵貨車每一百十鎊，運保不提，相必在內。」並寄與張之洞，備參考，蓋其時湖北方面，亦正盛倡路礦政策也。其調查之詳盡，足為臺灣省初期築造鐵路之史料。

甲午敗後，馬關迫訂和約，許憤慨萬千，陸徵祥時隨許在俄，一日侍坐，許太息語陸云：「國際強弱，自昔恒有，惟人心不可死。今日誠可謂辱矣！然法蘭西為普魯士戰敗，曾割阿羅兩省請盟，當時，葡爾鐸議員退出議院，大聲疾呼，昌言否認，此所謂人心不死，即先例也。」當時政制，去代議尚遠，許之為此言者，蓋有冀於都察院之言官耳。惜當時臺諫諸臣，徒集矢於李鴻章個人，而不爭於國際，而鴻章方以引虎拒狼為得計，相激相盪而趨極端矣。徵祥於民國九年第一次世界大戰後巴黎和會中，目睹阿羅復歸於法，尤致感喟，後於所輯《許文肅遺稿》及《外集》梓行時，曾為文記之如此。

九十三、張石樵（叔雅）守道自任

儀徵張叔雅，名安保，字懷之，號石樵，晚更號潛翁。生六歲，其伯父歿，父命為之後，家貧，從其本生父受讀，寒夜一燈，忍飢執卷，不少怠。未冠取秀才，文名噪一郡。湯金釗時督學吳中，極愛重之，然蹭蹬場屋，應省試凡十六次，皆不獲售，遂盡棄帖括業，潛心古聖往哲之學，博稽載籍，而不氾濫於詞章，絕意馳騁功利。自云：「自少至老，未嘗一日廢書，數十年貧賤憂患艱苦備嘗，只緣記得幾句有用之書，乃覺胸中略有把握耳。」其懷抱可見。

於家人子弟，教以文行經業，而必使務其大者遠者。以貧故，授讀為生；而濟物誨人，拳拳不倦，顏色冲愉，絕無忽遽慘戚之狀。性篤孝友，其生父一言，終身不敢言，積授讀所得，歸於其親，於屋西構屋數椽，雜蒔花木，春秋佳日，延耆年賓客飲讌，為二親壽。所生父喪，復哀毀盡禮，於墓所植松數萬株，並置田為供祀之需。事兄恪恭，數十年如一日，歿則撫諸孤如己出，有故交子鄭某，孤寒英特，為訪名師教之，卒成循吏。

好急人之難，為人謀必忠，交必誠，於地方事則潔己盡力，其所與友者如包世臣、管同、許海秋、楊季子等，皆當時賢豪長者。中年復博覽金石碑版，亦工篆刻，尤精隸法，求者踵相接，皆一一應。

淮南引鹽，當時歲值百三十萬，自通泰諸場，運至儀徵，改捆上赴江皖湘鄂，回空船隻，則載荊溪竹木紙炭諸物，以售於儀揚，細民資以為生者數十萬家。道光間，陶雲汀（澍）為蘇撫，議就各場捆掣，儀徵民慮無生活，群情洶懼，石樵毅然曰：「衣食足，然後民知禮義，此議行豈獨儀民之害？成法不可妄更張，見近利而貽遠患，非策之善也！」乃與父老上書於陶，詳陳得失，事乃止。或稱頌之，石樵喟然曰：「老矣！且空言，何足尚？然讀書無所濟於世，雖百年猶虛生耳！今夫士生於世，讀書期有所用，不幸老牖下，雖有文章，世方以為空言，其孰從而惜之？而乘時得志，既有事權者，又多無補於世；其藉口於艱難，而隱以飾其無識無才，則人轉歎其遭時無偶，無以表見於天下，古今人才之消長，與世推移，卒至湮沒於眾人之無知，蓋比比焉！老夫何足道哉！」蓋有學有養而又能以道自守以義自任者也。遺著有《味真閣詩文鈔》，《晚翠軒詩鈔》，《清暉堂詩話》各若干卷，又有〈水利書〉三篇，論治內外河及引山水刷江淤之法，洪楊之亂，皆燬於兵火矣。

九十四、顧淳慶侅奇自喜

縣市有長，古之所謂牧令，親民之官也。呂叔簡云：「士君子無濟人利物之心，則希清華、慕通顯，聽其求富貴可也，苟平生懷救民利物之志，欲朝興一利，而朝即澤被閭閻，夕除一害，而夕即仁流市井，則莫妙於此。」故牧令者，治亂之始也，若不學無術，官以為商，惟蘊利以滅廉，則集詬而生殃。即不然，實政不修，粉飾以詐善，持身不謹，彌縫以掩惡，要結能為毀譽之人，鑽刺能降祥殃之竈，好官自為，真心遂死！林文忠則徐巡撫陝西時，與韓城令顧淳慶論治政，深以積敝叢壞，救挽惟亟，患在實力任事者少，將肇大亂，往往嘆喟竟日。

顧淳慶浙江會稽人，字古生，自號鶴樵，舉道光壬辰科京兆試，躓於禮闈，遂以大挑試令陝西。初攝韓城事，前令私謂之曰：「邑有爭產者訟久矣，賄於吾，吾弗受也，君貧，受而直之，無害！」淳慶笑曰：「若奈何獨為君子？」折紙書榜於堂曰：「令誠不自知，但有所污，子孫不昌！」刻期集爭產者，為直之。時林文忠方銳求治，得治狀，稱良吏者再。署岐山縣時，去職有日矣，一老人扶杖蹣跚請見，再拜曰：「民羅秀，屏居山中，絕人事三十年矣，有孫歸自縣，具道令君勵治愛民，如古龔黃，願得望見顏色。」淳慶勞之曰：「父老遠來良苦，然何以教我？」曰：「願令君宰他邑，長如岐山。」尋除延長令，改長武，遷咸寧，所至皆有聲，大吏察其賢，擢潼關同知。

時東南不靖，羽書錯至，潼關天險，告警策防者紛如也，淳慶偉軀幹，舉止凝重，少從材官遊，嘗習射於安平，日發五十矢，矢矢中鵠，觀者目眴神眩，而閒敏自如也，某歲上元日，營卒張燈火，遨遊街市，淳慶陰以兵法部勒之，奇幻出沒，閭巷驚嘆，惟深自韜晦，未嘗輕為之，人亦罕知者。及是，紳耆集請選兵擇要守禦，潼關故有守勇七百，淳慶汰其劣弱者，得三之二，親督練之，五日一聚，稽其勤惰而進退之，暇則布列城內外，嚴守邏，明斥堠。潼關濱河，夏日蒸熱不可支，而秋冬寒風淒愴中人，淳慶無間寒暑，及期必會坐風日中，口講手畫，輒半日許，家人或勸稍休，慨然曰：「吾許身民物，此豈可休時哉！」旋以風疾乞退，偃息林下者半載，省大吏復起之，仍權潼關，於時，亂事益熾，徵軍轉饟，皆一一理董之，無擾民亦無窘容，其冬，較射西郭，朔風捲地，飛沙颺石，中寒疾復作，紳民昕夕候堂皇詢起居，以為憂喜，病三月，迄不起，旋卒，時咸豐十年六月也。身後蕭條，道且梗，遂葬鄠東。

淳慶奇侅自喜，詩文亦磅礴頓挫，不主故常，有《鶴巢詩存》，錄其〈過五百人墓〉一首：「田横不作東海竭，五百人墓乃獨存，生五百人死同穴，峨峨俠骨罩厚坤。至今巋然赤城下，僉云毅魄非寃魂。天臺北望是蘭臺，西來豔說桃花源。徒令名山讓仙佛，瀑流憤怒猶崩奔。春城燈火張上元，萬家簫鼓聲朝昏。同人選勝亦避俗，指數陳跡為我言。玉京洞天事失實，霞起建標安足論。奇蹤惟有島下古，捨生取義逾弟昆。墓前祠宇喜新飾，升階再拜酬空樽。丈夫志事問何在，獨五百人古誼敦。」

九十五、李希庵（續宜）忠果持重

曾國藩輓李續宜句：「我悲難弟，公哭難兄，舊事說三河，真成千古傷心地」；「身病在家，形勞在國，彌留當九月，正是兩淮平寇時。」續宜為續賓懷弟，三河之役，續賓陷陣死，曾弟國華（溫甫）佐李軍幕，從之力戰死，故云。

續宜字克讓，號希庵，少與兄同師事羅澤南，以文童隨軍作戰，循循然如不及，常以躬行弗逮為恥。克武昌時，兄弟並著勛勞，軍中稱「小李將軍」，威望與其兄相頡頏焉。武漢再陷，胡林翼檄續宜所部回援，續宜率千七百餘人，迴戈連破敵壘，小池口之戰，聲名駸駸與塔齊布並，林翼留之固楚疆。三河師熸，續宜方在黃州軍次，極深鴒原之痛，寢食思兄，恒痛哭失聲。既而拊循潰卒，甄拔精壯，汰其疲弱，思鄉者遣歸，願留者歸伍，溫語撫慰，賙濟衣食，與胡林翼日夕整訓，湘軍士氣，為之復振。

石達開率太平軍圍寶慶時，其眾號稱三十萬，續宜奉命率兵五千赴援，與劉長佑會攻敵軍，四戰而圍解，達開竄廣西，寶慶軍民三萬人均獲救。桐城青草塥之戰，陳玉成以十萬眾來援，續宜遇之於掛車河，悲憤兄仇，揮軍猛進，踹平敵壘百餘，拔敵所俘難民萬七千人，敘功授安徽巡撫，續宜堅辭弗就，以敵兵圖解安慶之危，必大舉犯鄂，攻我所必救，誠宜振旅西旋，以固根本，不宜遽任皖撫職務。比還師武昌，敵果分股從黃州德安取鄂。因會彭玉麟水師，大破之。

時胡林翼以積勞致疾，垂危中，見續宜至，大慰所望，疏舉之以自代。先是，續賓死難時，續宜以親老不能侍奉為憾，欲不復出，林翼爰與結為昆弟，迎養其父母，晨昏定省如所自出，續宜因大感動，戮力疆埸，期報知遇。及受任鄂撫，忽忽如有所失，旋調安徽巡撫，廷命幫辦勝保軍務，部署初具端緒，而勝保嫉湘軍，欲養苗沛霖叛眾以自重，勢不相下，續宜適患咯疾，復丁母憂，三度堅辭，舉唐訓方自代，朝命給假百日歸里治喪，苫次血疾轉劇，六詔促墨絰視師，而病已不起矣，年甫四十一。

續宜生平淡於名利，而嫉惡綦嚴，每戰必盱衡全局，果斷縝密，不拘拘於一城一地之得失，尤注意人才之搜求，嘗謂：「求才之效，不可必得；求才之道，則須盡其在我。」時以為知言。曾國藩於李氏兄弟治軍，盛稱其能以氣節自高，而獨賞續宜之持重忠果，蓋湘軍之傑也。

九十六、李續賓果毅仁廉

王湘綺《獨行謠》：「二福不經濟，群盜蔓浙渦。始聞歌九江，已見哭三河。成乎夜起舞，金陵爾無虞。一勝殺二李，六合禍池魚。」蓋紀李續賓死事也。二福者，安徽巡撫福濟，將軍福興，皆旗籍，太平軍勢甚，二人以無功內調；羅澤南死後，胡林翼奏保李續賓繼統其軍。續賓蓋羅羅山之得意弟子也，字克惠，號迪庵，性沉毅，寡言笑，勇健精騎射，而持躬謙撝，碌碌若無所長，事羅山能盡禮。從羅規復岳陽時，所部未集，敵湧至如潮，隨左右者僅數人，李戒無懼，徐步陟山岡，敵方疑不敢進，李見所部已集，突反身大呼，躍馬搏戰，追敵十餘里外，翌日，塔齊布巡至其壘，嘆為難得，與談行陣，詡為名將。旋與並轡出督戰，適風雨驟至，眾欲稍待，續賓曰：此正天所以助我也……揮軍疾進，竟復岳州。

田家鎮之戰，太平軍眾數萬，續賓自任前鋒，與塔齊布互為犄角，從容大破敵軍，直追至湖口。及聞羅山陣歿，號泣再拜受命，代統其眾，誓攻取武昌，復師仇，乃築長堤，圍困三鎮之敵，大小二十餘戰，旬餘遂收武昌。旋東下，破九江，太平驍將林啟榮、李興隆均不敵死。自此提六千之眾，轉戰皖北，衝盪苦戰，所至有功。

勝保再起領兵，取中旨檄續賓與李孟群促戰，廬州急，續賓乘勝深入，所過留兵，比至三河尖，遇太平軍陳玉成合捻寇三十萬，圍之十數重，續賓所部僅餘三千，以勢殊軍陷，或以突圍之說進者，續賓不允，向鄂方乞援，時胡林翼方奔喪回籍，總督官文曰：「李九所向無前，何攻不克？焉用援為！」續賓以援不至，又恥於退卻，乃揮軍猛衝，思乘隙攻瑕，出奇制勝，敵連營結騎，破而復合者再，續賓投鞭歎曰：「敗矣！」乃令所部，乘月夜衝出，自陷陣以死。官文夙有「瘟相」之號，勝保亦有「敗保」之稱，均滿人之忮忌湘軍者，故湘綺老人詩及之，僅言一勝尚不知官文之不派援也。

續賓行軍，一秉師門義法，號令嚴明，而果毅仁廉，有大將風，師行所至，民閭安堵，臨陣幅巾緩帶，談笑指揮，馳驅行陣間，大小六百餘戰，收復四五十城，常以奮勇、誠樸、知恥，勗部眾，尤能濟人急，拯人危，遇敵，頑則自當之，弱則以讓人；選兵，則以勁者與人，以弱歸己，廉俸所入，輒以佽助友軍，曾氏兄弟以及彭玉麟、李元度各部受其贈餉，不下三萬餘金，李秀成聞續賓死，置酒為歡，謂將莫予毒也。後李孟群亦敗死，皆官文勝保憤事之過也。

九十七、曾國藩規誡王璞山

王壬秋《獨行謠》三十章，綜述咸同間時賢大政，評注綦詳，允稱詩史。其中「髯髯曾禮部，壯志陵岣嶁，折節致賓客，義軍起蒼頭，農夫釋鉏擾，學子束書包，鄉人將鄉丁，迂哉王與羅，布衣操土音，見師不能趨，不知富貴樂，豈暇詔與驕。……」羅者羅澤南，王則王璞山鑫也，實為羅之弟子。湘軍初組時，王羅之團勇實為基幹，與鄒壽璋分統中左右三營管帶，每營三百六十人，其編制營規，則採諸璞山之練勇芻言也。

璞山驍勇善戰，凌厲無前。治軍嚴明，令出必行，其姊子隨軍犯令，揮淚斬之以徇。平生負奇氣，慷慨談兵事，謂賊不足平，國藩素主內歛，驚其言大而夸，意弗善。太平軍迫武昌時，曾王晤於衡陽，復言練勇三千即可滅賊，國藩不以為然，退寓書誡之，有「僕素敬足下，馭眾有方，近日忠勇奮發，尤是慷慨擊楫之風，心中愛重。……又察足下志氣洋溢，語言夸大，恐持之不固，發之不慎，將來或至於僨事，天下反以激烈男子為戒，尤不敢不忠告痛陳，伏冀足下細察詳玩，以致適於慎重深穩之途，斯則愛足下者禱祝求之者也。」王於曾之規勸，初尚接納，後在湘鄉招兵，挑選既嚴，意義復盛，謗言日至曾處，吳坤修暨國藩父竹亭封翁亦函告於曾，國藩因再致書云：「……自足下去後，而毀言日甚，或責賢而求全，或積疑而成謗，僕未甚深慮，逮吳竹莊書來，又接家嚴手諭，道及足下忠勇奮發，宜大蘊蓄，不宜爆露，然後知足下又不理於梓里之口，向非大智慧轉圜神速，痛自懲艾，幾何不流於矜善伐能之途？」王置不覆，二人遂生參差，曾亦以「璞山不諒我心，頗生猜嫌」為言，遂對王部加以裁汰，令別為一軍。岳陽之役，王率部向羊樓司挺進，被困，曾派軍赴援，始縋城出，引為大憾，然志益烈而氣益厲矣。罪澤南以曾王不協調，嘗為調停其間，幸免決裂，及羅陣歿，王馳驅湘鄂，復奉命援贛，軍次吉安，太平軍數萬鼓噪圍攻，璞山高臥大樹下，命士卒俯身結壘，仰視或左右顧者斬，敵迫見大疑，遲不敢進，俄以鼓聲大震，一軍從山後出，疾如流星，前後夾擊，斬獲無數，廣昌之役，太平軍聚廿萬眾，揚言決死戰，璞山喜曰：「散則難圖，聚則一鼓可殲也。」怒馬衝敵，諸軍繼之，六十里內，敵屍遍地，左宗棠聞捷與胡林翼書云：

「廣昌之捷，早在意中，璞山如龍，馭眾如雲，倏隱倏現，莫測其妙，真絕世奇文也。」璞山用兵率以少擊眾，以奇制敵，自言：「某雖以孤軍遇極強之敵，處至危之地，不敢輕求援應，並非自以為足，而惡人分功，實以冗什之眾，多不如少；棼泯之卒，有不如無，況吾民久困水火，安忍使之益深益熱乎。」後以辛勞致疾，歿於樂安軍次，年甫卅二也。

九十八、王少鶴忠憤憂時

王少鶴《龍壁山房詩》，感時傷事，中多笳鼓之音，而纏綿惻怛之情，時復見之，如「強年短鬢不勝搔，百事侵尋懶性牢，昨夜夢回驚戰鼓，五更疲馬齧空槽」。蓋從征粵西之作也，其〈書憤〉一首，紀湘軍剿髮始末，多平實語，時稱詩史，祁春圃寯藻題其後云：「文章出入杜韓間，壯歲憂時未解顏，書憤一篇詩史在，北征終合勝南山。」甚致推許。

少鶴名錫振，字定甫，又字少和，後改名拯，廣西馬平人，親炙上元梅伯言最久，於桐城師友淵源，能得其意，藏有歸有光、方苞親筆評點《史記》，於歸之用黃紫筆，方用紅藍筆，研其同異，涵泳甚深，其論文固主桐城，而學問自有不可及處。賽尚阿視師廣西時，以少鶴從，感時多艱，慷慨思所建白。後返京，入直軍機，同治初年，兩宮垂簾，奕訢則以親王任議政大臣，位尊權重，烜赫一時，少鶴屢微言宛曲以古人謹慎之義進，奕訢猶弗悟。那拉后積不能堪，初猶容忍，迨太平軍敗，金陵敉定，那拉驕倖自憙，認可無需奕訢匡佐，果授意言官，予以打擊，劾其貪墨驕盈，攬權徇私各款，諭革去一切差使，不准干預公事，朝野為之震動。大學士倭仁等以大亂甫平，驟易執政，恐危中外之心，又慮天潰解體，紛疏請寬其既往。少鶴亦疏言，宜責其後效，並舉曾國藩倭仁可勝議政大臣之任。惟那拉意在去議政名目，以獨攬政權，所奏自無影響。

少鶴官左副都御史時，謇謇直諫，能見其大，疏陳調和彊吏，併力一心，以竟大功一摺，語尤切摯，有「今之天下，何易遽言率土奠安，而南北軍務漸定，西事再能就緒，亦即為大致之澄清，朝廷者天下之本，宮府清明嚴肅，與疆埸奮迅振拔之氣，相感而自通，天下大勢日轉，亦正多艱鉅之事，或遽以為時局清明，事機暢遂，若已治已安者。然人情大抵喜新狃常，畏難而務逸，獨至誠君子為能深察而切戒之，昔諸葛亮為三代下一人，史獨稱以謹慎，朱子進戒宋孝宗曰：使宴安酖毒之害，日滋而日長，將臥薪嘗膽之志，日遠而日忘，臣不勝私憂過計，冒昧瀝陳。」其時烽烟初淨，瘡痍未復，而大內笙歌已沸，遊宴土木漸增，少鶴攄其忠憤，不覺言之切至也，莫子偲友芝曾有「書生饒有誰嘉」之嘲，少鶴亦怏怏不自聊，其生日偶述中，如

「名業總虛期，謀身少良畫，」「公私問何為，濫廁乃機軸，因人覬成事，十九原碌碌。」皆有觸而發者，故自嘆「本無簪珥姿，相賞同卜祝，安能二頃良，逝汝新耕築」也。尋告歸，卒於家。

九十九、錢衎石（儀吉）一門儒雅

嘉興錢儀吉，以名宦之後，著作等身，少年登進士，清道光間因公累罷官，主講廣州學海，堂其後，樞臣有重其名者，屢書招之，錢笑謝云：「江湖浩蕩，樂於當官，吾甘以虀鹽送老，不復作春明夢矣！」

儀吉字藹人，號星湖，又號心壺，一字衎石，生之時，有五色禽見於室，故初名逵吉。少讀書海寧園花鎮外祖家，九歲侍母入都，時其父福胙方以侍讀學士居京師。十二歲遍讀《十三經》，精熟《文選》，背誦不遺，曾擬作山賦，凡數千言，張船山見之，嘆賞不置，即畫一桐一梅以贈，題句曰：「錢郎十二已英妙，能讀盧仝月蝕詩，比似卷阿桐一樹，露華新長鳳皇枝。」以儀吉小名桐，故云。又曰：「尚書家世多才子，十葉金貂萬首詩，我欲拈毫畫梅里，為君點染向南枝。」

十九領鄉薦，旋舉進士，父已前卒，侍母居京師，與其婦更番侍母笑言，瞻視顏色，先意惟謹，以家貧俸薄，婦陳黽勉有無，甘旨無缺於供，母卒，顏所居曰定廬，蓋養親事畢，益淡於功名矣。性清介，事上官歲一投門狀，不請謁，所交一二知己外，從不酬酢，尤不好竿牘。夙苦痔，不能久坐，倚牀執卷無倦容，嘗黎明起，中夜寢，無分寸功不在書，曰：「吾於此得養心之樂。」餘事詩文，亦若日用飲食，安之若性。

任官時，同寮或因公事上書齮齕之，長官以付儀吉，儀吉受之，行且讀，上書者惶恐無措，則慰之曰：「公事正當各抒所見，惟詆謀已甚者，施之吾固相忘於無事，不然殆矣。」某愧謝。久之，貧益甚，妻與子婦常典圖具罄，至賣字以給，時或饔飱不繼，而嘯咏自如，有〈答仲女〉句：「債券如落葉，薄寒初中人，由來治生拙，昔已在官貧。」「婦窘炊無米，翁誇筆有神」及〈致友〉詩：「坐擁圖書真足樂，家無儋石不知貧」。「朝衫可典琴可鬻，但有書讀百不憂。」皆紀實也。

儀吉於學無不通，治經先求故訓，博考眾說，而折衷以本文大義，有六言詩紀：「六經自有神解，不在詁字釋文，一笑魯魚帝虎，何殊陳蟻蠶蝨。」家無長物，而斗室連床塞屋無隙地非書，生平著書百數十種，其碑傳集輯清初迄道光間碑傳狀誌之文，尤膾炙人口，其婦亦著歷代后妃表，家人化之，一門儒雅，閨秀亦人人能詩，儀吉有所撰著，或假書於人，輒命分寫。長子寶惠著有《說文義緯》，嘗曰：「吾家婦稚，皆以讀書為可樂。」蓋耳目濡染者深，家風遂醇然儒素耳。

一〇〇、郭蘭石書法媲趙董

清代，八閩文風丕振，嘉道以後，名人輩出，其以文章書畫致聲譽，為中外傾慕者，有郭尚先。說者謂其書法，當頡頏元明兩文敏（趙孟頫、董其昌）間，但其筆意似於王夢樓為近，蓋一時風氣所趨，然揆其生平志誼學行，亦有足稱者。

郭字元開，號蘭石，又號伯抑父，先世自固始徙閩，占籍莆田，以三孝子登旌典，稱雙闕郭氏。祖占選，官無錫縣，著政聲，父捷南，以詩古文鳴於時，官溧陽時生尚先，垂髫即喜近文字，十六歲補弟子員，廿三歲舉鄉試第一，翌年成進士，散館授編修，先於林則徐一科，以年齒同而氣義合，又同官京師，二人每並几促膝，上下今古，或感慨悲歌，或酒酣耳熱，泣數行下，同儕有竊笑者，俱弗顧也。盧文昭時任樞要，尚先曾館於其家，甚見推重。盧好談掌故，謂知古不知今之謂陸沉，知今不知古之謂矇瞽，舉古今史實，兼綜條貫之，有裨實用。公餘輒招尚先與則徐，集書齋窗下，煮茗娓娓而談，每至移晷，當時之朝士，罕與也。

官四川學政時，終日公服坐堂皇，得卷即親閱，先以密碼誌其後，乃令幕賓分閱，皆不敢苟，又裁入學紅案陋規豁免公廨供應，時四郊多盜，復佐督部商團練鄉勇，甚著明效，有「操守廉潔，辦事精細」之稱，盧文紹亦語人：「人謂蘭石學問好，不知其人品更好也！」

書法之外，又擅墨蘭，在蜀三年，赴試之士，無不求其作書作畫者，而海內雅愛其法者，踵相接，每有求則無不應，縑山墨海，腕脫為勞，林則徐聞而規之曰：「孟子輿所云：每人悅之，日亦不足，殆即君之謂耶？」尚先雖韙其言，而恃其運筆之速，仍樂而不疲，然精力潛瘁，年未四十，鬚髮已盡白，及離蜀北上，見者輒訝其老之速也。

其後又典試山東等處，五握文柄，皆能齋莊中正，衡平鑑空，為士子所傾服，旋遷大理寺卿，禮部侍郎，嘗會刑曹審案，時值嚴冬，衝寒力疾從事，不請假，家人勸少憩，則曰：刑罰殺戮者，民之所惡也，古人以五行匡制寰宇，論其刑德，以御群生，可不慎歟！烏可以疾辭？」故病雖漸劇，猶力疾治公，及病重始乞假，時臺灣方有倭人滋事之警，索觀邸報，語人云：「吾國與日俄兩國密邇，百年內將更番為患，吾不及見矣！」其晚遂卒，年四十八。林則徐與尚先交最篤，為文以銘其幽，謂淹洽安麗，如鄭夾漈，文名書名，為蔡端明云。

一〇一、謝枚如蜚譽閩藝林

明末顧炎武，世稱亭林先生，耿介絕俗，與歸元恭友善，有「歸奇顧怪」之目，每至陽曲，則寓傅青主之衛生堂藥室。一日晏起，青主叩戶呼曰：「汀茫已久，先生尚未起耶？」亭林愕然不解，青主笑曰：「先生講求古音，不知古音：天音汀，明音茫耶？」各拊掌大笑。謝枚如有詩：「賣藥溫書自往還，忽逢顧怪一開顏。汀茫未起先生倦，門外何人是傅山。」即詠其事。

枚如名章鋌，福建長樂人，謝在杭孫。清光緒丁丑進士，為清季八閩文章宗匠，有賭棋山莊集，蜚聲藝林。幼慧，又攻讀甚苦，故所學精且博，然其大成，則在結禧以後。相傳，枚如喪父後，家中落，不能多得書，時有陳翁者，為里中富室，重枚如才，妻之以女，奩贈迥於尋常。謝於新婚燕爾中，仍讀弗輟，詗知其婦箱篋中，多黃白物，欲稍得之以易典籍，而素性不習於仰仰求人，慚於啟齒。他日，婦晨起方盥洗，見粧臺置花牋一，上有「少年買書苦無錢，老去讀書苦無年」句，婦讀而感動，啟奩出金錠一，可十兩餘，與之曰：「買書佳事也，胡不早言？」枚如得之大喜，廣搜博購，丹鉛不間晝夜，紅袖添香之雅，樂有甚於畫眉者。自是學日以進，連捷成進士焉。

枚如為人深於情，篤於伉儷，顧喜山水遊，遊必有詩。成名後，遊嶺南，大秦隴，觀瀑黃巖，其自天遊巖至玉柱峯，題詩云：「茲山孕靈秀，純乎以首勝，一巖一文章，一石一天性，卓越令人驚，清淨使我敬，其氣各自奇，其勢若相競，有時孤峯轉，恍疑兩岸迸」。寫九曲山勢甚逼肖。又善於長短句，憶其〈落花〉一闋：「款款飄茵，低低墜溷，天公著甚安排？累我心酸，累我眼慵抬。枝頭風雨床頭夢，只贏得多愁多病該。恨有人嘆賞，無人收拾，催下樓臺。如此繁華世界，似恁般冷落，漫掩根荄。分付芳魂，歸去莫重來。不然便化三生石，記今世誰人替汝埋。把無情世界，一齊都化作有情胎。」

晚年主講鼇峯致用書院，暇集鄉人結社，談讌，稱老人社自撰社約：「社客都邀大雅；社所禁危樓欹榭；主客一揖即罷；主人敬客，不爭車價；客敬主人，須斂咳唾，不使害怕；縱談不講之乎者也；說家常不及男婚女嫁；兒孫即頑，本日不得打罵；席雖有餘，不以俗客補罅，筵席之後，須設衣架；拄杖不穿桌下；晨餐不得設蚱；果碟不用甘蔗；食物公禁冰盤冷炙；熱菜不離盛夏；肴品諸禁生炒；不許小孩席前打諢，酒政只說笑話；主客終席不說勞駕多謝；酒闌不得流連過夜。」簡而能潔，質而不俚甚趣。

一〇二、林敬紉與信州寶井堂

侯官沈葆楨，為晚清名臣，清望冠時，力任艱鉅，兵略吏治並卓。其在臺灣，伐山開道，闢墾撫蕃，及鄭成功請謚建祠，以作臺民忠義之氣，皆有足稱，歿後夫婦併祀，夫人林敬紉，林文忠則徐女也，廣信乞援一書，其文其事，皆可傳，《清史・列女傳》曾載其事，其文則見近人所輯《清代女子詩文選》中。

敬紉名普晴，則徐次女，以道光元年八月十五日亥時，生於建州大蒙洲舟次，以同治十二年八月十五日亥時，卒於福州里第內寢，慈谿張魯生輓云：「為名臣女，為名臣妻，江右佐元戎，錦轍夫人分偉績。於中秋生，於中秋死，天邊圓皓魄，霓裳仙子證前身。」最為膾炙人口。光緒十年，贛撫潘霨以廣信府紳耆之請，將林夫人附祀沈祠，奉旨准行，故廣信府及南昌百花洲沈祠中，均夫婦併列，其乞援書且書懸廣屏間，筆路矯健沈摯，純從左氏傳蛻化而來。按咸豐六年，葆楨署廣信府，太平軍楊輔清連陷貴溪弋陽，將逼廣信，葆楨偕廉兆綸侍郎方赴河口籌餉，聞驚馳回，而太平軍已圍城，官吏軍民多避走，郡人請林亦避，林懷印執劍立井旁曰：「寇來，有死而已！」及葆楨還，林復刺指作書，乞援於遵義鎮總兵饒任選，其父舊部也。會大雨，輔清滯興安，廷選得書馳至，林躬親執爨，以犒將士，由是七戰皆捷，圍遂解，曾國藩上其守城狀，詔嘉獎。自是葆楨日有聲，洊且大用。是時林蓋已有身，旋生一女，即以「懷印」命名，用紀廣信圍城懷印倚井事也。

懷印長，嬪於李，生李畬曾宗言兄弟，後四十年，畬曾權廣信府篆，迎養其母，並顏其衙齋曰「寶井堂」，自為聯紀云：「距武夷數百里，遙望家山，迎奉板輿來，依舊青燈慈母線」。「後文肅四十年，來權茲郡，摩挲遺碣在，愧無黃絹外孫辭。」外孫二字，林畏廬稱其用得恰好，亦渾成之極。畬曾並請其舅氏濤園（瑜慶字愛蒼，葆楨第四子）書寶井堂額及記，濤園並有〈寶井堂書後寄信州李氏姊箋〉云：「一從癸酉來，長罷中秋節，吾母之生辰，忌日此哀絕，諸兄方罷試，歸頷便永訣。誕降大蒙洲，月望爭多缺，每病璽瀕危（註：每逢中秋，肝痛則作），鷺秋如一轍，生固有自來，事往詎忍說？信州方嬰城，乞援書刺血，明月邀相慶，白雲望對咽，所託以為命，酒脯酬井渫，九死而一生，惴惴為臨穴。子孫不可忘，寒泉猶凜冽。後來四十年，外孫攝官閱，奉母秉為政，邦人懷往哲，寶井顏其堂，題名刻其碣，寓書囑為文，鈍筆敢少輟？佳序年一逢，痛腸時中結，甕臼信絕妙，蓼莪廢悲切，詩以眎吾姊，垂老涕應雪。」詩中本事，皆如眉列，至性至情之作也。信州今為上饒縣，衙署傳三國時周瑜都督府也，基址宏敞，二堂前石臺，方廣逾丈，槐柳森列，益顯其邃，井在後堂，闌以白石，畬曾亦有記。畬曾弟宗禕，字佛客，工詞，有《雙辛夷樓詞鈔》，蓋即李拔可宣龔之尊人也。

一〇三、伊墨卿書法掩詩名

福州林歐齋壽圖有〈題留春草堂集〉之作：「狂歌欲問朱正，並代誰如張孟詞。胡蝶撩春又芳草，栗留勸酒在高枝。東坡跌宕能為政，內史書名故掩詩。何處谿山鄰北苑，多愁流派有紛歧。」留春草堂者，寧化伊墨卿太守堂名，蓋題其遺著之作也。

墨卿名秉綬，字組如，墨卿其號也，以進士授邢部，遷員外郎，出守廣東惠州，常詢民間疾苦，汰除陋規，行法不避豪石，吏畏其嚴，民歌其惠，故練刑名，大吏屢以重獄委之，按情矜恤，尤多保全；陸豐多巨猾，每肆劫勒贖，墨卿自督捕往，縛其渠七人戮之，閭閻以安。後以陳爛屐之亂，綰兵者不前，墨卿請兵亟，逢上官之怒，誣以失察論戍，士民數千人誦其寃，廷議特免其罪。旋改揚州知府，時方奉檄勘察水災，刺一小舟，棲戶枉渚，親閱手記，不憚勞苦，及蒞任，飭躬率屬，賑貸發放，錙銖必覈，吏無所容奸，民雖飢困，而安堵無惶惑，尋以父憂去官。

墨卿素工詩，尤善隸法，筆力遒勁，結體謹嚴，不以側媚取勝，好蓄古書畫，間作墨梅，亦能獨擅家法，蜚譽藝林，天下稱伊汀州，官揚州時，尤能力持風雅，宏獎文學，去後士民懷思，以配祀宋歐陽修、蘇軾及清王士禎，稱四賢祠。

伊氏為寧化世家，墨卿父朝棟字用侯，乾嘉時官刑部，治事勤恪，獄有不平輒侃侃力爭，喜讀性理書，以慎獨為本，晚年以光祿卿告歸，所著《南窗叢書》，多發前儒疑義，詩文亦韻高氣逸，遺作有《賜硯齋集》。墨卿少受庭訓，故亦頗究性命之學，及父逝，於里中闢秋水園奉母以居，所為詩天機清妙，為時所稱。

子念曾，字少沂，嘉慶拔貢，嚴州郡丞，殉太平軍之難。亦工古隸，筆法一宗家法，又善山水梅花，並精治印，名其齋曰守硯齊，揚祖德也。諸城劉石菴墉，嘗為墨卿作書，墨卿意甚得，復自書諸城詩，合裝一卷，子孫永寶，念會請何子貞紹基題云：「文清專詣固在書，日揮百紙腕乃舒，至今流傳在天壤，眼中日日逢瓊琚，韻語闕惜不謂足，慧力風趣書之餘。墨卿丈人錄成卷，意在表裏仍叩虛，藝雖兼進有偏勝，難排公論矜私譽。丈人八分出二篆，使墨如漆楮如簡，行草亦無唐後法，懸崖溜雨馳荒僻。留春堂詩春水明，乃與諸城並涵演，推挹想見古情性，惜未侍側聞論辨。少沂作吏治譜存，作書亦惟家法尊。……殷勤索書乃到我，風尚雅共前賢敦。篆分真草止一事，或源達流流溯源，連晨大雨繁草木，枝葉浩瀚皆本根。」以猨叟述敘劉伊兩家書法，具見當行本色。

一〇四、趙悲盦（之謙）以蚊為鶴

《六朝別字記》殘本，林枚曾偶於攤肆中得之，鼠嚙蠹蝕，散缺弗全，肆主人以之裹物，枚曾微值易之歸，裝補重訂，屬為署檢，蓋趙悲盦遺著也。

悲盦浙之會稽人，名之謙，字撝叔，初字益甫，號梅菴，又號冷君，无悶，以悲盦為較著。晚清同光間，以書畫鐫刻，蜚聲藝苑，著有《補寰宇訪碑錄》、《二金蝶堂印存》及《仰視千七百二十九鶴齊叢書》等，光緒甲申七月卒，年五十六。

悲盦之書，初學顏平原，後專攻北碑，旁及篆隸，畫與印亦清新渾厚，於並時諸家中，獨樹一幟。越州有羅姓者，藏書畫二萬餘軸，其先為鹽商紀綱，士流屏不與往來，悲盦獨主其家，得遍觀其寶笈，書畫由此大進。冠歲，補諸生，時溧陽繆南卿（梓）知紹興府，喜近文士，悲盦與其子某，稱莫逆，居繆幕經年，南卿文宗周秦，悲盦得其薰陶，業益進。咸豐乙卯舉於鄉，同治癸亥入都，迨禮闈報罷，復從戴望胡澍游，究研訓詁，蒐討金石，時潘鄭盦祖蔭，翁松禪同龢，皆好士，嘗大會於龍樹寺，悲盦與胡澍皆與其盛，所著《寰宇訪碑》、《六朝別字》之作，即為翁潘所稱賞者，李蒓客（慈銘）與悲盦為同郡，素不愜，曾謂「孝達（張之洞字）謂趙之謙狂鄙荒謬，本不值一罵，然其不學無行之詭狀，三尺童子，可立發其覆，而士大夫乃為所紿，良由實學不明，世無正論，使生乾嘉之代，太陽遍照，妖魅自消，何煩我輩齒頰哉？」又致書與潘云：「近人往往全不讀書，臆造古文，不識點畫，而曰可正說文；杜撰年號，不辨時代，而言可補正史；且藉以遊揚聲氣，干謁公卿，是亦風氣之大害，所當防其流弊也。」文士相輕，結習然也。

悲盦五上春官，皆不獲售，遂以知縣用、奉新、南城等縣，頗著聲續，然性孤憤，任意嬉笑怒罵，詩文字亦務為新奇，故不免為人訾議，其不諧於世，蓋亦自知，嘗自題四十二歲小象：「群毀之，未毀我也，我不報也；或譽之，非誋我也，我不好也；不如畫我者，能似我貌也！有疑我者，謂我側耳聽，開口笑也。」洪楊亂時，妻范敬玉死，遂不娶。素強健，飲饌兼人，畏熱，雖隆冬，脫帽驤首，氣蒸蒸然汗出，南城夏多蚊，衙署尤湫隘，入暮，薰烟驅之，蚊避烟飛竄，悲盦觀而大樂，謂似群鶴翱翔雲霧中，因以名其齋，其風趣類如此。

一〇五、倭仁論君子小人

倭艮峯（仁）與曾國藩、吳廷棟、李棠階等，講求宋學，其後國藩出平大難，延續清祚數十年，倭兢兢輔導冲主，舉朝稱其德學粹然，風氣賴以維持，惟其未達世變，於新政多所鄙夷，轉為異論者所藉口，為恭王奕訢輩排擠，終以建言大婚宜從節儉，彈糾中官無狀，貴戚婚喪逾制等，雖正論嶽嶽，不免資小人羅織中傷，同治十年四月，疽發遂殞，翁同龢稱其風節可欽，蓋稱其遇事陳言，不失為儒臣也。

倭蒙古旗籍，而邃於宋儒諸說，其論行政「莫先於用人，用人莫先於君子小人之辨。夫藏於心術者難知，發於事蹟者易見。大抵君子訥拙，小人佞巧；君子淡定，小人躁競；君子愛惜人才，小人排擠異類；君子圖遠大，以國家元氣為先，小人計目前，以聚斂刻薄為務；剛正不撓無所阿嚮者君子，依違兩可工於趨避者小人；諫諍匡弼，進憂危之議，動人主之警心者君子也，喜言氣數，不畏天變，長人君之逸志者小人也。公私邪正相反如此，第恐一人之心思耳目，揣摩者眾，混淆者多，幾微莫辨，情偽滋紛，愛憎稍涉偏私，取捨必至失當。」皆意在陳善。

秉性平實純厚，亦常受人欺。傳其兼翰林院掌院學士時，延一新留館之某翰林，為諸孫授讀。倭生平最惡吸食鴉片之人，有此惡嗜者，恒為所不齒。某主其家數月，賓主極相契，方喜為諸孫得良師。一日，某獨在齋中，整檢箱篋中物，一一加以拂拭刮磨，而生徒突自外入，掩藏不及。諸公孫下學歸，為其祖言之，倭頓足太息，歎知人之不易，且惜某以美材而自甘暴棄也。翌日，朝歸，逕入書齋，就某切談，並及吸烟之害，詞意鄭重。某悚然侍聽良久，倏肅然起立，涕泗交頤，曰：「某雖愚，亦知師言必為某而發，自維無狀，未常奉教於大君子。少時偶因疾苦，藥餌無靈，友朋以吸烟勸，懵然不知害，貿然以從，沉溺此中者十年矣，今聞師言，如夢方覺，自茲以後，當痛絕之。」倭見其情意頗誠，轉抱不安，慰解有加。某曰：「不然，改造貴於勇猛，向不知其能害，故安之，今既知其非義，則斯須不可留矣！朝聞道夕死之謂何？即使觸發舊疾而遂爾不救，不猶愈於吸烟以終歟？」即於倭前啟篋出烟具盡毀之，倭大歎異。某自此危坐齋中，跬步不出者兩月餘，倭諗知之，益服其進德之猛，改過之速，因將其保列京察一等，擢守雄郡矣。實則某固未嘗吸烟，以倭長厚，特欺之耳。此為倭之從子福潤（餘庵）所言，或傳此李木齋（盛鐸）欺徐桐事，餘庵特以告於林畏廬者。

一〇六、清廷忮忌湘軍功績

清代自乾嘉以來，對大小戰役，皆不欲使漢人專閫寄。鴉片之役，卻敵禦侮者皆漢臣，畀敵辱國者皆旗籍，然林則徐則被嚴譴，琦善耆英輩則不惜曲予優容，重滿輕漢之積習使然也。及太平軍興，洪楊諸人，憤於中土十八省之大，而受制於滿洲；以五萬萬之華人，受制於韃奴，誠為恥為辱之甚者。更以「每年花中國之金銀幾千萬為烟土，收華民之脂膏數百萬為花粉，一年如是，年年如是，至今二百年，中國之民，富者安得不貧？貧者安能守法？不法安得不為奴為隸？」故自咸豐元年辛亥閏八月攻破永安後，為時僅兩年有奇，便以疾風迅雷，席捲東南，定都天京，金田起義時之一萬餘人，至此已有三百零八萬之兵力，其氣勢張甚，徒以信仰問題，排斥士類，曾國藩等以書生辦理團練，其初重在防衛地方，其後始為護名教而戰，蓋以維持固有優良統精神與道德自任者也，然搘拄末局，又使滿清之運延續五十年，其績不謂不偉，而當時滿臣旗將之嫉忮，亦至足使人氣沮。

當咸豐四年九月，武漢收復，捷聞，清帝奕詝喜曰：「不意國藩以一書生，乃能建此奇功！」軍機大臣某進曰：「曾以侍郎在籍，猶匹夫耳！一時崛起，從之者萬人，恐非國家之福，奕詝默然變色。當時僅肅順能知不用漢臣將無可收拾；其後慈禧臨朝，恭王枋政，則既用復疑，非曾氏之翼翼小心，處處忍讓，將無免於大戾矣。故閻敬銘深嘆為滿洲氣數將盡之徵。

金陵既克，大難敉平，樞廷即授意臺諫，疏請遣散湘軍，御史朱鎮适指金陵善後毫無章程，依然民不聊生，若非遣散回籍，實為民間大患。繼之而日講起居注官蔡壽祺，又上封奏，請「振紀綱以尊朝廷，正人心以端風化」，於曾氏兄弟暨駱秉章、胡林翼、劉蓉、蔣益澧、李鴻章等，非指為冒功掩過，即認為欺國梯榮，責論煩苛，忮嫉特甚。故曾與沈葆楨書，有「自古大亂之世，必先變亂是非，而後政治顛倒，災害從之，屈平之所以憤激沈身而不悔者，亦以當日是非淆亂為至痛……」之言，並興「小人得志，君子有皇皇無依」之嘆。

蔡本名夢齊，字梅菴，官翰林時，以沉滯不遷，客遊干乞，入勝保幕，與旗將習。勝保忮忌貪詐，以專意磨折好人，收拾良將稱，而每戰必敗，每敗必以勝聞，時人譏為「敗保」。勝戮後，蔡復官京師，以習於忮忌，且欲掀起波瀾，以承意希寵，終以廷議以曾平亂功高，避重就輕，始得無事，然蔡亦跅弛無聊，日為狹邪遊，年未六十，兩目失明，猶日刻詩文贈貴顯以博微利，至光緒十四年始卒，知者無不鄙之。

一〇七、王湘綺（闓逢）推崇胡林翼

清咸豐十一年九月，湖北巡撫胡林翼病故，廷旨褒卹，追贈總督，予謚建祠。翁同龢日記稱：「胡文忠公公忠為國，並時人所不能及，不愧文忠二字。」蓋確論也。湘軍人物，世莫不以曾左李並稱，其治兵持事，偉畫豐功，雖易代猶多所稱道，然所以成之者，則胡潤芝之功為不可沒。近人治史者，稱胡為湘軍之「蕭何」，其撫鄂時，治軍轉饟，為諸軍後援，又能推美讓功，延攬人才，調和諸將，在中興名臣，實居首功，曾國藩疏稱：「胡林翼之才，勝臣十倍，」王闓運《湘軍志》亦有：「中興之業，實基自胡」之語，良非溢美。

胡以書生從政治軍，弗計利祿，弗鶩勛名，體恤民艱，整飭吏治，勉為眾人所不敢為不願為不能為之事，不隨世俗俯仰浮沉，在鎮遠黎平任內，即以軍事政治同時並進，為安定地方之一貫策略。其後率黔勇五百入湘，挽回頹勢，援鄂圖皖，迭奏膚功，聲威播於宇內，局面恢宏，比肩湘鄉，復能屈己下之，以屬禮自居，其「堅持之力，調和之功，綜覈之才，」即湘鄉亦自嘆弗逮。其政治作風，則寬猛互用，使法立而人知恩，楚師協和，親切有如骨肉，王湘綺云：昔曾滌公治軍，愀然如秋，有愁苦之容；胡文忠軍，則熙熙如春，上下歡欣。胡駐軍貴州時，念及軍餉無著，乃草書數行，刊印關防，馳遞各關卡，文曰：「開口便要錢，未免討人厭；官軍急收城，處處只說戰；性命換口糧，豈能一日騙？眼前又中秋，給賞更難欠，惟冀各路大財神，各辦鳌金三萬串。」此文發後，不及旬日而各處餉銀絡繹而至。湘綺謂：「看詠芝文牘，精神殊勝滌公，有才如此，未竟其用，可嘆也！」又謂：「論兵貴智，滌老不智，故不如文忠也。」皆疑胡之政事經濟，為在曾氏之上。

胡於人才最為注意，嘗言：「兵之囂者無不疲，將之貪者無不怯，才者無求於天下，天下當自求之。」其衡量人才也，尤不惜多方考驗，「咨之以謀，而觀其識；告之以禍，而觀其勇；臨之以利，而觀其廉；期之以事，而觀其信。」更能用盡其才，用當其才，故能網羅群彥，奔走豪俊。其培育人才，則主「士先器識而後文藝。」以八股取士，為戕賊人才，曾言：「秦始皇焚儒，二世而亡，為害猶淺；明太祖則外託代聖人立言之美名，陰為消弭梟雄之毒計，務使畢生精力消磨於咿唔呫嗶之中，而末由奮發，為國家盡猷謨之獻，此其處心積慮，以圖子孫帝王萬世之業，誠不失為駕馭天下之道，而戕賊人才則莫此為甚！」夫以帖括進身之士，當異族君臨之時，敢言之如此，尤為有膽有識！逝前見外輪溯江疾駛，嘆為「亡中國者不在內憂，將在外患」，非才識深湛者，焉能見微知著若此。

一〇八、蔣鹿潭（春霖）詞鼎足成項

《水雲樓詞》，江陰蔣春霖所作，鏤情劌恨，悼亂傷離，轉豪於銖黍之間，直而緻，沉而遒，曼而不靡，譚中修曾謂：「少陵詩史也，水雲樓詞史也，與成容若、項蓮生，二百年中，分鼎三足。」又曰：「水雲樓詞，婉約深至，時造虛渾，要為第一流矣。」稱詡甚至。

春霖字鹿潭，父尊典，嘗官荊門州，自幼隨侍任所，性穎慧，讀書過目弗忘，嘗登黃鶴樓，揮毫賦詩，旁若無人，老宿為之斂手，一時有「乳虎」之目。後父歿，家亦中落，奉母遊京師，既不得志於場屋，乃棄舉業，就兩准鹾官，為貧而仕，非其志也。旋權富安場大使，輕直無曲貸，又落落寡所合，及遭母憂，遂去官，挈家揚州之東臺，跌宕自適，每有感慨，輒以詞寄意。

咸豐庚辛之際，兵事方亟，徐溝喬松年，嘉善金安清，先後禮羅之，春霖抵掌指陳當世利弊，謇侃奮揚，不以屬吏自撓，上官不為牾也，然亦不見用。其侍姬黃婉君，出身大家，以遭喪亂，遂淪樂籍，春霖見而憫焉，聘歸，相處甚得。同治乙丑，春霖婉君，泛舟黃橋，望見烟水，慨然有五湖之志，自度曲一章，以箜篌按之，婉君曼聲歌之，幽裊而哀，亂離羈累，益念鄉土，因相與泣下，有〈琵琶仙〉詞云：「天際歸舟，悔輕與故國梅花為約。歸雁唬入箜篌，沙洲共飄泊。寒未減，東風又急，問誰管沈腰愁削？一舸青琴，乘濤載雪，聊共斟酌。更休怨傷別傷春，怕垂老心情漸非昨。彈指十年幽恨，損蕭娘眉萼。今夜冷，篷窗倦倚，為月明強起梳掠。怎奈銀甲秋聲，暗回清角！」後歸東臺，佯狂益甚，窮愁潦倒，悲憤慷慨，一發之於詞，其〈餞春・卜算子〉云：「燕子不曾來，小院陰陰雨。一角闌干聚落葉，此是春歸處。彈淚別東風，把酒澆飛絮。化了浮萍也是愁，莫向天涯去。」詞旨淒怨，蓋感兵後凋敝，人才情寙而作也。越兩年戊辰冬，將訪上元宗源瀚於衢州，道吳江，艤舟垂虹橋，大醉竟卒，年五十一，婉君殉焉。

春霖故工詩，恢雄亢昂，若〈東淘什詩〉二十首，不減少陵秦州之作，中歲悉摧燒之，易其工力於長短句，自謂「詞祖樂府，與詩同源，儇薄破碎，失風雅之旨，情至韻會，極溫深怨慕之意，亦未知其同與異否也。」晚年刪存數十闋，為《水雲樓詞》二卷。其遺詩為江陰金武祥收入《粟香叢書》，為水雲樓燼餘稿，亦皆類情指事，意內言外，天挺才也。

一〇九、陳大樽（子龍）詞風開近代

華亭陳大樽，文宗兩漢，詩軼三唐，蒼勁雄峭，與其節概相符，《湘真》一詞，起朱明一代之衰，近人編《近三百年名家詞選》，以大樽冠其端，有以也。

大樽名子龍，字人中，又字臥子，工詩賦古文，取法魏晉，駢體亦精妙，崇禎進士，選紹興推官，以定亂功，擢兵科給事中，命甫下，而李自成陷京師，乃事福王於南京，時馬阮方用事，福王亦酒色自溺，無興復志，大樽屢諫弗聽，以時事不可為，乞終養去。大樽與同邑夏允彝皆負重名，結幾社與復社相應，京師破，允彝走謁史可法謀興復，還南都後，徬徨山澤間，欲有所為，繼聞黃淳耀、侯峒曾、徐汧等皆死，亦自投深淵，大樽以祖母年九十，不忍遽死，遁為僧，尋受魯王職，結太湖兵欲舉事，事洩被擒，乘間投水死，有《安雅堂集》及《陳忠裕公遺集》。世以陳夏二人為雲間派。

相傳大樽年十九，文辭已傾一世，嘗與艾南英論文，艾睨焉，以為少年何所知。大樽怒不可忍，直前毆之，艾乃引去，艾集中有〈與陳人中夏彝仲論文書〉，可見。大樽之文，早年服膺李王，後始肆力六朝，詩則從右丞入，其後乃摹擬太白，龔蘅圃謂：「當公安竟陵之後，雅音漸亡，曼聲並作，臥子力返於正，剪其榛蕪荊棘，驅其狐狸貒貉，廓清之功，詎有可議。」所論頗為平允。然大樽論文，曾謂「唐後於漢，故唐文不及漢；宋後於唐，故宋文不及唐。」胸懷橫此識見，猶是李王積習也。其論文之言，如〈答宋中彭秀書〉所云：「鄙意嘗以作文詞，徑情取達，則寡抑揚之姿；委折持態，則解雄削之氣，干飾為工，則以塗澤見誚，虛素成體，則以傖樸被嗤，要使曲直互理，文質錯陳，運用之功，亦非深造。……」其中曲直互理文質錯陳語，即大樽取徑六朝之由來也。

其論唐人古詩，頗與于麟「唐無古詩」之言相符，又足為雲間派導源李王之又一證。大樽之詞，神韻天然，風味無盡，晚年所作，寄意更綿邈悽惻，綜論詞人，語尤精到，於明代作家獨推青田、新都、婁江三家，其言曰：「明興以來，才人輩出，文宗兩漢，詩儷開元，獨斯小道，有慚宋轍，其最著者為青田、新都、婁江，然誠意音體俱合，實無驚魂動魄之處；用修以學問為佳，便如明眸玉屑，纖眉積黛，祇為累耳；元美取境似酌蘇柳間，然如鳳凰城下語，未免時墮吳歌。」亦有所不足處，所著原有《湘真閣》、《江籬檻》兩種，早佚，今所傳者王昶輯本也。傳稱：「河南亮節，作字不勝羅綺；廣平鐵石，賦心偏愛梅花。」信足以傳大樽矣。

一一〇、項蓮生傷心成結習

譚復堂（獻）論詞，謂「以成容若之貴，項蓮生之富，而填詞皆幽艷哀斷，異曲同工，所謂別有懷抱者也。」容若謂明珠子納蘭性德，蓮生則錢塘項廷紀也。廷紀原名繼章，改鴻祚，又改廷紀，字蓮生，先世業鹺莢，至蓮生始漸落，然猶故家也。性沉默寡言，不喜酬應，湛然嗜古，文辭爾雅，詩不多作，善為長短句，幽異窈眇，浸淫五代兩宋，而擷精棄滓，好擬溫韋以下小樂府，津逮草窗夢窗，蹊逕既化，自名其家。讀者稱其「有白石之幽澀而去其俗，有玉田之秀折而無其率，有夢窗之深細而化其滯，殆欲前無古人。」蓋盛稱之也。

嘗避囂南山，讀書於甘露院中，就泉分茗，移枕看山，徜徉浹旬，無復塵念。其地不百步，越一小嶺，而虎跑勝跡，蓮生月夜獨遊，時值九秋，清寒特甚，曾賦〈念奴嬌・鬲指聲〉一闋以紀，句云：「繩河一雁，常微雲澹月，吹墮秋影。風約疏鐘，似喚我、同醉寺橋烟景。黃葉聲多，紅塵夢斷，中有檀欒徑。空明積水，詩愁浩蕩千頃。乘興欲叩禪關，殘螢幾點，颭寒星不定。清夜湖山，肯付與、詞客閒來消領？跨鶴天高，盟鷗緣淺，心事塘蒲冷。朔風狂嘯，滿林宿鳥都醒。」盪氣迴腸，一波三折，證古之傷心人歟？

某年客山陰，復漫遊禾中吳門，北渡揚子，遊金蕉二山，轉維揚而歸，僕僕征塵，恍焉如夢。其姊婿許招為豫章之行，既至，同遊百花洲，登觀蘺亭，意有所感，忽然悵惘，輕舟徑歸，不以告也。後家被火，室燬，乃奉母應其姊婿之邀，自浙北上，途次遇水，其母因而致疾死，蓮生倉皇歸，幽憂不克自振。年三十五，舉於鄉，再上春官，不第，轗軻久，遂卒，年三十八。

著有《憶雲詞》甲乙丙丁稿各一卷。其自序云：「生幼有愁癖，故其情艷而苦，其感於物也鬱而深；連峯巉巉，中夜猿嘯，復如清湘戛瑟，魚沉雁起，孤月微明；其窅竇幽淒，則山鬼晨吟，瓊妃暮泣，風鬟雨鬢，相對支離；不無累德之言，抑亦傷心之極。」又云：「不為無益之事，何以遣有涯之生？時異境遷，結習不改，霜花腴之賸稿，念奴嬌之過腔，茫茫誰復知者?」又云：「當沉鬱無憀之極，僅託之綺羅薌澤，以洩其思，蓋辭婉而情傷矣。」然頗自負，其乙稿自序，有「近日江南諸子，競尚填詞，辨韻辨律，翕然同聲，幾使姜張頫首，及觀其著述，往往不逮所言」之語，抑亦婉而可思。譚復堂曾為「項君小傳」，頗能道其生平。

一一一、吳南屏湖山嘯咏

桐城派三大家，曰方望溪，曰劉海峯，曰姚惜抱。而各得才學識之一，望溪閎於學，海峯長於才，惜抱邃於識，使能合之，則直與韓退之歐陽永叔並轡矣。吳德旋《初月樓古文緒論》，謂「姚惜抱享年之高，殆如海峯，而好學不倦，遠出海峯之上，故當代罕有倫比，揀擇之功，雖上繼望溪，而迂迴蕩漾，餘味曲包，又望溪之所無也。」似惜抱較之方劉殆有過之，而吳南屏〈論桐城三家〉，以為「姚氏特呂居仁之比爾！劉氏更無所置之。」曾國藩以為譏評少過。平心論之，桐城派之名，至惜抱而定，方劉與姚，因先後所取之途徑廣狹不同而稍異耳。南屏自謂不屑步武桐城，究其所就，則亦不越桐城畦畛，逮歸震川而止。曾國藩獨稱其「文字如履危石，落紙乃遲重絕倫。」蓋亦自別於桐城者耳！

南屏為巴陵吳本深（敏樹），生而好學，為文力求岸異，刮洗世俗之凡，道光間，梅伯言（曾亮）倡古文義法於京師，傳其師姚氏學說，南屏起於湖湘，不與當世士接，手錄歸震川文成冊。既赴禮闈，與梅伯言晤，語頗合，於是都下盛傳南屏能古文矣。梅復引朱琦、邵懿辰、王拯、孫衣言與晤，甚器重之，與曾國藩尤莫逆。曾出治軍，欲使參戎幕事，南屏弗欲，辭不赴。旋以大挑選瀏陽訓導，以不能行其志，自免歸，築室於洞庭君山之湖山深處，曰北莊，有鶴茗堂北渚亭，皆某嘯咏之所，偶或自棹小舟，載書行九十里，所稱為九江樓者，讀書其中，樂而忘倦，學者稱之曰南屏先生。王湘綺寄詩云：「閒居異沈隱，夷險各有造，卜築不期遠，自得湖山奧。朅來孫塢行，窈窕巴陵囿，望廬識所欽，果對靜者貌。夜軒星河清，尊酒初日曜，微言續禮樂，好學豈云耄？向生識損益，孝若昌典誥，婚嫁願易終，兄弟念所勞。道貧兩無憂，出處各不撓，紅顏倚玉杖，素琴送金爵，倦客慕林藪，壯氣論海嶠。麥秀復再蘄，凱風棘仍搖。從游不可期，深入亦獨到。近聽承口鼓，永罷淑中櫂，搴英挹石泉，所願日幽筱，何以贈明德，千里匪孤蹈。」湘綺遨遊人海，傲視聊相，於南屏獨致拳拳，而曾湘鄉題吳集亦有：「十年鄉園獨爾思，眼明今日見新詩，嘗憂大雅終將絕，豈意吾儕睹此奇，木落千山初瘦削，風迴大海乍平夷，此中真意憑君會，持似旁人那得知」之句，亦可見推許之至。嘗應邀東游閱武，遍歷各郡相倡和，並應編集《湖沅耆舊集》之請，卒於長沙書局。

一一二、譚叔裕瑰才遭扼

廣東位中國南徼，自阮芸臺（元）開府嶺南，開學海堂适士，裁成後進，人才日蔚以盛。譚玉生（瑩）即芸臺在粵所稱為才士者也，為學海堂學長者三十年，英彥多出其門，與陳蘭甫（澧）齊名，校刻《嶺南遺書》六十二種三百四十三卷，《粵十三家集》一百八十二卷，《粵雅堂叢書》二十集一百八十三種，千餘卷，皆自為文跋，又選刻《楚庭耆舊遺詩》七十二卷，及《樂志堂文集》等，見近人顧頡剛〈清籍考〉，恬於述著而忽世榮，以瓊州府授終，世尠有知者。

玉生子名宗浚，字叔裕，生四歲喪母，玉生親授之讀，年十六以國學生中式咸豐辛酉鄉試舉人，計偕入都，時值《中英和約》初定，叔裕俛仰世局，憑攬山川，作〈覽海賦〉寄慨，凡數萬言，不亞於蘭成之〈賦江南〉，都人士交口傳誦。玉生以其齒幼，戒讀書十年，毋遽求仕，遂從高要馮度雲（譽驥），治學極勤，至同治十三年，始以一甲二名進士及第，既入翰林，頗欲從容擘究，以自成其學。散館後，奉命繼張之洞督學四川，獎借才雋，選刊《蜀秀集》，士林仰為宗望。光緒壬午與許庚身同典江南試，所甄拔者多知名士。返都後，歷充國史館協修纂修總纂，博稽掌故，闡揚幽隱，總裁潘祖蔭深倚重之，以伉直高才為翰林院掌院學士徐桐所惡，外放雲南糧儲道，叔裕以吏事非所樂，意殊怏怏，乃單騎入滇，之任後，設學課士，開堰灌田，積穀備荒，革敝便民，百廢畢舉，終以辛勞勞過甚，血虛腰腫，屢乞開缺，久始獲請，而貧不能具資斧，同官贈貲千金乃得行，而疾已不可為，光緒十四年戊子，道卒隆安旅次，年甫四十三也。

叔裕居京師，與馬通伯、孫佩南、鄭東甫、柯鳳蓀最相得，此數人者，皆篤行慥慥，博涉載籍，不為時俗所轉移。所為詩，磊落雄邁，祈嚮於宋芷灣（湘）者為多，宦跡亦與相似，有〈讀芷灣詩集〉之作，如「六千里外饒吟興，二百年來此異才。大抵勝遊皆我似，獨憐生面讓君開。波濤奇詭同蘇海，雲雨荒唐軼楚臺。莫等横流滄海盡，要須筆力萬牛迴。」其出都時，過鄂〈登岳州城樓〉句：「目極江城萬戶煙，艣聲帆影落尊前，憑高便有無窮感，卻指長安落日邊。」又〈何事〉一首：「何事鹽車困絕塵，來牛去馬儻前因。愁中山水都憎恨，夢裏鄉園未算真。作郡但能驕路鬼，歸田終擬誓江神。

本來未是嵇康嬾，惜此千秋有事身。」以及〈黔陽舟次〉：「臥疾黔陽瘴癘侵，蕭蕭猿嘯出空林，若非逐客千行淚，未必灘流爾許深。」皆有類宋氏《燕臺臺蹄集》中之作，而悱怨過之。

于滇所經山刻水厲處，如魚網溪、甕子洞灘、白石厓、大惡灘、黃石灘、餓鬼灘、文德關各地，皆以五七字詩寫出，如「茲灘以惡名，畏路自終古，若匪灘上行，蛟龍孰予侮！淩兢入破舟，八九陷水府，誓登百仞梯，又值萬鈞弩，勢逾鑿空奇，力抵衝鋒苦……。哀鳴地為愁，側墜天盡俯。」又「客感千萬緒，客程千萬灘，遙程有日到，積感何時完。水作逆飛雹，風搖無定瀾，窈深匿阱陷，叩動驚巖巒，乃知鬼神幻，不許乾坤寬。獨有避讒客，興感忽無端，人心實險阻，行路良非難。」又「地形似逐灘低昂，人命半憑灘喜怒。」用意結響，皆憶念巢痕，極致憤鬱悽惋之意。遺著有《希古堂甲乙集》八卷、《外卷》四卷、《詩總集》十卷、《續集》一卷、《遼史紀事本末》十六卷，為生前致力最勤者。尚有《兩漢引經考》、《晉書注》、《金史紀事本末》、《珥筆紀聞》、《國朝語林》各種，屬稿尚未成也。

一一三、譚泗孫溘逝臺南

瀏陽譚復生嗣同，以變法失敗被誅，為戊戌六君子之一。其望門投止一詩，至今談者多述之，而其兄譚泗孫嗣襄，固亦並時之彥，特傳之者不多耳。

泗孫為譚繼洵中丞仲子，與復生為同母，幼聰穎有大志，不屑屑於帖括文字，詩詞與乃弟相伯仲。甲申中法之役，宇內紛然，泗孫憂憤之極，與同志二三人，作檄募饟，為諸省倡，以和議成，乃罷。光緒十一年，臺灣建為行省，以劉銘傳任巡撫，沈應奎為布政使，唐景崧為臺南道，泗孫與唐有姻婭誼，頗思投效海疆，欲有以自見。時制度初創，人才極缺，徒以臺島孤懸海隅，內陸之人恒視為畏途，泗孫復生方在漢口，得唐薇卿書，招之赴臺，復生勸之，乃往，復生有〈別仲兄〉詩：「茫茫天地欲何之，惘望西風淚若絲。孤憤情深貂伴肉，功名心折豹留皮。一朝馬革屍還日，百勝牛衣對泣時。各有桑弧千里志，不辭辛苦寄相思。」蓋復生亦將遠遊秦隴也。

泗孫抵臺，因薇卿之介，分謁劉沈，均奇其才，旋札委鳳山縣鹽大使，派辦臺南府鹽務，檄甫下，以患惡瘧，逝於臺南府安平縣之蓬壺書院，時為五月五日，春秋三十有三，距到臺之日不及五閱月也。復生聞訃，輓以百字長聯，沉哀幽惻，蓋二人於家庭中，均有難言之恫者。

泗孫素性富於進取，重遭國難家變，益臻憤世嫉俗之思，其在臺百餘日間，所作如：「海外羈身客影孤，模糊誰辨故今吾？事如顧曲偏多誤，詩似圍棋總諱輸。燕市臂交屠狗輩，楚狂名溷牧猪奴。放歌不用敲檀板，欲借王敦缺唾壺。」又〈書憤〉斷句如：「盟心朗似中天月，立腳難於上水船」，「讒言未免堪銷骨，定論終須到蓋棺」等等，讀之可知其鬱勃忡悒之極。

臺南三四月已感燠熱，初居薇卿幕中，同寮知其擅書畫，有以團扇請揮毫者，泗孫竟潑墨畫一棺於上，並題云：「人生必有死，死則便入此中。吾怪世之人，但知功名利祿富貴，碌碌一生，而不知有死者，比比是也。今特繪此，隨手撝揚，觸目便見，可使一心頓釋，萬法皆空，即以此作為庭訓嚴師與座右之銘，可也！」其忿嫉之情，且鄰於狂矣，泗孫兄弟，曾勤治墨學，又復雜揉釋耶之言，而影響其思想不淺，怵目世變，而又莫可如何，其志蓋亦可哀矣！

一一四、吳春帆任事不避艱險

安徽廬江吳春帆贊誠，於前清光緒初年，署福建巡撫，渡海來臺，拊循蕃社，性介而俠，勤於公事，犯險赴難，未嘗退避，事濟亦無矜伐之色，良吏也，迨以仕未甚達，史志略焉，然亦有可傳者。

贊誠亦字存甫，咸豐初，以拔貢朝考知縣，分發廣東，旋署永安縣，永安屬惠州，即後改之紫金縣也。咸豐初年，洪秀全、楊秀清等自金田攻陷廣西之永安州，建號太平天國，率師東北上，清軍屢為所敗，惠州故多盜，起而應之，蜂出蟻聚，所過殘破，而太平軍逕趨湘鄂皖蘇，與惠屬無桴鼓之應，然竄擾無常，十餘縣無寧日，屢圍永邑，甲寅秋，歸擅長樂河源，亦遍地萑蒲。春帆倉卒遇變，嬰城百日，練鄉兵為保民計，破北洋中心壩水口永坑鷓鴣塘諸寨，追戰於南嶺三多竹杉園，凡兩易寒暑，境內始獲清肅。既平，思禍亂之由來，憫災黎之顛沛，觸目感懷，賦詩紀實，且寓勸懲。有〈感事〉十首，茲錄其六首，詩云：

（一）

五十年前舊戰場，萬山迴抱一城荒，
那堪邊圉驚風鶴，更使郊原遍虎狼。
符豈辟兵空築壘，民思狎盜慣齎糧。
茫茫浩刦雖前定，人事終難問彼蒼。

（二）

潢池頃刻弄戈矛，極目烽煙野哭稠，
兵氣已看成赤眚，前驅幾輩奮蒼頭。
馬蹄夜踏千山黑，刁斗寒驚萬里秋。
多少阽危辛苦處，一時回首淚重流。

（三）

重圍誰把蠟書傳，羽檄催軍亦枉然。
熱血一腔拼灑地，祅氛四面竟漫天。
最難士比南雷勇，自愧官無召杜賢。

何意草茅能赴敵，耰鉏畢竟勝櫜鞬。

（四）

戴李橫行結鄭馮，危城累月任梯攻。
旗揮閃電連山白，礮響驚雷徹水紅。
懸布幾人能直上，積薪一炬倏成空。
笑他枉費移山力，付與蟲沙轉眼中。

（五）

如山軍令忽飛來，一戰能將大敵摧，
降卒革心皆勁旅，文人投筆亦奇才，
威弧竟指天狼落，中澤難禁鴻雁哀。
村舍幾家餘燼在，紛紛白骨已蒿萊。

（六）

簞壺處處解迎師，數語殷勤為爾期，
徹土要防陰雨日，徙薪莫待燎原時。
災空妖鳥蹤應絕，牢補亡羊計未遲。
此後編氓須努力，鐃歌唱罷詠豳詩。

純乎仁者之言。

旋移德慶州，時西江艇匪陷梧州，懷集廣甯與西江匪合，德慶居西江之中，為廣州門戶，大吏促春帆之官，其地臨大河，城早燬，無險可扼，同僚危之，勸其辭官，春帆不顧，遽就任，乘單舸以往，與守備黃龍韜等合兵四千，據壘以待，既而因兵少被圍，晝夜力戰凡三十三日。再調順德縣，順德號稱肥缺，大吏以其積勞，故優酬之，春帆任年餘，終不樂，求去，上官怪且笑，乃擢署惠潮嘉道。

同治初，太平軍餘眾李世賢率眾竄閩粵，春帆奉檄戰取嘉應，以輕騎迫城下，誘敵迎逐，克嘉應、長樂、平遠、鎮平、和平諸隘，乘勝越境，復福建之武平、永定、詔安等處。亂平後，李鴻章奏調為天津製造局總辦，擬以天津道補用。天津道兼轄海關，尤為國內膴仕，春帆又固辭，鴻章以其廉且能，奏擢順天府尹，督辦福建船政，光緒三年，詔赴臺灣籌辦防務。臺灣後山深阻，交通未闢，教養弗及，生蕃出沒懸絕谿巖間，沈葆楨曾巡至山腰，此外無至者，亦無敢深入者，春帆曰：「蕃亦吾胞也，化育不及，守土者之過也，寧可以獉狉視之？」卒往，由恒春入卑南，歷牡丹社、紅土坎、大貓貍諸險，輿騎不達，縋而上下其間，山谷蚪絕，俯臨大洋，越二大溪，有「危磯浪捲雪花飀，兩岸青山入畫圖，添得瓜皮舟一葉，也如三峽下夔巫」之句。既而入山愈深，山水驟發，絕糧三日，掘山蕷以濟，值時方暑，晝暴烈日，夜伏濃霧，海風瘴氣，與體膚相搏，終達各蕃社，咸受約束，然從者已皆疲病，春帆亦不適，僅乃得返。光緒四年，以光祿寺卿署福建巡撫，臺之加禮宛巾老耶兩社互鬥，抗撫戕官，九月再渡海綏定之，復自臺北入內山，撫輯諸社，貫竹塹、彰化、嘉義以迄臺南，染瘴扶病返福州，瘴癒而風痺作，半體不遂，求去不許，久之乃得請，鴻章在天津設水師學堂，招使臥理之，強而至，疾益甚，乃歸，光緒十年卒，身後貧困，諸子儕於寒士，咸有操行，晏然安之。春帆任事不避艱險，以盡職為己分內事，雖名位未顯，然固未易得之良吏也。

一一五、胡潤芝（林翼）媲美漢蕭何

談清末「同治中興」者，世莫不知為曾左李，其治兵持事，偉畫壯猷，猶嘖嘖為人稱道，然所以成之者，則胡林翼也。近世史學家，品隲湘軍諸賢，亟稱胡氏之政事經濟以及治軍，疑在曾左之上，至媲為漢三傑之蕭何者，蓋胡於巡撫湖北時，治軍轉讓，為湘軍後援，又能推美讓功，延攬才儁，調和諸將，王闓運《湘軍志》所論，「中興之業，實基自胡」，洵非溢美。

胡以書生從政，不鶩利祿，不計勳名，整飭吏治，體恤民艱，勉為眾人所不能為、不敢為之事，不隨俗俯仰。其在鎮遠黎平時，即以軍事政治同時並進；為安定地方之一貫策略；其後率黔勇五百入湘，挽回頹勢，援鄂保皖，迭奏膚功，聲威所播，舉國刮目。官文時以滿侍衛累擢至湖廣總督，於兵荒馬亂中，猶為愛寵慶生辰，更復偽告百僚：以夫人壽為言，其人可知，胡屈意調和其間，以期共濟艱難。曾國藩日記有云：「吾過湖北，晤官某，自審萬不能與此人共事，然後知潤芝所處之難。」寥寥數語，道出賢者相忍為國之苦心。及至局面恢張，比肩曾氏，仍能屬禮自居，屈己以下，故文正亦稱其「堅持之力，調和之功，綜覈之才，皆臣所不逮。」

其衡量人才也，不惜多方考驗，所問「咨之以謀，面觀其識；告之以禍，而觀共勇，臨之以利而觀其廉；期之以事，而觀其信。同時復能做到用盡其才，用當其才。故能網羅材彥，奔馳豪俊，恩威並用，寬猛互施，使立法知恩」，是以「楚師協和，親如骨肉」。嘗曰：「兵之囂者無不疲，將之貪者無不怯，才無求於天下，天下當自求之！」

少時，以貴介負清才，豪放不拘，沉酣酒色，迨軍興後，以名節自勵，然口體之奉，不似曾左之嗇苦，雖在軍中，亦每置酒高會，四方使者或小吏末弁，亦殷殷引與坐談，王闓運謂：「曾滌公治軍，愀愀如秋，胡文忠治軍，熙熙如春，上下歡欣」，足見為政者能平易近人，其收效亦自宏也。

生平培育人才，主「士先器識而後文藝」，以「秦始皇焚書坑儒，二世而亡，為害尤淺；明太祖則外託代聖人立言之美名，陰為消弭群雄之毒計，務使畢生精力，消磨於吚唔呫嗶之中，而末由奮發為國家盡猷謨之獻，此其處心積慮，不失為駕馭天下之道，而戕賊人才，則莫此為甚。」以帖括出身之士，敢言之如此，尤屬有膽有識，要其居心，則為拯救國家危亡著想耳。

一一六、鄧彌之兄弟異材

武岡鄧彌之（輔綸）、保之（繹），與王湘綺、嚴咸、朱榕、黃瀚仙，同稱「湖南六子」，才名甚著。父厚甫（仁堃）任四川知縣，生彌之於綦江官舍，五歲能詩，厚甫累遷江右監司，保之亦髫齡穎秀，兄弟齊名，驚其長老，左季高（宗棠）歎為異材。彌之十三入州學，十五補廩，冠歲補拔貢，太平軍興，南昌危急，佐父城守，將一軍捍禦要隘，推賢讓能，已無所與，以賦蘋果詩愧某翰林，為提學掇拾蜚語劾奏，其父亦以矯援師，為督師劾罷，遂侍父歸里。旋以助餉敘浙江道員，巡撫王有齡奏參軍事，李秀成攻浙時，王囑彌之偕邵懿辰赴祈門大營乞援，議未定，而浙已破，有齡死節，彌之坐不殉城例，再絓吏議，遂徒步返里。

彌之擅文詞，下筆淵懿，出語高華，王湘綺亟稱之，以為「卓然大家，出手成名，一人而已。」有《白香亭詩集》、《全學選體》，多擬古之作，尤喜和陶，實與湘綺笙磬同音者也。如〈重九郭筠仙招登定王臺還集浩園小飲，兼呈同遊〉一首，即和陶彭澤〈九日閒居〉韻者，句云：「登高登九州，悠悠念浮生。良無彭祖術，聊慕日月名。茲辰自清曠，景氣澄暄明。池荷有霜艷，園蓼無秋聲。四座沂華觴，樂事踰千齡。滄溟日東逝，濛汜忽西傾。啼鴂何其悲，眾芳難為榮。夜游古所歎，迴戈徒餘情。吾謀適不用，屠龍復何成。」千篇一律，嘗鼎一臠，可概其餘矣。然性執撝謙，頗不同嚴王諸人，晚年頗嗜酒，醉則陶然，生長膏粱，終身貧賤，老游揚豫間。餬口終年，高名不振，實至無歸，光緒中卒於江寧講舍。

保之一字辛眉，博古通今，號為純儒。張之洞總督兩廣，手書延聘，移節兩湖，以賓師之禮禮之。陳寶箴以其博覽篇籍，在河北時亦聘其講學。平日口誦手披，經十餘萬卷，著有《井言讀書記》。

先是，肅順得勢，彌之兄弟與王嚴等均被延攬，肅敗，六子者尚在都下，迨李榕被捕，五人始倉南遁。及左季高督師浙閩，招保之及嚴受庵（咸）入幕，崇為上客，保之受庵均以談兵自憙，左或採或不採，嚴素兀傲，遂發狂疾，歸自經死。保之兼備能全，涇渭在心，而天才超拔，下筆千言立就，不下於嚴，以從征嘉應功議敘，由員外郎用浙江知府，然竟不赴補，歸隱於里。嘗以書招湘綺云：「小園梅四十株，紅綠相間，昔人論古今梅詩，以江邊一樹垂垂發為第一，卬須我友，惠然肯來？」死年六十七，與彌之同。

一一七、姚石甫（瑩）在臺治行

姚石甫，名瑩，惜抱之從孫也。於書無所不窺，顧弗好經生章句，慕賈長沙、王陽明之為人，留心經世之學，遇事激昂奮發，銳意欲有所為，文章持論，多指陳時事利害，慷慨深切，異乎世以茶弱呫囁為學桐城者，祁雋藻亟稱之。

其於吏事，以長才見稱。初以進士，選福建平和縣知縣，授龍溪。閩南俗故健悍，械鬥仇殺之風，歲有所聞，石甫擒其倡首者斃之，其豪猾者予以自新，使侵奪者各還其業，擇方正者為家長，約束族眾，誓解仇讎；籍壯勇者為鄉兵，逐捕盜賊，有犯者責家長縛送，於是械鬥戢而盜賊亦平，治行稱第一。旋調臺灣，署噶瑪蘭同知，亦著名績，坐忤上官落職，尋以獲盜功，復官，遂改發江蘇，歷金壇元和武進，遷高郵知州，先後大吏陶澍林則徐皆薦可大用，擢臺灣道，時海疆戒嚴，石甫與總兵達洪阿，預為戰守計，達性剛，與同官鮮有合，以石甫書生，易之，石甫推誠相接，達悟，登門謝曰：武「夫不學，幸相容久，今而後唯子之命矣！」及英人犯基隆海口及大安港，石甫設方略，與達洪阿督兵，連敗之，毀其船並縶其人，收所失寧波廈門炮械甚夥，以功加按察使銜，進秩二品，迨江寧和議成，英人訴臺灣所獲船，皆遭風觸礁，文武冒功欺罔，而總督怡良亦嫉基隆大安功，遂被逮問。石甫與達約，義不同俘虜質，引咎而已。樞廷知非其罪，入獄六日，特旨出之，發往四川，復為總督寶興所忌，會作雅兩呼圖克圖相爭，檄往平之，兩次入藏，事竣，補蓬州，旋引疾歸。

穆彰阿既黜，石甫與達洪阿被陷事得伸，於是復起用，陳臬廣西，時太平軍起，賽尚阿以欽差大臣入桂，以石甫知兵，命參軍事，石甫條舉利害，累數千言，不用，而太平軍遂不可制，烏蘭泰戰死，賽奪職，石甫辭營務，轉餉湖湘間，張亮基奏署按察使，以時危勢亂，憂憤致疾卒。

遺著《東溟文集・東槎紀略》，紀臺灣山川形勢風物甚詳，《康輶行草》，則入藏時所紀者。

有蔣念亭作梅者，以知縣辦理糧務，能愛民卹眾，竟遭寃獄瘦死。石甫知其寃，為之伸雪，後念亭子霞舫，以遺翰遍請題記，祁雋藻為作長歌，於石甫獨多推許，如：「……蕃漢爭廟祀，歲時肅駿奔，此事萬口傳，公道照乾坤。姚君攬大筆，信有神明存，神明無不在，遺翰粹且溫，早邀朱衣鑒，豈識獄吏尊！雪山萬里白，金沙流不渾，諒哉夏侯言，陰德及子孫。」石甫子濬昌，能繼家學，曾國藩邀佐其幕。

一一八、張皋文（惠言）詞開常州派

清代古文大家，繼桐城派而興者，有陽湖派，而為之宗主者，則惲子居（敬）張皋文（惠言）二家。桐城派好言義法，好言宋人之學，其文字思想背景如此，至於惲張，則開門徑，惲泛覽百家之言，其學由博而反約，張則研精經傳，其學從源而及流，其思想境地，皆與桐城諸家有異。

皋文少從師受《易經》，即通大義。十四為童子師，修學立行，敦品自守，弱冠舉進士，出朱石君（珪）門下，極受稱賞，屢進達之。生性耿介，雖受恩師門，未嘗以自矜異，默默隨群弟子進退而已。石君潛察得之，益大喜，而皋文於石君雖敬事，每有所見，亦斷然以諍，不為隱，與洪北江（亮吉）同稱朱門諍友。

惲子居與皋文交最摯，見其所為詞賦，謂自相如、枚釆沒後，二千年無此作。既而與之同治古文。皋文之文，氣體較與歐陽永叔為近，詞則幽約悱惻。其《詞選》之作，開常州一派，實為其成功之大者，論者病其去取之苛，而推其選之精，足以嘉惠後學。其序言謂：「詞者蓋出於唐之詩人，採樂府之音以製新律，因繫其詞，故曰詞。……其緣情造端，興於微言以相感動，極命風謠里巷男女哀樂，以道賢人君子幽約怨誹不能自言之情，低徊要眇以喻其致。蓋詩之比興，變風之義，騷人之歌，則近之矣。然其文小，其聲哀，放者為之，或跌蕩靡麗，雜以猖狂俳優。然要其至者，莫不惻慖盱愉，感物而發，觸類條鬯，各有所歸，非苟為雕琢曼詞而已。」其宗旨蓋如此。朱彊邨稱為「自是詞源疏鑿手，橫流一別見淄澠」，固盛稱之也。

皋文弟張琦，字翰風，初名翊，號宛鄰，亦號子居，工詩詞古文及分隸，少皋文三歲，詞與乃兄齊名，其《宛鄰詞選》與皋文之《茗柯集》，同其雅逸。各錄一篇，嘗鼎一臠：

皋文詞，〈水調歌頭〉：「百年復幾許，慷慨一何多？子當為我擊筑，我為子高歌。招手海邊鷗鳥，看我胸中雲夢，帶芥近如何！楚越等閒耳，肝膽有風波。生平事，天付與，且婆娑。幾人塵外相視，一笑醉顏酡。看到浮雲過了，又恐堂堂歲月，一擲去如梭。勸子且秉燭，為駐好春過。」

翰風詞〈摸魚兒〉：「漸黃昏，楚魂愁斷，啼鵑早又相喚，芳心欲寄天涯路，無奈山遙水遠！春過半，看絲影花痕，罥盡青苔院。好春一片，只付與輕狂，蜂兒蝶子，吹送午塵暗。關山客，漫說歸期易算，知他多少淒怨？不曾真個東風妬，已是鶯殘燕嬾。春畹晚。怕花雨朝來，一霎方塘滿；嫣紅誰伴？儘倚遍迴闌，暮雲過盡，空有淚如霰。」譚復堂稱其大雅遒逸，足以振北宋名家之緒。

一一九、三風太守吳園次

紅豆詞人吳園次（綺）知湖州府時，多惠政，世稱三風太守。謂多風力，尚風節，饒風雅也。園次為江都人，六歲即能詩，其〈山中吟〉曰：「山溪清淺山花紅，抗首高歌和曉風，世事回頭君莫看，不如沉醉此山中。」識達卓然風塵之外。家貧，讀書康山，通顯後，有聲朝列，知湖州三年，利無不興，害無不革，發奸摘伏，見惡輒取，而仁心為質，不務近名，至其稟酌風雅，崇獎忠孝，尤為當時所稱，明詩人孫一元（字太初，號太白山人）即苕溪五隱之一，其墓在歸雲庵之麓，歲久淪為榛莽，園次清某界址，建太白亭其上表之。淩義渠（字駿甫）殉流賊之難，以貧故藁葬淺土中，園次捐貲，為營窀穸，固封樹；倪元璐（字玉汝）死後，家益落，園次招其子會鼎佽助之，以迄成名，人固高其風義，至於注意人才，汲引士類，常若不及，故湖人戴之如父母，某年生日，湖之父老子弟烹羔酌酒，躋堂以祝者，填街溢巷。性好客，嘗集諸名宿修禊於愛山臺，又與宋荔裳、吳梅村等集於窪尊亭，盡屏騶從，解衣旁薄，譃浪歌呼，聲迸山野，觀者目為神仙中人，不復知為太守也，然亦以此為惎者所嫉，遂掛彈章，去官之日，湖之士紳合詞上之制府，而劾之者尋亦悔之，然無及矣。遺帑有未清者，則皆輸將代完，即貧者亦投數鐶為贐。解組之後，貧不能治裝，意頗沮，其妻則曰：「貧何害？以清白貽子孫，不較愈於捆載而斂百姓之怨乎？」園次韆然曰：「吾相知滿天下，門內知己，惟卿而已。」乃去而僑居蘇州數年，湖人數請還郡，力謝之，乃復歸揚州，以文章為寢食，以朋友為性命，以仕宦為郵傳之地，以山水形勝為休沐之所，雖田廬蕩析，飢歲，缾粟屢罄，客至，則必具樽斝，桃梅芬醯之儲，傾筐出之，必醉乃散。有春江花月社，有乞詩乞書者，以花木為潤筆，名曰種字林。

性復好遊，時往來吳越間，過甌越，客端州，至韶禮六祖塔，由宜章出摺嶺，陟衡嶽，泛洞庭而歸，所至登臨憑弔，著之吟什。於書無所不窺，考訂參互，經史之外，稗官野乘釋典契經，無不排纘成書，所著有《亭皋集》、《藝香詞》、《林蕙堂集》、《聽翁六懷》等等，其未鐫者尚多。少時好詩賦，尤工九宮新聲，曾譜楊椒山事為傳奇，按律寫來，忠憤之氣盎如也。後以目眚，居種字林，杜門潛心，旋以妻老且病，復於城西築室，類若岩穴之居，顏曰歸鴻砦，徜徉其中自樂其樂，年七十六，卒於家。

一二〇、孫詒讓粹然經生

晚清之季，瑞安孫仲容詒讓，與德清戴望，海寧唐仁壽，儀徵劉壽曾，皆治樸學，詁釋前言，精發古義，鉤深敏求，皆專家孤學也；而詒讓以典莫備於六官，故疏周禮，行莫賢於墨翟，故次《墨子閒詁》，文莫正於宗彝，故作《古籀拾遺》，蓋超乎金榜錢大昕、段玉裁、王念孫諸家矣。

詒讓為孫琴西衣言子，琴西以翰林起家，治永嘉之學，詩古文雄一時，詒讓承家學，博通經傳，弱冠舉鄉試，為張之洞所取士，而五上春官皆不第，遂壹意古學，父諷之曰：「孺子徒自苦！經師如戴聖馬融，不阻群盜為姦刦，寧治史志足以經世致遠？」詒讓曰：「以人廢言不可，且先漢諸氏，夙義皭然，……史官如沈約許敬宗，可盡師歟？」父乃授以周官。精揅久之，著《周禮正義》，自序略謂：「粵昔周公纘文武之志，光輔成王，宅中作雒，爰述官政，以垂成憲，有周一代之典，炳然大備，然非徒周一代之典也，……蓋鴻荒以降，文明日啟，集其善而革其弊，此尤精強之至者，……作者之聖，述者之明，蟠際天地，經緯萬端，……其書不越政教二科，……故以四海之大，無不受職之民，無不造學之士，不學而無職者則有罷民之刑，賢秀挾其才能愚賤，貢其忱悃，咸得以自通於上，以致純太平之治。……一二閎攬之士，疑古之政教不可施於今，是皆膠柱鍥舟之見，究夫政教之宏綱微恉，實能貫百王而不敝，豈有古今之異？今泰西之強國，其為治非嘗稽覈於周公成王之典法也，而其所為政教者，……咸與冥符而遙契，蓋政教修明，則以致富強，若操左契，固寰宇之通理，放之四海而皆準者，又古政教必可行於今之明效大驗也，因揭當今切實可行者，為周禮政要。」

其著《墨子閒詁》，謂：「漢志墨子書七十一篇，今存五十三篇，墨子語魏越云：國家昏亂則語之尚同，國家貧則語之節用節葬，國家憙音湛湎則語之非樂非命，國家淫僻無禮則語之尊天事鬼，國家務奪侵凌則語之兼愛非攻，今書雖殘闕，然自尚賢至非命三十篇，所論略備足以盡其旨要矣。墨子之生，蓋稍後於七十子，……身丁戰國之初，感悕於獷暴淫侈之政，故其言諄復深切，務陳古以剴今。……至其接事務為和同，而自處絕艱苦，持之太過，或流於偏激。……綜覽厥書，釋其紕駮，甄其純實可取者，蓋十六七，其用心篤厚，勇於振世救敝，殆非韓呂諸子之倫比也。」清季，國貧且弱，詒讓意果得賢者採周禮治國家，用墨翟書務節用講戰守，以致富強，雖淡於仕進，而不忘經世之略。會康有為作《新學偽經考》，詆古文為劉歆偽書，周官為劉氏學，有詢於詒讓者，詒讓曰：「是當譁世三數年，荀卿有言：狂生者不胥時而落，安用辯難為？」晚年主溫州師範學校，充浙江教育會長，清延徵主禮學館不赴，光緒三十四年五月，病中風卒於家，年六十一。

詩文精遒雅正，以經學深掩其詞章名，至其推跡古籀，眇合六書，不為穿鑿，審其刻畫，傳之六書所定文字，皆隱括就繩墨，古文由是大明。詩集中多題識金石語，如題〈吉日癸巳石刻〉：「銘篆弇山跡已蕪，空巖馬鐙費傳模，汲中一卷游行傳，校得殷周六曆無。」「昆侖西母事微茫，黃竹歌成已耄荒，不有驊騮千里足，只愁徐偃是真王。」又〈焦山定陶鼎柘本〉：「陶陵祭器尚流傳，大禮尊崇濮議前，丁傅翦除元后壽，宗彝零落二千年。」翁同龢於仲容所著《古籀拾遺》、《古籀補》，極稱其通博，並有「粹然經生」之歎。

一二一、曾國藩書激郭意城（崑燾）

太平天國之役，三湘人士，出力最多，當曾國藩以侍郎丁憂在籍，興辦團練，時郭筠仙之弟意城（崑燾）佐張亮基幕，信任有加，於曾所辦團練，實贊其成之最力者。意城與曾氏原有姻誼，友情亦厚，殆所謂私淑而兼親炙者也。故於曾之籌餉募勇，調護於幕府與地方之間，其大有造於湘軍者，較之其他湘中人士為獨多。

其後，設釐卡、抽稅捐以養軍，即出之郭意城與左季高（宗棠）之建議，而一切章則規程，則多出於意城所手訂，規劃極周密精詳。更復提議以幹練樸實之士，從中主持，軍饟賴以維持，商賈亦不見繁苛，意城擘劃之功也，於是聲譽鵲起，與左宗棠同被稱為「老亮」、「新亮」。

意城淡於名利，雖屢膺卓薦，皆固辭弗就。妻美而賢，情愛久而彌篤，故不樂遠遊，雖左宗棠周芸心伉儷，帷幃靜好，莊懿有文，堪稱珠聯璧合，而有遜於意城，意城蓋癡於情者也。

曾國藩駐節祁門時，欲招意城來助，其時曾之幕中，李元度、許振禕皆已他適，左宗棠亦假歸湘陰，遲遲未返，而軍務倥傯，無人佐理，而意城居家不出，屢招之而終不欲來，曾乃設計激之，馳函以達，其書殊風趣，略云：「旦夕思君，載飢載渴，企望速來！俟次青（李元度字）仙屏（許振禕字）二君返轡，當即放歸。燕雁有代飛之候，鴛鴦少獨宿之時，此天下之至恕者也。但願親家母（指意城妻）毋再遣長伕，日來大營呼索，則幸甚矣。余前謂季高曰：『意城嘗譏君有懼內癖』，季高曰：『彼則自癖，而反誣人以癖。』孰癖孰不癖，謂以此行卜之也。」意城得書，欲置之，其妻促之，始暫忍別離，赴曾參贊戎機。意城與曾往來函札最多，曾文正尺牘中可見二人投分之深，將死時尤拳拳於鹽引，王湘綺與郭氏兄弟不洽，其光緒八年十一月六日記云：「郭意城將死，與次青書，拳拳於鹽，方門牌，未半，得次青覆，長嘆而發病，半夜即死，大似演義中周瑜。郭與余相忌，余似亮，故郭似瑜也。」又：「至意城家，看弔客，巡撫未到，門庭殊寥落，筠仙又不至，又少一撫矣。意城弔故人，每遇我必留坐四五刻，余亦堅坐六刻以報之。」湘綺好持人之長短，妄肆激揚，於曾氏兄弟亦多刻薄語，固不僅於郭氏兄弟為然。

一二二、謝家福書諷李鴻章

清光緒間，吳縣謝綏之家福，與薛叔耘、馬眉叔同受知於李鴻章，皆能留心時事，推究古今，窮極利病，論者謂家福沉機以觀宇宙之變，隱居以養剛大之氣，蓋薛馬所未能者，以尋常善士擬之則淺矣。

家福別號望炊，儒家子，父元慶，積善客勤，鄉里稱善人。家福生而豁朗英特，九歲讀朱子書，即以力行自勗。太平軍陷蘇常，家人逃散，道死者廿餘人，家福年十四，獨被渠帥所留，令供廝養，偽應之，越廿餘日，乘不備，以智脫，間關尋父，遇於黃埭鎮，乃流寓焉。未幾，父以憂傷卒，遂奉母遷居上海。嘗以自古名大夫儒，多崛起寒苦，乃益振勵，震虞之中，不廢誦讀。日本人松窗商於上海，偶與問答大聳異之，欲邀其遊日，家福辭，退謂人曰：彼詞恭而意倨，其國方厲行新政，未可忽也。遂發憤研摩新知，時與士夫上下其議論，折衷其新舊，或竊笑之，不顧也。旋舉秀才，入輿圖局分校各國輿圖，又從廣方言館德人習語言文字，既成，乃瘁心譯著防務交涉兵事通商等，成書數十卷，當事者欲官之，以父遺命不欲以他途進辭，顧屢試屢躓，則輟應舉文字弗為，更求宋五子書研之，識益進。

山左大饑，家福奔走號呼，醵金為義振，鈎稽綜覈，極公且盡，其後豫晉皖直魯蘇諸府縣，頻歲告荒，無不乞援於家福，家福日繕函數十通，告災四方，前後收付二百五十餘萬，活人無算，調度指揮，晨夕不遑，每蕆一事著錄徵信，李鴻章欲畀以交涉責，以疾辭，李特奏舉之，謂謝家福有體國經野之才，民胞物與之量，畀以官守，必能造福於民。疏上，命以知縣發直隸，凡所舉新政，輒與商，命與盛宣懷擘畫佐理，始終其事，法越之戰起，家福詗敵情，審敵勢，預請當道捍禦，精敏多中肯綮，海疆以安，鴻章奏派出洋考察軍事工商業，旋遭母喪，獨居深念中國憂患方長，舉世夢夢，力不足以兼善天下，遂誓墓不出，於吳下築廬以居，設學堂課儒孤子弟，以開風氣。甲午日人搆釁於我，人咸輕視之，家福馳書鴻章，言「彼邦蓄機深，未可忽。」鴻章未答，覆電陳：「倭事關今後百年安危，明公千秋褒貶亦於是乎繫，幸為國忘身，勿令泄沓者，為盛德累。」鴻章電慰之，謂：「知君忠悃急國難，然今日軍情，一言難罄，誤大局者君當知之。」及師熸為馬關之盟，家福嘆曰：「倭不足患，患在朝右之互猜；和不足恥，恥在緩急之無備。」自是感疾遂至嘔血，逝前與醫者談：「吾自東事起，窮思振衰救亡之方，念非育材不濟，然將何以濟急？」醫者亦愀然慰之，不二日卒，其遺言猶以學堂義莊等為懸懸也。

一二三、顧淳慶親民弼治

縣官古稱民牧，誠以一鄉一量治亂所由關，牧令賢則民謳歌父母；若不學無術，官以為商，蘊利滅廉，則集詬生殃，惟厲之階矣！今古雖殊，理無二致。相傳林文忠（則徐）巡撫陝西時，銳意求治，聞韓城令顧淳慶賢，約與相見，並與論當世大政，以為，積敝叢壞，難可救挽，昏瞶諸臣，櫱芽其間，患在無實力任事才，亂作，將不復可收拾矣！歎喟終日，退而稱之曰：「良吏！良吏！」

淳慶字古生，自號鶴樵，浙之會稽人，以舉人大挑，試會陝西，署韓城知縣，上任時，前令私謂之曰：「邑有爭產者，訟久矣，嘗賂於吾，吾弗受也，足下貧，受而直之，無害也！」淳慶笑曰：「君奈何獨為君子？」遂榜書於堂曰：「簠簋不飭，維人之恥！然吾不自知，倘有所污，子孫不昌！」因剋期集爭產者，以理諭解之，各大服。旋移署岐山，將御任矣，有老人請見，扶杖蹩躠，鬚髮皓白，再拜曰：「民羅秀，居山中絕人事者三十年矣，有孫歸自縣垣，道使君愛民如古龔黃，願得見顏色！。」顧曰：「父老遠來良苦！然何以教我？」曰：「願使君，宰他邑，長如岐山。……」顧禮而遣之。

尋任長武縣，邑初有游民而好持短長以牟利者，所謂訟師也，稱五虎，其魁丁不器，耄且跛，往者年六十以上不刑，丁恃刑之不及，數訟求逞，邑民患之。顧至，五虎者不敢出，後丁以他事見，顧引與言曰：「往者已矣，後勿爾。」任五年，將去，縣民走送四百里外，有提壺雜眾人中，泣拜曰：「小人丁不器也，有肺腑語：竊以餘生，實官所與，官去，小人無天日矣！」再拜不已，顧撫而勉之。乃去任數月，其繼任者盡反其所為，激成巨變，燬衙毆官，民籲於省大吏曰：「願歸我顧青天！」及一切復故，則又聚泣曰：「使顧君在，何至於此！」其得民如此。

後擢潼關同知，地屬天險，時方多故，顧集鄉兵七百人，以軍法部勒，親自督練，五日一聚，嚴守邏，明斥堠，民賴以安。潼關地濱大河，夏暑鬱蒸，熱不可支，而秋冬多烈，寒沍悽愴中人，顧殊不自逸，每聚，必會坐風日中，口講手畫，常一二小時不懈，或勸少休，顧曰：「食國之祿，能不忠所事乎！」其冬，方較射於西郊，北風陡作，捲地飛碭，忍凍歸，而風疾作，臥病三月，民眾晨夕候於堂，詢起居以為憂喜，迄終於任。生平奇恢自喜，習古陣法，上元日，營卒張燈火，遊於市，顧陰為之部署行進，奇幻出沒，觀者目眴神眩，及知為顧所為，則大懽呼，蓋知所以親民者。

一二四、黔中碩儒黎蒓齋（庶昌）

黎蒓齋庶昌，於前清光緒中，兩度持節東瀛，燭知日本蓄計謀我，琉球案及華商雜居事，與彼邦外相井上馨，侃侃以爭，不稍屈，中東事作，時蒓齋已內調，猶復奮主布告列邦之議，輸金以佐軍饟，其言曰：「日本謀我者久矣亟矣，戰固不可知，讓則啟侮必矣。」述史者稱為美使才。而於其與楊惺吾（守敬）搜求古佚書刊事，尤多推崇，如葉昌熾所記，皆未足以盡蒓齋也。

蒓齋少染家學，又從其鄉鄭子尹（珍）莫子偲（友芝）二先生遊，鄭精經學小學，莫長於史地，蒓齋並受其業，稽經考道，益以大進。道咸以來，中國橫受異族侵凌，朝野始凜然知宜厲人才整戎備濬利源重使職，為補短集長之計。蒓齋生丁其時，亦務為經濟之學。同治初，清廷下詔求言，蒓齋方逾冠歲，年少志銳，隻身行萬里，至京師，以廩貢生上書論時事，條舉利病，凡萬餘言，其要歸於進賢退不肖正人心厚風俗，反覆敷陳，直言無隱。時李文園（棠階）方以名儒應召起用，立用人行政惟在治心，見蒓齋所言，建議宜擢用，風示宇內，乃授知縣發曾國藩安慶大營差遣。曾素重黔中鄭莫二氏，相接之下，益加禮重。蒓齋生長邊徼，意氣邁往，性行堅確，與曾氏幕中諸賢，如武昌張廉聊、桐城吳摯甫、無錫薛叔耘、溆浦向伯常交尤篤。國藩歿，蒓齋浮沉州縣近十載，郭筠仙出使英國，調充參贊，歷英、法、德、日諸邦，弗盡所用，鬱鬱不樂，至光緒七年始奉命使日，樽俎之間，因機適變，互濟剛柔，終其任，倭人無所逞志，潘伯寅（祖蔭）聞之，嘆為傑士。

蒓齋讀書，宗湘鄉家法，嘗與討論群籍，以為子若《莊子》，辭若《離騷》，集若《文選》，史若兩司馬氏班氏，小學若許氏，典章若杜氏馬氏，詩文若杜陵昌黎，皆所謂曠代大才，宜躋其書，以配經典，主於《十三經》後，以《莊子》次《孟子》，《楚辭》《文選》《杜詩》《韓文》次《毛詩》，《史記》《漢書》次《尚書》，《通鑑》次《左氏》，《通典》《文獻通考》次《三禮》，《說文》次《爾雅》，各降一等，命曰亞經，於以廣術興微，翼贊聖言。其言曰：「昔周衰，孔子自衛返魯，憂道不行，退而贊《易》敘《書》刪《詩》定《禮》《樂》修《春秋》，垂範百王，是為六經，《樂經》

遭秦而闕，僅存其五。然而孔門弟子各闡師說，曾子述《孝經》，游夏之徒譔《論語》，左邱明《公羊》《穀梁》傳《春秋》，至戰國而有《孟子》，《爾雅》《禮記》浸尤晚出，自是而七經九經十一經之名以立，及至孟蜀刻石成都，十三經遂著為會，其於孔子所刪定固已增益其七八矣，唐雖以經升《老子》，而不久即廢，南宋時朱子作集註，始於戴記中，摘出《大學》《中庸》以配《論語》《孟子》，題曰四書，詔學者讀書，當自四書始，淳熙以降，翕然宗之。元皇慶中定制約四書試士，明代迄今，樂其易簡，因仍不革，發題考試，先四書而後五經，廢註疏而遵朱說，道術因之一變，然而私家誦讀，往往溢出，令甲出於群經外，頗有視為不刊之典者。當周末時，《莊子》著書多寓言，然其指事類情，在諸子中最為瑰放特出，陸德明釋文已列為經而作之音義，太史公稱國風好色而不淫，小雅怨誹而不亂，離騷兼之，王逸註《楚辭》，尊《離騷》曰經，朱子從而不廢，後世騷學選學相因為用，欲祛文章流別之偽，《文選》其最要矣。司馬遷《史記》，究天人之際，通古今之變，其閎識孤懷蓋未易幾也。班孟堅紀述漢事，斷代為書，文字之淵源，經世之大法，粲然畢備。許叔重《說文解字》，博奧精嚴，六藝遺文，賴以不墜，實軼《爾雅》一經之上，蔚成絕學。《儀禮》十七篇，士禮雖存，頗闕王朝邦國舊典，欲觀後世因襲之跡，惟杜氏《通典》馬氏《通考》博而有要。《通鑑》上續左氏，體大思精，言馴而不雜，則亦優視聖作矣。杜子美冠絕古今詩人，韓退之文章粹然一出於正，其道自比孟子，使孔門用詩文，二子者入室矣。校此數家之書，其傳之遠者一二千歲，少亦七八百年，非有名爵利祿之資，然而歷代相承，誦習不絕，人心眾好之同，如飢渴飲食不可一日離，其視為經固已久矣。」其輯《續古文辭類纂》，亦本斯旨，曰：「文章之道，莫大乎與天下為公，文敝道喪，國將不國，豈惟大惑？」其言亦足矯桐城末流虛車之飾，所見蓋遠，至其表章先哲，獎掖後進，各皆盡力，聲望益高，卓乎為黔中祭酒，及其既歿而西南耆儒盡矣。

一二五、金文復興與陳吳潘孫諸家

清同治初，湘淮軍諸將，討平髮捻，武成既告，研究金文之風氣復盛，稱為復興時期，其首倡者，濰縣陳介祺也。介祺字壽卿，號簠齋，吏部尚書協辦大學士官俊子，由進士授編修，通籍後即絕意仕進，篤研金石之學，家故饒於資，收藏之富，甲於宇內，築簠齋以珍棄之，彝鼎之屬，多至數百件，尤著者為毛公鼎，推天下古金之冠，即今藏於故宮博物院者也。此外三代陶器亦數百件，周印百數十事，漢魏印萬餘，秦詔版十餘，魏造象數百區，為從來收藏家所未有。同時若潘祖蔭（伯寅）、王懿榮（濂生）、吳式芬（子宓）、吳大澂（清卿）以及劉燕庭、鮑子年、李竹朋等，皆不足方駕。對於三代文字，雖有心得，其釋〈聃敦〉，決為毛叔聃所作器，謂「文少於尚書武成者二百六十二字，於伐商事為略，而於受天改大命為詳，至大之事，括以二士一言七十六字，非師文王周公之文，焉能至此。」又釋〈陳侯因資敦〉銘中，有「考孝武桓公龔載大謨，克成其謚」，謂「即桓侯兼齊之記」。於古史古制，如數家珍，自昔談金石者僅見之作也。其於古籀之亡，今文之失，尤慨乎言之，與友人書云：「有李斯而古篆亡，有中郎而古隸亡，有右軍而書法亡」，可以知其意矣。著有《簠齋吉金錄》八卷，《吉金文釋》一卷，《藏古冊目並題記》一卷，《十鐘山房印舉》《簠齋尺牘》各若干卷，《傳文別錄》一卷。

吳式芬為海豐人，號誦孫，所搜集金石拓本千餘種，皆為之考擇，編成《攈古錄金文》二十卷，《封泥考略》一卷，為近今研究金文者一重要資料。

陳吳為魯籍兩大學者，潘祖蔭與吳大澂則為蘇籍省之大家。潘祖蔭號鄭盦，吳縣人，世恩孫，曾綬子，咸豐壬子一甲三名進士，文學政事，歇歷三朗，望重一時，留心金石之學，聞有彝器出土者，傾囊以購，所得有郘鐘四，齊鎛，史頌鼎、匽侯鼎、盂鼎、善夫克鼎，皆殊絕，輯有《攈古樓金石款識》二卷。吳大澂（號恆軒又愙齋），與潘為同縣，同治進士，工篆書，勘界吉林時，立銅柱於中俄交界地，以大篆勒銘其上，於古籀造詣甚深，有《說文古籀補》，《愙齋集古錄》，《恆軒吉金錄》等，以金文作文字學之研究，又以之參研經學，考尚書大誥之「寧人」為「文人」，漢代學者因寧文兩字字形相近，而致訛誤。《愙齋集古錄》二十六卷中，多為其研究心得。

至光緒間，復有孫詒讓者，於金文研究，亦著盛名。詒讓字仲容，瑞安孫琴西依言子，於群經諸子，用力至深，著有《周禮疏》、《墨子閒詁》等，又精通金文，曾作《古籀餘論》、《契文舉例》、《古籀拾遺》等，皆能辨識疑文，可補經傳所未備，淵乎茂矣。近數十年來，精研金文學者，所著殊不多，僅丁佛言有《古籀補遺》之作，其他則屬於片段之研究矣。

一二六、劉古愚經世自任

清末，咸陽劉煥唐光蕡，毅然以經世厲天下自任，草堂講學，恥務時名，而樂天知命剛毅誠潔有不可及，世稱古愚先生，謂為張橫渠後關中又一大儒也。

古愚少失怙恃，稍長避回亂，徙居醴泉興平間，貧甚，至鬻餅餌於市，夜復為人磨麥，以求一飽，而讀書不倦。亂定後歸里，赴試為府庠生，深究漢宋儒者之說，尤取陽明本諸良知者，歸於經世。旋舉鄉試，赴禮闈不第，遂退居教授，以列強環伺，國勢奇弱，性理考證詞章，皆無足以救危亡之禍，慨然以通經致用為務，灌輸新知新學新法新器，以之為教，亦以之為學，歷主涇陽、味經、崇實諸書院，分課編日程，以天地民物一貫以誠為訓，而不矜古制，從而受業者千數百人，關中風氣，為之一變。

生平持論，略具於所為《學記臆說》序言中，謂「今日中國貧弱之禍，誰為之？劃兵吏農工商於學外者為之也。以學為士子專業，講誦考論以鶩於利祿之途，而非修齊治平之事，日用作習之為，故兵不學而驕，吏不學而貪，農不學而惰，工不學而拙，商不學而愚而奸欺，舉一國為富強之實者，而悉錮其心思，蔽其耳目，繫其手足，倀倀惘惘泯泯棼棼以自支持於列強環伺之世，而惟餘一士焉，將使考古證今為數百兆愚盲疲苶之人，指示倡導，求立於今世以自全其生，無論士馳於利祿，溺於詞章，其愚盲疲苶與彼兵吏農工商五民者無異也。即異矣，而以六分之一，以代其六分之五之用，此亦百不及之勢矣，告之而不解，令之而不從，為之而無效，且弊遂生矣。……救國之貧弱，孰有捷且大於興學者？特興學以化民成俗為主，而非僅造士成材也！」其言多前儒所未發，在當日實獨具識見者也。

又嘗建義倉製碉堡以防世變，並分設義塾多處，導以科學，餘則練槍械寓兵計，又募鉅金興機織業，並立書局，設製蠟廠，為鄉人改故習圖久遠之利。中間攖疾幾盲，歸臥烟霞草堂，病中忽悟聲音轉注之奧，成《童蒙識字捷訣》，書成兩目復明。嘗謂燕都濱海，津沽有警，必徙關中為旋乾坤計，乃走潼關，察地形謀戰守，北顧河套，籌墾牧以扼蒙邊，聞者笑之，不顧也。又謂西北之利，莫大於回漢之洽，誠得回漢諸生掖而導之，使相締結，於國其有裨乎？其識見類如此。平日粗衣惡食，自少至老，黎明即起治學治事，丙夜乃休，飢寒貧窘，泊若相忘，死之日鄉人傷之謂喪真儒也。

一二七、吳摯甫文紹湘鄉

桐城吳摯甫汝綸，為晚清古文大家，與黎庶昌、薛福成同為繼湘鄉曾氏之後，而能傳其業者，世稱湘鄉派。幼家貧，夜間常不能燃燈火，每就月下或鄰家燈影讀，鄰母嘗遺以雞卵一，摯甫不忍食，持入市易松脂，照以夜讀。好文根於天性，嘗謂：「文者天地之至精至粹，吾國所獨優。」又謂「千秋蓋世之勳業，皆尋常耳！獨文章之事，緯地經天，代不數人，人不數篇，唯此為難。」「中國之文，非徒習其字形而已。綴字為文，而氣行乎其間，寄聲音神采於文外，雖古之聖賢豪傑，去吾世邈矣，一涉其書，而其人之精神意氣，若儼立乎吾目中，務欲因聲求氣，一循機勢之自然，以漸於精微奧窔之域，乃有以化裁而致於用。」

同治初，舉進士，用內閣中書，湘鄉曾滌生奇其文，留佐幕府，掌奏議，久益奇之，儗於彌正平，自是遂居門下，益講求經世之學。李鴻章將淮軍，請湘於鄉，延居帷幕，與薛叔耘相處最久亦最摯，後官冀州知府，其治以教育為先，無古今，無中外，惟是之求，舉學問與事業合而為一，而尤以淪民智、圖自強，亟時病為兢兢。時由外大政，常取決於曾李，其疏陳時政，摯甫多所獻替。光緒中，充京師大學堂總教習，旋遊日本，考察教育制度，著《東遊叢錄》，後稱疾歸，光緒癸卯卒於家。

摯甫弟熙甫，名汝絹，少從摯甫受古文詞，博學多通，友愛彌篤。熙甫死於冀州，摯甫既去官，親扶其喪至天津，附海輪南返，有詩紀哀云：「秋花猶發去年叢，不見題詩病阿同，落筆豈論千載後，彌天今在一棺中，郊畿池館娟娟好，西域異僧數數通，獨有九京扶不起，淚河迸血灑晴空。」「冷露凄風送旅魂，一船同臥死生分。極知萬古同斯恨，可奈中途失此君，秋老霜天橫斷雁，悲來勃碣擁頽雲，草堂檢校何人事，他日吾歸窟子墳。」足知其悼痛之切。

性愛才，其門下賀松坡濤，嘗有反《離騷》之作，摯甫見而奇之，當授以所學。又樂與歐西學人款接，日本治漢學者，慕其文，亦踔海來請業。在日時上自君相，及教育名家，婦孺學子，皆備禮接款，求請題詠，與學寮教授梅原融最洽，梅原呈以漢詩，摯甫亦賦答一律：「昔聞晁監掛帆東，摩詰新篇入楮中，遂使國人能漢語，到今詩句有唐風，鑿開渾沌傳新業，掣出鯨魚策聖功，八海瀾翻一詞客，萬言杯水為誰雄。」首句用王維送晁監入日事，渾成可喜。

一二八、王可莊循良第一

葉昌熾《緣督廬日記》，光緒十九年十月廿四日記云：「聞王可莊作古，吾郡失一賢太守。」緣督以藻鑑明、取予嚴著稱，可莊者閩縣王仁堪字也。可莊一字忍庵，號公定，王雁汀（慶雲）孫，以光緒丁丑狀元及第，庚寅授鎮江府知府，癸巳調補蘇州府，甫三月，猝病卒。其治績稱「循良第一」，卒後鎮江士民列其政績籲大吏以聞，謂其視民事如家事，一以扶植善類培養元氣為任，得旨宣傳史館立傳，祀鎮江中瀘泉遺愛祠，《清史》以列於清代循吏之殿，於其政績亦多敘述，茲記其軼事數則：

可莊舉於鄉後，丙子恩科，春闈報罷，狀頭為曹鴻勛所得，可莊刻一秋印曰「落第狀元」，明年果以第一人及第，其自負可見。戊寅衣錦還鄉，漫游鷺江，知交筵讌不絕，有歌妓紅玉，倩麗無匹，復擅詩詞，可莊悅之，一夕，飲大酸，題其妝臺之壁云：「憂樂斯民百感縈，樽前絲竹且陶情，願傾四海合歡酒，聊學文山前半生。」忮者以聞於朝，頗被議，可莊曰「吾祇學文山，前半生耳。後半生吾何敢言？」回京後，初以修撰督山西學政，充翰林院教習庶吉士國史館協修等職，丁亥在書房行走，寵眷甚隆，賞賚無算，或傳曾拒夜召慈壽宮承旨，故外放知府，則齊東野人之言。按可莊曾與曹鴻勛等合疏，請罷頤和園工，語至切直，執政者忌之，乃以南書房清苦諷於宮闈，並開單以進，可莊名次在前，即圈鎮江，王家頗饒，志不在外，蓋無意得之也。任職時治績煥然，循聲丕著，尤務誅豪猾，恤民隱，會稽周福清（即周樹人作人之祖）以傳遞科場關節得罪，即由可莊訊辦，其嚴峻如此。顧性狷傲，未嘗事權貴，梁鼎芬劾李鴻章被革，居焦山讀書，可莊嘗賙濟之，梁有〈謝王二太守送米〉詩，有「忍庵吾兄念羈獨」語。李越縵日記中，亦極稱其為人，並言楷法為館閣第一。

可莊死因當時亦多有所傳，然聞實誤於醫藥。王在鎮江時，患有疝疾，每發則劇痛，至蘇益甚，候補知府吳某稱知醫，同官有疾多延其調治，王延之，吳以局方麝香大戟丸與服，詎用麝香過多，服後，力疾赴讞局治積案，中途痛作，急返署，汗出如瀋，痛極暈仆，須臾而卒，蘇人哀之至於巷哭。可莊風采甚盛，死後言者紛紛，其死之年為四十五，適與文山同歲，指其在廈所作為詩讖；又言是年龍虎山張天師牒大府，謂府城隍林則徐已滿任，已命王仁堪補授云云，皆愚俗迷信之談，惟亦可覘一般於王之哀思矣。

一二九、周伯晉倡議變法

清末，羅田周伯晉（錫恩），以愛士稱於時，與長沙張百熙齊名，有「北周南張」之目，學者稱是園先生，蓋亦振奇負異者也，遭時不遇，為樞臣嫉扼，抨擊之，禁錮之，終於輾轉憔悴以死，亦可哀矣。

伯晉又字廕常，世居平湖之古營山，幼負逸姿，父早喪，祖慶海為時名醫，鍾愛之，親課其讀，未成童以文字受知於張之洞，補諸生，旋肄業武昌書院，受小學經學於院長劉恭冕，而篤好尤在經世之業，修書志局時，受古文義法於張廉卿裕釗，而其古今詩駢儷文，則自運才學，詣力尤深。同治初元，號稱中興，士大夫皆以文章科第相高，伯晉斐然思有所造作，以貢於時，才識駿逸，每下筆不能自休，吐詞清澈，舉步翔雅，講藝論事，蹈厲風發，彌見氣魄。撰為《變法通議》，陳之當道，不屑屑於漢宋諸學，嘗謂「自明以來諸老師宿儒，學有師法，著述精能幾備，在今日必擇前所未有後不可無者，為之。」以光緒己卯鄉試中式，癸未成進士，改庶吉士，散館撰編修，出典陝西浙江鄉試，殫思痛力，以振作士氣之衰為己任。旋丁母艱家居，創黃州經古書院，以考據、義理、經濟、詞章四科，倡導來學，課藝風行一時，張之洞聞之，屬校藝兩湖，嘗以鄂省文獻凋落，學無統緒，先輩率不提倡後進，後進不思表彰先哲，為不知自愛其鄉，接見來學，輒予感發。而愛士如渴，一文一藝，贊不絕口，自割脩入，以助寒畯，對於地方利弊，尤多注意，為士民籲福便，時張之洞任總督，譚繼洵為巡撫，陳寶箴為按察使，惲祖翼為督糧道，皆雅重伯晉，伯晉益發抒夙蘊，多所建白。

甲申法越之役，伯晉上書之洞，條列戰守甚具，及媾和後，國內興築鐵路議起，朝議紛紜，伯晉適抵京，陛見時，德宗以此事垂詢，因具陳路政緩急利病及籌款與事後利益，並請認真提倡新政，德宗頷首稱善，其言蓋先康梁諸人且十年也。甲午中日之敗，伯晉方居武昌，聞割地賠款議成，與陳三立抱持痛哭，寓感憤於詩歌，於嚮所持變法主張益烈，上書翁同龢，請立朝議以富強湔國恥，並欲聯長江七省督撫倡新政，及戊戌政變，伯晉知無可為，復深弋篡之懼，乃營是園於羅田南鄉之石源河，植桑萬株，以自養晦。會膠州廣州租借事作，嘆曰：「中國從此無寧日矣！丁此世局，一身自了，吾儒之恥，手無斧柯，將奈之何？」然卒遭大學士徐桐所忌，以甄別翰林官例奏請勒休編管，伯晉走避義寧廬山，娛閱山水，旋以疾作，歸卒於家。

一三〇、陳止菴文學儒雅

《冬暄草堂詩文集》，仁和陳豪作，散原老人陳三立為之序云：「先生官鄂為老吉吏，以宰劇縣，循良之績，冠一時，又多藝，能嫺吟咏，工畫與書，文學儒雅，照映前後，棄官歸隱明聖湖上，時時杖履徜徉，所得詩亦稍多，類高逸夷澹，稱其為人。……」潘鳳洲（鴻）跋其後曰：「君夙喜讀陶集，於鄉先輩則愛吳西林，故五言古有盎和澹雅之音，近體學放翁，而題畫絕句，含情綿邈，言短意長，尤非胸無塵滓者不能有其境地。蓋君善繪事，落筆不矜意而天趣盎然，歸田後，為余繪一箑面，秋江浩淼，岸楓作丹，蘆中艤小舟，篙師科頭酣臥，極盡蕭閒之致，並題二絕云：『得錢買醉已微酡，泛宅浮家涉歷多，鷗鳥同眠江上穩，轉疑朝市有風波。』『蘆花風起水天寬，午倦垂頭正早餐，得受個中涼意味，此兒曾未夢長安。』……」一序一跋，可見其風概已！

陳豪字藍洲，號邁菴，晚號止菴，幼讀書有孝行，父與弟死於太平之役，負骨奉母居谿，讀異苦，文譽大起，亂定後，長吏崇獎文學，咸器異之，豪以為學務實踐，窮經當致用，頗與時流異趨。舉同治九年優貢，朝考以知縣用，分發湖北，大吏知其貧，將檄筦釐金，豪謝曰：「某終身不願以榷務自效也。」光緒初，攝房縣，俗獷悍喜鬥，又地瘠民貧且值旱荒，號難治，豪勘案鄉僻，攜食具自隨，假憩祠廟，與隸卒同甘苦，一年而奸猾屏跡，閭巷不驚，比受代，耆老壺飧祖餞，繈屬徒行數十里，數人尾其輿行且泣，則皆以罪責獲釋之民也。其〈留別房縣士民〉詩：「去來都是暮春天，筦領房陵正一年，地大從知州改縣，山多強半石為田。農心滿慰逢新雨，吏事殷勤屬後賢。百歲不曾餐脫粟，為言生計劇堪憐。」房之山民，多以洋芋苦蕎雜食為生，不知有香稻味，故云。「苦心了卻一枰棋，著子偏逢打劫時，拔薤祇教除禍首，發棠曾已濟燃眉。政無他術唯防擾，吏竟如傭亦自嗤。但得清勤民便樂，買絲我欲繡袁絲。」治房時，民柯三江乘饑釀亂，捕治之，餘諭而釋之，並發倉穀一千八百石賑糶，昕夕治事，僕輩以傭工比之，笑不為忤，前官袁範卿去久民懷，末句因及之。

其後攝蘄水，補漢川，修堤治獄，昕夕無少休，積瘁暈仆，又咯血不得眠，念某案未結，舁出廳事臥判之。在鄂二十年，聲績著聞，以母病辭官歸，既卒，遂鍵戶謝客，以書畫自遣，或尋佳山水，杖策孤往，與田父漁樵相酬接，嘗拏舟富春桐江，歔歌而還，宿疾間作，不事醫藥，宣統庚戌，疾甚，吳慶坻過之，猶縱論時事，神明湛然，自言胸中灑然無所苦，徇家人意，姑進藥，行將怛化矣！慶坻為之泫然。

止菴詠史亦多精闢語，〈為讀史記感齊姜及趙襄妻事〉：「深閨俠氣謝纏綿，醉遣功高十九年，遍賞從亡忘故劍，豈徒慚恨介山田。」「迎將翟女恨來遲，異腹同根不損慈，念舊知興雙絕調，黃金合鑄趙家姬。」〈讀三國志〉：「讀書擊劍幅巾來，精舍譙東故里開，若使孝廉身便老，阿瞞父子不凡才。」「草廬一出定三分，巾扇飄然思不群，秉燭治書方少食，此身曾許左將軍。」他如〈早起〉五古：「世短心尚長，俯仰何時已。一念截眾流，湛然止所止。拂衣歸去來，昨非今未是。飛鳥受人憐，寥天阻尺咫，修鱗蓄之池，洋洋局涯涘。蹉跎逾十年，慚悔乃如此。牆頭花亂開，惜春方早起，新晴風露香，皓潔洗塵滓。陋室頗欲銘，供養紛蘭芷。諸孫戲我側，言笑皆可喜。範家有餘歡，雝肅劑情理。方寸即桃源，神境非虛擬，喧寂兩相忘，兀坐獨憑几。」皆可誦。

一三一、林迪臣長祀孤山

清末，侯官林迪臣（啟）守杭州，有善政。卒之日，杭民葬之於孤山林和靖墓左，並醵資建屋數椽，祀焉，稱曰「林社」，春秋社祭，以誌賢守。社成之日，杭郡士民獻聯云：「樹穀一年，樹木十年，樹人百年，兩浙無兩。」「處士千古，少尉千古，太守千古，孤山不孤。」

迪臣於光緒二年成進士，選庶吉士，授編修，督陝西學政，馭士嚴正，任滿，遷御史，直言敢諫，稽察祿米倉，拒受陋規，為時所稱。十九年，出為浙江衢州知府，多惠政，二十二年調杭州。……此為守杭前之簡歷，見《清史》卷四百七十八，〈循吏傳〉。

抵杭州府任之始，以清庶政為尚，又以狡胥猾吏，為患地方，首除衙蠹，通民隱，並禁無名苛索，絕賕賂，剛亦不吐，柔亦不茹，以親民便民，列為治政之要，餘杭舉人楊乃武者，惡訟師也，曾因姦通民婦號稱小白菜之葛畢氏，興大獄，後因其姊京控，經刑部提訊，倖免重誅，及釋歸，則益橫，包攬訟事，以挾制官吏，刁民好訟者，惑其言而利其能顛倒擺弄，無不爭趨之。歷任莫敢誰何，迪臣察知其情實，遽予捕治，乃武挾其潛力，控於京師，迪臣不為動，卒論如律。

既念使民興仁興讓莫如教，教化行，廉恥立，則民不偷。乃以興學為首務，時各省學堂猶未普立，杭郡僅求是書院及東城講舍，因建養正書塾，課以新學，並就東城講舍，增授經義，誘導諸生研尋義理，並新求是書院之講授，以致用養士。復以浙中蠶桑之利，甲於天下，設蠶學館於西湖，講求新法，績效大著。圓通寺僧某，阻撓不法，捕而置之法，並廢其寺，籍其產為興學之需，民心稱快。其幕賓高鳳岐實佐之。

西湖孤山，自林處士後，亭空株萎，乃於山麓補種梅花百株，林琴南為寫補梅圖長卷，並記云：「……孤山之勝，惟吾林氏得以專之，今守杭者為吾郡迪臣先生，又吾林氏者也。先生治杭得其政，養士得其教，為匹夫匹婦存其利，而先生猶以為曠職而無功，居則燋然若思，廢然若忘，而特喜吾處士公能逃名盛世，不以吏事自污，因補梅百株於孤山之麓。先生守杭三年，政平人和，而蕭然恒若無與，豈區區垂念於一梅？故吾恐後人之見梅者，轉以思先生之政於無窮也，而先生以又焉逃其名。」裝池後名家題咏甚夥。廿六年卒於官。生前嘗集友為詩鐘之局，拈「一雲」兩字，迪臣得句云：「為我名山留一席，看人滄海渡雲帆。」彌見風概，不意竟成詩讖，終與處士平分一席矣。

一三二、李鴻章之家世

李鴻章丁晚清震盪動亂之局，舉凡政治外交軍事經濟之大事，無不與李氏有密切關係，黃公度謂其「撫心國有興亡感，量力天能左右旋」，不問讀史觀點對其功罪之論據為何，要不失為近代史上一傑出人物也。半世紀前，李已被稱為世界百傑之一，吳摯甫輓李瀚章聯：「從師得千載一見之人，直取旌麾作衣缽；有弟為五洲百傑之選，早將家世服單于」。所謂服單于之外交，即以夷制夷之法也。或曰：當時權后枋政，孱主闇弱樞廷之間非書生即愚頑，李身處危疑，勢分力薄，亦有不得已而已者，嚴幾道輓鴻章聯：「使當時盡用其謀，所成功必不止此！設晚節無以自見，則士論又將如何？」洵為客觀之筆，可味也。李之事蹟，公私記載已多，茲擷其家世，以資談助。

李之先世，本許姓，江西湖口縣籍，其高祖某，為李氏之甥，外家乏嗣，以甥承繼，乃遷合肥居焉。故李門祖傳規例：「許李二姓不通婚，而與族外之李則不禁。」鴻章之母所稱為女中福人一品侯太夫人者，其母家即為李姓。

鴻章父名文安，字玉泉，號愚荃，行四。生子六，長瀚章，字筱荃；次鴻章，字少荃；三鶴章，字季荃，四鷁章，字和甫；五鳳章，字稚荃；六昭慶，字幼荃。女一，適同縣張某，鴻章行二，故有「李二先生」之稱。文安子孫，為避親諱，凡函牘家書，遇請安字樣時，皆以「綏」易「安」，鴻章貴盛後，門生僚佐親戚故舊函札往來，均仍之，遂成慣習。

先世業農，文安亦半耕半讀，中式道光戊戌科進士，家風寒素，會試放榜，泥金捷報抵家，其夫人李氏尚在田中耕作，報子乞賞，弗信，揮鋤如常。曾國藩與文安為同榜，交往頗密，惟文安殿試未得翰林，授職刑部主事，專司提牢廳。當時刑部獄政窳敗，污穢簡陋，夏則蚊蚋暑溼，冬日風雪寒凍，加以疾病傳染，囚多瘐死。文安典獄，必親自檢視，嚴禁胥吏虐待，夏施茶藥扇席，冬施粥及衣被，皆捐俸為之，慈惠廉明，為時所稱，如是者十餘年，升員外郎，而郎中而記名御史。太平軍興，曾以侍郎在籍，奉旨治軍防亂，文安亦回籍辦團練，遂成後來淮軍基礎。

李老夫人於文安任京官時，仍在鄉督耕紡棉織布，晚年始由鴻章兄弟迎養。當時除旗婦外，漢人官眷皆纖足弓鞋，獨此媼為天足，板輿奉養之日，綠呢白錫頂之八人官輿，瀚章鴻章步行扶槓隨侍，婉請勿露大繡花鞋雙趺於轎帷之外，太夫人怫然曰：「怕啥！你老媽還用得著裝扮嗎？」合肥土語，呼母曰老媽也。後壽終於武昌兩湖總督官邸。

一三三、那拉后寵遇李鴻章

清咸同間，以平定髮捻建殊勳者，以曾左李為巨擘，而於合肥李鴻章獨為優渥。太平軍事定後，清廷酬庸有功，曾左封侯，國荃一等伯；鴻章祇男爵以下之一等輕車都尉。至平捻之後，封一等伯，其官階雖同於宰相之大學士，實權則為前後三十年之北洋大臣、直隸總督，坐鎮近畿大吏。當慈禧垂簾，主幼臣庸，自命清流者，復務為高論，就當時鴻章之處境而言，極掣肘為難之艱窘，如無忍辱負重之勇氣與挺勁，則雖功高蓋世，亦將鼎折餗覆，說者謂李才識經驗肩膊勇奮均有之，故能所造具足。然清室母子與樞廷權貴亦不無特加青眼，優予禮遇，如雙眼翎，四開氣袍之特殊章服，以及紫禁城騎馬，西苑乘輿乘船，內廷扶掖，七十賜壽賜宴等榮典之外，且為李氏特創「方龍補服」，於「祖制」「大清會典」外，破格製賜。按清代官階，文武各分九等，文職最高一品補服為「仙鶴」，公侯伯子男五等爵為「犀牛」，皆為方形，帝后為「行龍」，親王郡王貝子貝勒為「蟠龍」，皆為圓形。為提高李氏章典而又不破壞「漢人不得封王」之制服，煞費苦心，創為「方龍」，在當時如此，不能不謂為異數也。

此外，為恩結李氏故，幾視同優越之旗人宗室。清制：滿人可任統治漢族兵民之官職，漢人則否，故凡統治滿族官民之各省駐防將軍都統副都統等職，皆滿人所獨佔之官缺，不受總督巡撫轄治，其界限權職，分劃甚嚴。獨於鴻章之長孫國杰，任廣州駐防副都統，又將其幼子經邁，任為滿州鑲紅旗副都統，則真可謂居然滿漢一家人矣。

又清內廷官制，分警衛，侍從，總務，除總管太監一職，雖轄屬太監數百，但總為奴隸執役性質不能列入外，其領侍衛內大臣，為內延最高職位，屬一品要員，頭二三等侍衛諸官均歸指揮管轄，負宮廷全部安全之責，至每日隨侍皇帝左右供差遣傳論之親近要員，則為散秩大臣，階正二品，食俸三品；尚有掌管內廷一切總務，則為內務府大臣，此皆滿員獨佔之位置。李之長孫國杰方二十三歲，即委為隨侍西后左右之散秩大臣，其後外放，陛辭之日，西后垂淚語之曰：「廣東為汝祖父與伯祖到過之地方，汝今又指派前往，當好自為之！」又顧光緒云：「唉！要不虧李鴻章，咱娘兒還有今天的日子過嗎？」蓋有感於庚子時鴻章迴護宮廷之力也。

一三四、李若農（文田）淹雅通博

順德李文田，於晚清間，以博學重於時，《清史》有傳，謂其「學識淹通，述作有體，尤諳究西北輿地。……」與吳縣潘祖蔭並以淹雅通博稱。李與張蔭桓不慊，於康有為尤深惡痛絕，斥為異端，故戊戌諸人，於李亦多微辭，不足信也。

文田字仲約，號若農，亦字仲芍號藥農，咸豐九年一甲三名進士，翁同龢見其詞賦閎麗，歎為奇材。又言其「博覽能文，丹鉛不去手。」其治學方法，以鄭夾漈、王深寧為宗。夾漈名樵字漁仲，所著《通志》，於經旨禮樂、文字、天文、地理、蟲書、草木、方書之學，皆有論辨；深寧名應麟字伯厚，為文天祥座主，著述尤富，有《通鑑地理考》及《通釋》，《困學紀聞》等二十餘種。皆南宋之著名學者，所著雖為類書與考證之學，然治此者必為學問賅博之士，與浮談無根者自別，文田治學對鄭王之學，最有心得，博學之譽，洵為不虛矣，而其最突出處，則以精諳金元史實，西北水地，稱一時權威。此項研究，本屬冷僻，人物地理，其名多屬譯音，長而且贅不易記憶，李以類書方式，分門別類，宛如剝繭抽絲，有條不紊，所校著金元史及西北水地者，達三十六種，均加眉批，丹鉛乙乙，備極精細。所為詩，亦多及於是，如〈萬安宮遺址〉三絕：「阿爾臺山白草肥，萬安宮殿舊都畿，當年突厥兼回鶻，兩代牙庭化夕暉。」「鄂勒昆河足射雕，昔令奇水綠迢迢，金蓮池醉溫泉獵，誰管元昌王氣銷。」「斷氏殘當歲月深，沿河翁仲草蕭森，碎碑滿地無人拾，歎息圭塘許翰林。」又〈題俄人和林圖印本〉：「禿忽思樓夏納涼，新和林省舊元昌，掃鄰城裏茶寒殿，北去龍庭百里強。」弔古感今，又不盡專務考記而已。餘事編有《六朝集錦》一書，於南北史中掇其四字句者，排比成對，每比兩句，每聯共十六字，計數百聯，均精警穠麗，聯以廣二寸長五寸彩牋為之，分兩行，字各大四分，下用精楷細字注其出處，裝裱成帙，精美之極。又有《集句要訣》一卷，教人集句方法，先看句末之字，按詩韻分門，再看句中第二字，以平反虛實別類，遇句法相同者，別置一處，以備臨時檢取。亦以三分端楷寫就，從首至末，一筆不苟，其細心耐煩處，不為可及！葉昌熾嘗稱其「書法唐賢，精嚴似信本，遒麗似登善。一時豐碑鉅製，皆出其手。」昌熾未通籍前，即以潘祖蔭之介而識文田，每得書拓，輒出賞析，李喜談風鑑，見輒揶揄曰：「一老教官耳！」昌熾笑應曰：「浮湛木天，侏儒一囊粟，與苜蓿闌干何異？」則相與拊掌不已。

居京時寓北半截胡同，几榻外惟圖籍，列櫝數十，皆其特製者，式扁而闊，書本平置櫝中，旁置小机，以便坐閱。其書分類相從，甲乙縱橫，密如櫛比，手題書籤，於書名卷數以及類列編次，均自作端楷，長至尺許，下垂如簾，則有類於圖書館學中之科學管理，李蓋開其先河者也。俸錢所入，盡耗於購書，死之日，翁同龢於日記中，書「哭若農，為之摧絕。若火身後蕭條，差囊盡買書矣。」

同治末，清廷議修圓明園，李督江西學政秩滿，以母老將乞終養，回都覆命時，聞其事，疏云：「巴夏禮等焚圓明園，其人尚存，昔既焚之而不懼，安能禁其後之不復為？常人之家偶被盜刦，猶必固其門牆，未聞有揮金誇富於盜前者，此必內府諸臣及左右憸人導上以朘削窮民者，使朘削而果無他患，則唐至元明將至今存，大清何以有天下乎？」……深論危言，詳盡痛切，李慈銘稱為「古今名奏議」，穆宗載淳意為感動，所傳裂疏擲地者妄也。王闓運《湘綺樓日記》中，亦記：「與文田論夷務，籌今可將者，殆無其人，可為太息」語，則文田於文章學術外，固亦有心人也。

一三五、李瀚章治績與毀譽

合肥李筱泉瀚章，李鴻章之伯兄也，以拔貢為知縣，銓湖南，時值洪楊之亂，曾國藩出治軍，檄主糧饟，以勤敏並為胡林翼所重，洊擢臺司，數年之間，遽膺方面，與鴻章並稱二李。同治間，洪軍將李世賢等聚福建，分犯贛南窺兩楚，貴州叛苗散匪又闌入楚界；而霆軍潰卒，復竄擾湖湘，三路告警，瀚章適奉撫湘之命，既至，分遣將卒，出境致討，指揮若定，悉予敉平，其才具識見，亦有足觀，自是調撫江蘇，未赴任，即拜湖廣總督之命，前後四至與其弟鴻章更迭受代，其母累年不移武昌官所，人以為榮，《清史》稱其性簡靜，更事久，習知民情偽，務與休息，有楚賢之遺風焉。

瀚章在湖廣最久，顯達後，以權重自憙，操守亦無足稱，譽望頗不甚協，王湘綺曾言⋯「咸豐以來，督撫權重，湖廣尤甚，官伯相（文）恣睢專斷者十二年，而李氏兄弟前後相繼為總督，官吏視總督若藩封，凡所議建，莫敢枝梧。李兄起州縣、至臺司，以持重鎮物為治。然不喜清議，聽師友寮舊之言，不及屬吏；屬吏之言，不及左右；而其所部割據水陸，統領營官皆由私授，又非屬吏之比，自妾媵婢僕，外及巡捕材官，無不取盈於各營，而轉取虐於民。湖北官民悚息其權勢，皆敢怒而不敢言也。」近人筆記，亦多譏其貪鄙顢頇者。遭憂去官時，瀚章於孝幃中，忽告鴻章云：「老二！我兒子多，開銷大，閒不得，將來還得替我打點打點。」鴻章怒之，應曰：「大爺，官聲太好了呢。」⋯⋯知兄莫若弟，亦慊其簠簋不飭也。瀚章家居六年，始起授漕督，未幾移督兩廣，以議革闈姓賭捐事，瀚章以海防急，主循舊收繳，違眾義，輿論大譁。生日，廣受餽贈，有獻七珠蟒袍及翠釧者，時有「七蟒排球，羨小泉之富麗」之譏，瀚章遂以疾告歸。時光緒廿一年三月也。

光緒中葉，國家多故，鴻章主以夷制夷，歷聘各國，隨員中有編其遊蹤為遊歷日記者，鴻章為之序云：「僕犬馬餘生，衰病無狀，仰蒙放還故山，主恩歲月，臣疾烟波，於願已足。昔歲中日之役，每聞客自關外來言邊事，未嘗不作祖士雅聞雞之舞，心旌奮發，幾欲投袂而起，不自知其病在牀也。良以世受國恩，圖報之情，不能自己。且不知其不自量力。今年夏，仲弟少荃銜命使俄，並遊歷泰西諸國，道出滬上，適僕亦就醫於是，相見甚歡，偶憶坡公贈子由『誤喜對牀聯舊句，不知飄泊在彭域』之句，則又慘然者久之。嗣後來書，亦既平善還朝述職，私心愉慰。頃兒輩以其遊記一冊呈覽，繙閱一終，恍若身歷其境，乃呼兒輩使來前而詔之曰：若等當知爾叔父之辛勤以報於國忠於君者，皆克紹先大夫未竟之志。即孝於親也，其勉之哉！安得我中國富強，四夷賓服，仲弟功成身退，任吾兄弟如六十年前相與釣游於逍遙臺畔，不識果有若是之一日否也。閣筆憮然。丙申十二月，筱泉。」又數年卒，在其作序時，固猶有用世之意也。

一三六、李鴻章淚盡秋風

辛丑九月，李鴻章嘔血死於燕都之賢良祠，易簀前，惓念危局，老淚縱橫，吟有：「勞勞車馬未離鞍，臨事方知一死難。三百年來傷國步，八千里外弔民殘。秋風寶劍孤臣淚，落日旌旗大將壇。海外塵氛猶未息，諸君莫作等閒看。」悽惻辛酸，無窮憤慨，而於暴俄迫簽苛約，猶痛其遺患無窮也。

當聯軍陷北京時，胡騎縱橫，中樞無主，人民生命財產犧牲之大，文化藝術古物損失之慘，清廷旁皇畏怯，為收拾殘局計，特旨急召李氏入京，授為全權大臣便宜行事，電中謂：「該大學士此行，不特安危繫之，抑且存亡繫之，旋乾轉坤，靡異人任。」李奉旨後於八月初過港，與英督匆匆一晤，即轉滬北上，甫抵津門，與迎候之周馥等相晤，執手唏噓，竟至號啕大哭。

李自同治庚午繼曾國藩任直隸總督兼北洋通商大臣以後，膺北門之寄，極使相之尊，一身繫中外時望者二十五年，所有洋務海防及對外各項交涉，多經其主持辦理。梁啟超所謂：「中國近四十年歷史，不啻為李鴻章傳記」，洵為不虛。然身處危疑，事嚚責備，力分勢掣，財匱兵驕，局外清議，不切事機，致屢遭傾擠，而其最受攻擊之外交政策，則狡猾險狠之俄日困之也。舊時士夫，於尊攘之義，執見甚深，一民族應有自尊心，原屬未可厚非，不幸處五千年來未有之變局，一味虛驕，不知己彼，而一般王公親貴，又昏庸顢頇，成事不足，敗事有餘，一敗再敗，無可收拾，又一諉之於李。李肩承重任，以八十衰翁，憂讒畏譏，思竭其智術以制人，而每遭人制，遂叢怨詬。拳亂初起，李抗疏條陳不可容縱義和團之意見，未獲採納，曲突徙薪之謀，弗能阻遏玩火者之瘋狂，必使其為焦頭爛額而後已，城下之盟，辱國喪權，幾何能免？故舊地重來之日，棖觸無限。其幕客范肯堂有詩紀之，句云：「相公實下憂時淚，誰道而今非哭時？譬以等閒鐵如意，頓教捶碎玉交枝。皇輿播蕩嗟難及，敵壘縱橫不敢馳，曾是卅年辛苦地，可憐臣命已如絲。」最能道出李氏當時心情。其時，聯軍在京，騷擾爭掠，雖已少戢，而俄軍侵佔東北，和約談判，亦以俄為最兇狠，千翻百折，枝節糾纏，各國觀念以李素親俄，眈眈注視，日使小村壽太郎尤不放鬆，蓋亦不無深悔聯交豺虎之誤也，淚盡血纔，遂發肝疾，俄使猶臨病榻逼簽密約，以致嘔血昏厥，九月廿六日遂飲恨長眠矣。

一三七、魏默深（源）論人才國運

邵陽魏默深（源），一字墨生，經學史學俱號名家，考據詩文亦皆特出，與龔自珍並稱奇才。幼穎慧，讀書賅博，於古今成敗，國家利病，學術本末，皆能挈其極。性兀傲，高自標樹，語屈四座，所作不法漢魏，不宗唐宋，務在明暢條達。舉順天鄉試第二，試卷進呈，名滿都下，公卿學士無不仰望風采，各方延致之函，日三數起，皆弗應。賀長齡開藩吳下，以禮羅致幕中，為輯《經世文編》百廿卷，分八大綱凡六十三目，言學術者六，言治體治術者五，復按吏戶禮兵刑工之次，分類屬列五十三，凡清初以來奏議，無不搜羅，有裨經世之用。旋為內閣中書，於一代典章，更多留意。及應江督陶澍之招，策劃改革鹽法大計，建實施淮北票鹽法之議，為鹽政開創新模。陶去，林則徐、陸建瀛先後繼，與默深皆故交，遂留江寧，策劃河漕兵政諸務，均切合實際。道光辛丑，英軍犯長江，裕謙以欽差大臣綜戎機，默深參贊帷幄，裕謙執守舊法禦敵，英人船堅炮利，乘風雨進攻，清兵大潰，裕赴水死，默深時在揚州，聞之痛憤，念非「師夷之長技以制夷」不足應數千年以來大變局，乃著《聖武記》。林則徐荷戈西塞，默深赴江口迎晤，贈詩云：「萬感蒼茫日，相逢一語無，風雷增蠖屈，歲月笑龍屠。方術三年艾，河山兩戒圖，棄槎天上事，商略到鷗鳧。」「聚散憑今昔，歡愁併一身，與君宵對榻，三度兩翻蘋，去國桃千樹，憂時突再薪，不辭京口月，肝膽照輪囷。」第一首註：「少穆制府屬撰《海國圖誌》」，蓋魏之所著，實為林所啟發者也。

魏著《聖武記》，成於《江寧條約》簽訂前後，篇中於人才國運尤三致意，其言曰：「今夫財用不足，國非貧；人才不競之謂貧。令不行於國外，國非羸，令不行於國內之謂羸。故謂先生不患財用而惟亟人才，不憂不逞志於四夷，而憂不逞志於四境。……故昔帝王處蒙業久安之世，當渙汗大號之日，必虩然以軍令飭天下之人心，昂然以軍食延天下之人才，人才進則軍政修，人心肅則國威遒。」……雖代異時移，其言要尚可取。至《海國圖誌》之作，自敘為據林尚書所譯《西夷之四洲誌》再據歷代史誌等鉤稽貫串以成，並標緣起，謂「憤與憂，天道所以傾否而之泰也，人心所以革虛而之實也，去偽、去飾、去畏難、去養癰、去營窟，則人心之寐患，袪其一；以實事程實功，以實功程實事，艾三年而蓄之，網臨淵而結之，憑河，毋畫餅，則人才之虛患，祛其二；寐患去而天日昌，虛患去而風雷行。」皆大聲疾呼，申言人才之關重，與人心積患之宜祛，今日讀之，猶錚然有聲也。

一三八、游智開清勤端嚴

翁松禪日記載：「游子岱來，此君為曾文正所識拔，有政績，今特召來，年七十九，齒未脫，耳目如少年，誠樸人也。」子岱為游智開字，亦作子代，湖南新化人，以舉人揀選知縣，李希庵（續宜）撫皖時，調司釐榷，以廉平稱。同治四年，署和州知州，清勤益勵，日坐堂皇決事，並出巡四境，詢民間疾苦，集諸生考校文藝，教以孝弟廉讓，朞年，治化大行。相傳和州婦女多好為葉子戲，不事事，智開欲禁之，而患無明文，乃令諭諸丐，見有人家賭博，許入室丐錢，和州民屋，多臨街設窗，於是民家婦女之好賭者，欲閉窗則闇無光，開窗則為丐者所見，此丐去彼丐復來，不勝其擾，民間賭風遂殺。又倡築瀕江隄防，徵游民負畚鍤，給以工食，日自督其勤惰，隄成工固而費節。曾國藩審其才，稱為治行第一，督直時，患吏治之弛，乃調智開署深州，以為他州縣表率，智開下車之始，興義學，減浮徵。旋補灤州，民俗好訟，奸民訟棍居間相搆，智開盡法以懲，不避權貴，訟風以息。擢永平府，一車一蓋，周歷所屬各邑，廉察疾苦，有事，邑令未及報，輒已聞知，治事尤神速。遷安獄吏，有私縶囚索賂者，智開忽於侵晨馳至，即拘吏至縣堂鞫而笞之，邑令猶未起也。

某縣有巨室兄弟，以析產搆訟，數年不決，智開抵縣，呼兩造至，不加研訊，自咎治理無狀，變起骨肉，望族如此，齊民可知，令相對跪，訟者兄弟皆感泣，請罷。李鴻章以智開清勤端嚴，足勵末俗，専疏陳荐，旋擢永定河道，受代之日，有劾其十七車盡載銀幣，鴻章復奏保其必無是事，得免議。其治河也，自攜炊具襆被督工，員弁無敢擅離工次，左宗棠議改永定河道，以南岸為北岸，智開以數百里廬墓城垣所在，遷徙費鉅，又不便民，力爭而止。後擢四川臬司，攜一僕筳輿入蜀，杜苞苴、清獄訟、嚴賭禁、劾貪墨。一日，潛至門房，見有紅紙封簽書蓮敬四金者，智開大疑，意謂僕從交遊中，或有請食蓮子而乾折以餽者，出其封，則見下署「如弟易家霖拜具」，易固布政使司經歷也，大怒，立呼僕至，斥之去，並撤易任。光緒中，遷粵藩，署巡撫，署為清初尚可喜王府，西偏有園，亭榭久圮，而草木蓊蔚，有大樹數株，約十餘圍，已枯矣，智開命伐之，得錢充書院修葺之費，又署前官屋數十間，令署中役隸居之，有餘屋兩間，役隸私以租人，智開聞之，令錄租入官，或有病其苛細，不識大體者，然在公私分明而言，智開所為，要不失為端嚴也。

一三九、翁同龢淒涼終老

常熟翁叔平同龢，晚號松禪，當季清同光兩朝，以帝師洊登樞要，人稱松禪相國。維時冲人踐阼，母后臨朝，強敵憑陵，國勢寖弱，士大夫倡言變法，新舊紛呶，漸成門戶之見。翁一身搘拄其間，而卒不免讒譎歸里，抑鬱以終，其絕筆：「六十年中事，淒涼到蓋棺，不將兩行淚，輕為汝曹彈。」感慨萬千，足窺其內蘊之悱惻無限。

松禪立朝功過，談者各異其詞，茲不具論。惟其宏獎人才，勉勵學問，要不失為一正人君子。惲毓鼎《崇陵傳信錄》，曾謂：「常熟輔政，紹明漢學，號復古。吳縣潘文勤（祖蔭），錢塘汪侍郎（鳴鑾）治之尤勤，場屋士不明小學，不能中程式，鄙夷程朱之學，斥為迂陋，屏不談，道德之防漸弛。」其說殊誤，姑不論潘汪所治是否為漢學，松禪淵源庭訓，其尊人二銘先生，生平於湯敦甫（金釗）、祁春圃（雋藻）、倭艮峯（仁）諸人，推服甚至，松禪濡染頗深，其日記中有：「聽倭艮翁講巧言令色一章，為之汗下」之語，仍一套宋儒門面語也。惟以性喜博涉，於書無所不覽，於漢學亦稍有了解耳。其詩文字畫，碑板金石，色色當行。簡牘小品，信手拈來，都成妙諦。其書法，瓣香南園（錢灃），通籍以後，始滲入其他碑帖，草書師顏魯公爭座位帖，行楷寫廟堂碑及米董各帖，隸書則張遷婁壽兩碑，篆書與何紹基同一途徑，寢饋於道州三唐碑，但不常作，其日記中曾有：「寫景師碑，意在學六朝，適形佻險，無復法度。」「寫篆書，意境牢落，難言喻。又古人真蹟，總不離藏鋒而緊，緊則變化，須知之！」等語。畫則山水松石，偶亦為之，流傳甚少，自言「忽畫山水，六十老翁作此狡獪耶？」然其書故自佳，與館閣諸家不同，喜寫生紙，揮灑毫素，神化自如，嘗自道所得：「作書時，心無餘事，目不能紙，為佳。」在朝時，勝流求書者，多不即應，而一般從其侍者展轉恭求則有求必應，自謂：「年高事冗，學書未成，何苦勞精疲神，供後生批評描畫，至輿皂走卒，得吾一紙，珍逾拱璧矣。」

松禪於同光朝局多所預聞，時恭醇二王隱爭政柄，各有黨附，互為消長，翁依違其間，各不討好，遂至被逐，庚子七月，且將見殺，王文韶救之始獲免，改為編管，初回里時居學前老宅，編管後山屏白鴿峯，親友過從者亦稀，僅同里趙次侯（宗建）常到山盤聚，此外則其甥俞仲軺及醫者金蘭升印人趙石農而已，生活窘甚，盛宣懷受惠最多，亦不敢接濟，畏受其累也。

一四〇、沈瑜慶見重時流

侯官沈瑜慶，字愛蒼別號濤園，為沈文肅公葆楨（幼丹）第四子。光緒元年乙亥，瑜慶年十八，入庠，受知於學使高要馮譽驥（展雲）。時葆楨總督兩江，瑜慶隨侍金陵，飫聞軍務吏事及江南利弊。五年己卯，葆楨卒，瑜慶恩賞主事。十年甲申，入都謁選，中式次年乙酉京兆鄉試第四十九名舉人。為正考官潘祖蔭（伯寅）、副考官翁同龢（叔平）、奎潤（星齋）、童華（明硯）所識拔。其首場制藝題：「實能容之以能保我子孫黎民尚亦有利哉。」洪琴西致書曾紀澤有謂：「沈少君瑜慶，乙酉北榜舉人，前寄來硃卷，讀至有大臣乃有人才，有人才乃有國祚二語，為之擊節，文肅繼起有人，公聞之當亦欣然也。」其見重於時流有如此。

光緒十二年丙戌，瑜慶會試報罷，以主事簽分刑部廣西司行走，在京與陳琇瑩、陳與同、沈曾植、曾桐、張謇等過從甚密。十五年己丑，大病幾殆，歷三月始癒。次年庚寅，決意南歸，以年家子謁直隸總督李鴻章於天津，鴻章為作書薦之於兩江總督曾國荃（沅浦），書云：「刑部主事沈瑜慶，文肅第四子，會試報罷，南歸過津來見。少年明幹，才器頗佳，詢悉景況甚艱，不能久居京秩。以南洋去家較近，差使尚多，將謁崇階，乞備驅策，以資歷練，且藉薪水以為家計。竊意水師學堂，創造方新，當有用人之處，自文肅首開閩廠，今已三世，從事船政，規模得失，聞見能詳，若使備員其間，可收督察之效，否則上海機器局派以會辦，藉資練習，悉出裁培之厚。惟其門內食指繁多，必月得百金，乃資生活，尚冀優給薪俸，實感逾格之施。文肅歿無幾時，其子弟已不能家食。然皆器識通敏，謹守家法，秀孝相繼，振興可期，猶歎廉吏之可為。兩江聲跡未遙，今為其子謀位置，似尚人情所共服。我公篤念故舊，知必樂為甄植。鴻章與文肅交好逾四十年，視其子弟，不同恒泛，故不覺其言之諄懇也。」此一八行書，語語誠款周至，非同一般酬應介紹函牘，故瑜慶持函謁曾，即奉札委為江南水師學堂會辦！其後瑜慶復改官道員，指分江蘇省試用，委辦水師學堂，歷任淮揚海兵備道，江西布政使等職，官江南甚久，皆發軔於此。

光緒十八年壬辰正月，鴻章七十生日，瑜慶壽以聯曰：「干旄旌旗，貴壽無極；江淮河海，麟鳳相隨。」并與兄瑩慶、璘慶、（長兄璋慶已前卒）弟璿慶、瑤慶、琬慶，姪翊清、贊清等以壽文致祝，專敘葆楨，鴻章微時交情，有云：「相國（指李）為世父緘西公癸卯鄉科同年，以先公公車過夏，為相與定交之始。丁未（道光二十七年）同出瑞安孫蕖田先生門下，改庶吉士，同居庶常館。時吾鄉陳心泉觀察，舒城孫省齋方伯，皆同年翰林之應館試者。先敘父濱竹公與相國兄今兩廣督部筱泉公（瀚章）為己酉拔貢同年，相從居館中。盍簪之雅，盛於一時。先公留館後，賃屋居長安，俸入不足給，寓廬庳薄，器用空乏，客位坐具有缺落者。時外祖林文忠公（則徐）開府於外，值歲至餉未至，資斧時或不繼，相國時相過從，語先公，曷以情言舅氏乎？笑謝謝，顧以其安貧樂道，情好彌篤。」凡此皆瑜慶聞諸鴻章者，可知兩家世誼之由來矣。

一四一、張季子（謇）感遇翁松禪（同龢）

清光緒甲午，南通張謇以一甲第一名成進士，其自記云：「棲門海鳥，本無鐘鼓之心，伏櫪轅駒，久倦風塵之想，一旦予以非分，事類無端矣。」又「伏考國家授官之禮，無逾一甲三人者。小臣德薄能鮮，據非所任，其何以副上心忠孝之求乎？內省悚然，不敢不勉也！」謇蹭蹬場屋久，遽以無意得之，宜其失喜如此，至忠孝云云，翁同龢日記中，有「上諦視第一名，問誰所取？張公（之萬）以臣對。……又奉題語，臣以張謇江南名士，且孝子也。上甚喜。」其題〈謇荷鋤圖〉：「平生張季子，忠孝本詩書。每飯常憂國，無言亦起予。才高還縝密，志遠轉迂疏，一水分南北，勞君獨荷鋤。」松禪愛士惜才，允稱士林佳話。

季子受業師如趙菊泉、孫雲錦、李小湖、薛慰農、張廉卿；主試師如林天齡、夏同善、沈葆楨、潘祖蔭諸人，而知遇之深，未有如翁之甚者。戊戌政變前，翁謫還常熟，己亥八月，謇赴虞山謁師，其日記云：「八月初三巳刻，謁松禪師，感慨時事，誦念聖皇，時時嗚咽。午正共飯，酉初謁退，師與危坐三十三刻之久，口無複語，體無倦容，以是知小人禍君子，往往而福之，為君子者正宜善承天意耳。」其明年甲辰五月十七日，松禪病，謇詣南涇塘候焉，歸未數日，而松禪於二十日之夜逝世，追維風義，無任愴痛，其輓聯句為：「公其如命何？可以為朱大興，並弗能比李文正；世不足論矣，豈真有黨錮傳，或者期之野獲編。」

民國十年，有〈虞山謁松禪墓詩〉：「淹迴積歲心，一決向虞麓，晨暾徹郭西，寒翠散岩壑，夾道墳幾何，鵠峯注吾矚，停輿入墓廬，空庭冷花竹。亟趨墓前拜，背楚淚頻蓄。悽惶病榻語，萬古重邱岳。抵死保傅忠，都忘編管辱。尊驕貢大義，凝唏手牢握，寧知三日別，侍坐更不續。期許敢或忘，文字尚負託，平生感遇處，一一繚心曲。緬想立朝姿，松風凜猶謖，九原石臺前，隨武不可作。」更於南通之黃泥山卓錫庵旁，建「虞樓」，題匾跋云：「黃泥東嶺，南望虞山，勢若相對，虞山之西，白鵠峯下，則翁文恭之墓，與其被放還山後，墓廬在焉。辛酉一月過江，謁公之墓，陟虞嶺，望通五山，烟霧中青蒼可辨，歸築斯樓，時一登眺，悲人海之波潮，感師門之風義，殆不知涕之何從也！名虞樓以永之，亦以示後之子孫。」另有〈宿虞樓詩〉：「為瞻虞墓宿虞樓，江霧江風一片愁，看不分明聽不得，月波流過嶺東樓。」

一四二、吳漁川（永）痛惜張樵野（蔭桓）

佛山張樵野蔭桓，以捐納起家，由縣令洊至卿貳，為戊戌政變帝黨重要人物，熟諳外交，嫻習洋務，負一時物望，以取忌於后黨，與六君子先後被逮，幾併遭駢戮，雖以國際之影響力，改戍新疆，不及兩年，終於魂飛邊塞，談者傷之。

樵野雖出身不由於科第，而邃於舊學，詩文書畫，皆有可觀，又通敏知列國政情及泰西炮臺儀器之技，服官魯鄂，受知於閻敬銘（丹福）、丁稚璜（寶楨）、李筱荃（瀚章），不數年保至道員，以明幹勤能勇於任事，為李鴻章所賞識，調之襄辦外交，疏荐備出使外洋，召見時奏對稱旨，遂特擢三品卿銜，在總理各國事務衙門學習行走，除太常寺少卿。總理衙門權比樞廷，樵野才氣通侻，豪放不羈，驟躋巍官，務攬權勢，頗為同列所忌。旋充出使美日秘三國大臣，抵美時，舟抵金山，稅司索觀國書，樵野謂非關吏所得預，峻拒之，電詰美國務院，稅吏踧踖慚謝。至伊士敦，僑眾爭迎。初華工之傭其地者，為美工燔殺者二百餘人，前使索償久不得直，樵野既達美都，即與彼邦移民機構，反覆辯論，卒得償。及美設苛例欲禁遏華工，樵野曰：「與其繫命於人，毋寧自禁勿與通也！」因倡自禁華工議。又與日本爭論小呂宋設官事，亦獲如議，他如奏設古巴僑學，金山學堂醫院，嘉惠於僑眾者實多。光緒十六年歸國，派充總署大臣，明年，又任戶部左侍郎，繫外交財政之重，不可謂非一時之奇才也。樵野於吳永（漁川）有荐主誼，故漁川嘗稱樵野精強敏贍，尤練達外勢，翁常熟當國時，倚之如左右手，凡事諮而後行，推崇傾倒，已臻極地，凡每日經辦奏牘文件，晚間以巨封專足送遞，必經其寓目而後發布。樵野好為押寶戲，每晚多有臺局，而自為囊主，翁之包封遞達，樵野一面開寶，一面啟封審閱，一僕秉燭，一僕司筆硯，塗抹勾勒，頃刻都盡，藉中款竅。精思偉識，初不以要戲而妨其決謀定計也。惟其才大心細，故能舉重若輕如此。

丁酉使英，道經俄德諸國考察返國。時德突佔膠州，而償日戰費又將屆期，外交財政均感棘手，李鴻章以俄約可恃，謂可引俄以制德，樵野以俄反覆，力持異議，李不聽，未幾，俄果不我助，反佔旅大，卒如樵野所慮。康有為維新主張，樵野支持最力，康亦累寄其家商密計，王照（小航）《方家園紀事詩註》：「南海為張蔭桓所蔽，堅主抑彼之策，以那拉氏為萬不可造之物。」其言或可信，樵野以后黨頑錮，非去之不足言新政，遂卒以此受禍，戊戌八月，已拿交刑部獄，將並赴菜市矣，英使竇納樂日使林權助同向李鴻章營救，清廷始改為遣戍。庚子拳亂，后黨重修舊怨，矯詔殺之。吳漁川於樵野之死，曾謂：「張公以不得於閹豎之故，遂至竄身絕域，投老荒邊，甚乃授首於倉皇亂命之中，……當時新撫為饒公應祺，假使稍微負責，緩須臾以察真偽，則拳禍旦夕可定，公如不死，則後來和議必可大為文忠臂助，……定能為國家挽回幾許權利。外交人才如此消乏，而又自戕賊之，長城自壞，其謂之何！」蓋痛深悼惜之也。

一四三、文道希（廷式）羈旅紀哀

萍鄉文道希，以博學強識，掇巍科，光緒庚寅成進士，殿試一甲第二名及第，授職編修，擢侍讀學士，盛言抗直，為樞要所忌。丙申春，楊崇伊摺彈文與內監文姓結為兄弟，並涉及松筠庵公摺事，那拉后以文於甲午時奏阻款議，主邀英人「助順」，又為屢請聯英德以拒日，至是並及之，旨下：「永革驅逐」，葉昌熾《緣督廬日記》嘆為「鉤黨之禍起矣」。戊戌政變，那拉后詔：文廷式著拿辦，並逮捕家屬。急走日本以避，為彼邦學者內藤虎等所推重，而棲身異國，感事傷時，百憂如擣，所為詩詞，輒多忠愛纏綿蕩氣迴腸之作。

道希名廷式，亦字道溪，號芸閣，雖籍贛之萍鄉，以父星瑞官高廉兵備道，僑居五羊久，少著文譽，以曾授珍瑾二妃讀，遂蒙宸眷，大考翰詹時，德宗特列一等第一。其時內憂外患，紛至沓來，士大夫輒好以言致譽，文氏飛騰得意，亦欲沽直市名，糾彈李鴻章畏葸挾夷自重。顧家相《五餘讀書廛隨筆》載：「芸閣主眷日隆，名震中外，嘗指陳時事，擬成奏稿七篇，置枕箱中，其語頗有侵合肥者。道出上海，箱忽被竊，時黃愛崇觀察承煊，方官上海令，為之追還原物，纖細畢具，而奏稿竟不可得，蓋早入合肥之手矣。」楊崇伊與李為姻親，自屬一脈相通，或竟為所授意者，可知當時朝右諸人，因外交路線主張之不同，而生嚴重摩擦，遂由左右之爭，而新舊之爭，而庭闈嫡庶母子之爭，葉緣督所以有「亂匪降諸天」之嘆也。

庚子拳亂，那拉母子西奔，瀕行，墜珍妃於井，道希時方在日，以〈詠月〉紀悼云：「藏珠通內憶當年，風露青冥忽上仙，重詠景陽宮井句，菱乾月蝕弔嬋娟。」蓋取李義山景陽宮井雙桐詩句也。及李鴻章奉召入京議和約，道希更有「誰言國弱更佳兵，其奈狂王憤已盈，鐵騎晨衝丹鳳闕，金輿西狩白羊城，何人能屈橫流溢，今日真憐大廈傾，無分麻鞵迎道左，收京猶望李西平。」及「燕秦莽莽舊山河，到此誰揮落日戈，未必平原頭可篋，更無延廣劍橫磨，漫天風雪堯年冷，誤國衣冠宋鵲多，前後沈楊寧得料，霜晨攬鏡未蹉跎。」之作，似於皤然一老之李，猶致憤憤也。那拉回鑾之後，道希亦邀寬大之典返國，然益潦倒，歸萍鄉山居種樹。甲辰卒，年未五十也。病中口占〈南鄉子〉一闋：「一室病維摩，且喜閒庭掩雀羅，煮藥繙書渾有味，呵呵，老子無愁世則那！莽莽舊山河，誰向新亭淚點多？惟有鷓鴣聲解道：哥哥，行不得時可奈何？」沉哀幽怨，一代風華，與恨俱儘。遺著有《雲起軒詞鈔》及《純常子枝語》。

一四四、楊叔嶠（銳）不慊康有為

綿竹楊銳，原字鈍叔，號退之，昆季四人，惟銳與其伯兄聰最知名，蜀人所稱為聽彝先生者也。兄弟自相師友，友愛最篤，年十九，應童子試，為諸郡縣冠，張之洞時提學四川，得其文，奇賞之，曰：李嶠才子也。因易其字曰叔嶠，召入幕，命一意讀古書，毋專於帖括，於是於經學、史地、天文、星算掌故皆博通，詞章溫麗、尤長於駢文。之洞創尊經書院，調高材生百餘肄業，銳年最少而常冠其曹，名益彰，旋以優貢朝考得知縣，而之洞方督兩廣，招任奏牘文字，佐幕府由粵而鄂而寧凡十五年，謹密持重，口不言功名，不登荐牘，居寒素無阿附意，故之洞始終敬禮之。後應順天試，以舉人考授內閣中書，復考軍機記名。性既奇慧淵博，至是亦練習政事，精神朗澈，容貌秀偉，所至人爭迎迓，海內耆碩少年新進負文望才氣講求學術留意時事者，爭過從訂交，輒周旋無倦色，特不輕謁權貴，權貴雖禮羅亦不往。

家故素封，在都時嘗捐銀十萬兩創大學堂，又議立四川同鄉京官子弟學堂，捐巨貲，以部議不許，此款遂撥為大學堂開辦費，即北大前身也。所居為伏魔寺，與林旭交厚，林至，命僮奉茶，僮名秋桂，楊呼之其音清越而長，林有「楊小姐喚婢發嬌音」之謔。

在軍機章京時，決疑定難，樞中舊僕，皆拱手推服，三十歲後，留心掌故之學，感憤時事，不肯託諸空文，代人作奏議獨多。甲午中日戰後，內監寇連材上書被殺，朝士無敢言者，銳為王鵬運作書上之，語頗切直。嘗與友論春秋「盜憎主人，民惡其上，子好直言，必及於難」節，友謂時亦宜委曲求全，銳則謂寧玉碎毋瓦全。

戊戌六月，伯兄聽彝卒於酉陽，銳痛悼欲奔其喪，之洞止之不可，將行矣，而樞旨召對，遂留京參預新政。康有為為諸生時，銳在粵時曾閱其卷，頗不慊其人，後聞其議論，遂與之絕，蓋以康言論詭而激，嘗致書其弟，極言康之狂悖，「不速去，且釀禍。」及變作，竟坐康黨被縶。獄急時，之洞電榮祿轉奏，願以百口保。次日刑部以會訊紿諸人，出加凶服，慘然請問故，堂上默不語；就西市，又請曰：至此已無生望，然求知坐罪之由，仍不語，長歎就刑，神氣冲夷澹定如平日，刑後血噴湧丈餘，訇然有聲，眼口緊閉，聞者痛之。盛伯希〈杜鵑行〉，有「茂陵遺草分明在，異議篇篇血淚痕」句，註：「哀楊生也」。見《鬱華閣集》。十三年後，其子繳呈手詔，即康有為所稱為衣帶詔者，其事與飲冰室所記者頗有出入。

一四五、桂伯華委骨櫻都

民國四年三月五日，桂念祖死於日本，臨終，自撰輓章云：「無限慚惶，試迴思曩日壯心，祇餘一慟；有何建白，惟收拾此番殘局，「準備重來！」蓋其一生蹇侘，瀕死猶多憤懣，不能作「歸處須歸」想耳！卒年四十六。

念祖一名赤，字伯華，生於同治己巳，少與新建夏劍丞敬觀，同師皮麓門錫瑞門下，經學詞章，根柢深厚。光緒丁酉，舉於鄉得副車，甲午中日戰役，怵於國危民敝，而朝野錮蔽，戊戌從康梁變政，在滬主持萃報館，梁啟超離湖南，所遺長沙時務學堂講席，舉念祖自代，將行矣，而難遽作，四卿駢戮，康梁潛蹤，念祖返匿於鄉，旋走金陵，依楊文會學佛，頂禮空王，虔修淨業。

已而，忽不耐空寂，聞梁等居日本，乃變姓赴東京，見康梁百無一成，不愜眾口，王照以維新黨人，在日輒遭康氏師徒狎弄，尤為不平，故入明治大學肄業，如是十餘年。民國改元，將束裝歸，旋聞項城竊位，知國事仍未可樂觀，遂仍留日，竟客死異國，亦可悲矣。

念祖詩詞極可觀，其〈酬友人詩〉云：「詩心淡後無奇句，世事談多有淚痕。與子細尋無味味，共余相喻不言言，當來彌勒終生世，過去巫咸尚理冤。試把十方三世看，鐵渾崙亦不須吞。」

五言如：「登臨爽氣新，愁客暫怡神。草木都遺世，川雲解媚人。趣幽雙蜨見，涼早一蟬聞，那識家園路，炎天莽寇氛。」「吾哀謝靈運，心雜誤清修；又慕李長吉，才奇預聖流。古今三語椽，天地一詩囚。與君數同調，何年結習休。」

詞如：〈臨江仙〉：「落盡紅英千點，愁攀綠樹千條。雲英消息隔藍橋。袖閒今古淚，心上往來潮。懊惱尋芳期誤，更番懷遠詩敲。靈風夢雨自朝朝。酒醒春色暮，歌罷客魂銷。」

又〈菩薩蠻．讀小山詞〉一首：「才華已為情銷損；那堪又被多情困？珠玉女兒喉，新詞懶入眸。清愁消不得，夢入蓮花國。方信斷腸癡，斷腸天不知！」沉鬱無憀之極，情懷悱惻，一發於詞，倘亦古之傷心人歟！

桂死後，詩詞遺藁散佚無有存者，《藐蘅館詞選》，及《忍古樓詞話》，各三首而已。

一四六、八股考試與考場

楊嘯霞老人所編之《網溪詩文集》，曾載有其尊人信夫先生之入學八股制藝，並徵求當代各名家意見，加以彙記，居覺生、于右任、許靜仁、賈煜如、陳含光諸老，均有所抒述，其後賈且有《秀才舉人進士》一書，於科場典實，詳加敘載，頗便於研討科舉制度史之用。

八股制藝之開宗明義，為「為聖人立言」實則為統制士流思想之工具。吾國科舉制度始於隋唐，而八股取士，則自明洪武元年始，清代沿之，童生第一試，為縣試，應試者不問年齡，概稱為文童。前後共五場，第一場為正場，試八股文兩篇，詩一首。餘為覆試，初覆試四書五經文及詩各一篇；二覆試四書文策論詩各一篇；三覆試四書文一篇，詩數首；四覆試亦稱終覆，再試八股一篇。當時規例，凡前場落選，不得再與次場，中者發榜公佈，造冊送府，備府試；府試科目與縣試同，發榜後造冊送院，中選者再應院考，是謂三考。縣考例照學額錄取二倍，府考一倍，院考由學政主持，院考及格，謂之附生，即通稱之秀才也。

童生院試入場，搜查至嚴，其懷挾被搜者將懷挾擲入所備巨籮中，叱令入場，縣考院考並無搜檢，院考入場發卷，按籤歸於坐號，在卷面寫明號數，然後關鎖大門，堂上擊雲板一聲，眾皆肅靜，吏執題目牌，教官誦題二三遍，兵快登案瞭望，遇有犯規者，鳴金一聲，高呼某生犯事，本生持卷赴堂印記，拒者重究。巳時，門擊鼓三聲，方可飲茶解溲，飲茶者自擊雲板，一聲，放卷桌上印飲茶二字，既畢，擊雲板二聲。解溲者謂之出恭，擊木梆，儀亦如之，例許一次。有交卷者，即撤桌去。未時，大門外擊鼓三聲，堂官擊雲板三下，大呼「快謄正」。申時，大門擊鼓四聲，呼「快交卷」。申末，大門五鼓，堂上雲板五聲，各生交卷淨場。

明末萬曆八股四大家之艾南英，刊有應試文，備述諸生之苦，略謂：「試之日，雖冰霜凍結，諸生露立門外，督學衣緋衣坐堂上，諸生解衣立，左手執筆硯，右手持布襪，聽郡縣有司唱名，以次立甬道，至督學前，每諸生一，搜檢軍二，上窮髮際，下至膝踵，倮股赤踝，至漏以前而後畢，雖壯者無不齒震悚慄。遇天暑酷熱，諸生什佰為群！擁立塵坌中，既不敢扇，又衣大布厚衣，比至就席，數百人夾坐，薰蒸腥雜，汗流浹背，水漿不敢飲，飲必朱其牘，疑以為弊，文雖工降一等。既就席命題，有回顧離立倚語者，則又朱其牘，以越規論，文雖工降一等。用是腰背拘困，雖溲溺不得自由。……不幸坐漏痕承簷所在，霖雨傾注，以衣覆卷，疾書而畢，其受困又如此。」則可作一幅科場圖觀也。

一四七、鄉試中式與經魁

科舉時代，鄉試取中者為中式，中式者稱舉人，前五名稱經魁。經魁即以易、書、詩、禮、春秋、五經藝，為中式之首選，亦稱五經魁首，其制，創於初明。據《稱謂錄》云：「國初鄉試，必先陳明所習何經，其中額亦即分經取中。中額既分經酌定，即每科第一名至第五名，必於五經中各中一名，而每名各居一經之首，故世有五經魁之稱。」終朱明一代，能以五經題兼作者，殊不多觀，《陔餘叢考》云：「鄉會試算由五經中式者，有明一代，僅二三人。洪武二十三年，閩人黃文忠試南畿，五經題兼作，以違式取旨，特置第一，免會試，授刑部主事，此五經魁之始也。至崇禎甲戌會試，則福建顧茂猷，丁丑則江西揭重熙，癸未則浙工譚貞良，馮元颷。……

清人入關，於順治二年乙酉開科，沿襲明代舊制，第一場，試四書藝三篇，經藝四篇（五經合為二十篇），合稱二十三藝；第二場，試論一篇，表一道，判五條，試五經者則並作詔誥。第三場，試策五道。其以五經中式者，據商衍鎏《清代科舉考試述錄》：「順治乙酉鄉試，山東法若真，以全作五經，監臨主司公薦異才，詔試玉芝宮，以內閣中書一體會試，順治三年丙戌成進士，館選。」自後歷康照、雍正各朝，以五經中試者掄元者，頗不乏人。即《陔餘叢考》之作者趙翼，亦以五經中乾隆十五年庚午科順天鄉試者。至乾隆十八年癸酉科，始停止以五經中式，命方苞選錄四書文，作為程式，於乾隆二十一年乙亥，移鄉試經文於第二場，並去論判試題，並易表為五言八韻唐律，於第一場加作性理論，是為八股取士之鄉試定例。

至其所持理由，乾隆上諭中，有云：「制科取士，首重四書文，蓋六經精微，盡於四子書，非讀書窮理，無以發先聖之義蘊。今士子或故為艱深，或矜為俳體，偶有得售，彼此仿效，文風日下，非細故也。古人論文，以渾金璞玉為比，未有穿鑿支離而可傳世行遠者。……」五經魁於是遂虛有其名，成為舉人前五名之專用名詞矣。

鄉試每屆三年一次，謂之正科，由延旨簡派正副主考主試，凡遇慶典特恩，則加設恩科，均於各省省會之貢院行之，每式分三場，規定八月初八進場，初九出場，為頭場；十一進十二出，為二場；十四進十五出，為三場，完場之日，正值中秋節，故每以蟾宮折桂，以稱揚中式之舉子云。

一四八、陳伯嚴（三立）峙盧述憾

義寧陳右銘寶箴，咸同間，與易佩紳、羅亨奎以道義經濟相切劘，時稱三君子，後易羅受湘撫駱秉章檄，募勇禦太平軍，右銘亦赴湘參與戎幕，席寶田聞其能，禮羅入贛，右銘為籌防禦攻戰，以功保知府，洊歷藩臬。甲午中日戰起，右銘時任直隸布政使，言於當道，請於津南津北分兵禦敵，以游擊之師擾寇後。迨馬關和約成，右銘拍案哭曰：「國殆不國矣」！丙申，以榮祿奏荐，擢湘撫，湘省向稱閣蔽，右銘思開氣致富強，為東南諸省倡，先後創電信，開礦務，置機輪航行內河，設槍械廠，組保衛局，開南學會，興全省工藝，勇銳猛進，一年之間全省移風。其子吏部主事三立（伯嚴）與黃遵憲、江標、徐仁鑄佐之最力，譚嗣同、唐才常、熊希齡等復從而贊之，倡辦時務學堂，延梁啟超主講。又奏陳行新政、開風氣、練新兵、正學術諸大端，皆蒙嘉納。張之洞時督兩湖，獨與契厚，凡條陳新政，輒與聯銜以進。戊戌詔各省舉賢才，右銘疏荐譚嗣同、劉光第、林旭等，俱蒙大用。詎維新失敗，那拉后再度柄政，詔責右銘招致奸邪，革職永不敘用，並其子圈禁於家，乃歸隱南昌之西山，環屋為牆，蒔花種竹，示無復出，署其廬曰「峙廬」以庚子春夏間卒。

伯嚴與譚嗣同、丁惠康、吳葆初齊名，稱四公子，甲午時，憤李鴻章勳舊大臣，明知其不當戰而戰，不當和而和，舉宗社之重付於一擲，電張之洞請奏誅鴻章，有「國無可為矣，猶欲明公聯合各省督撫，力請先誅合肥，再圖補救，伸中國之憤，盡一日之心」云云。在湘贊佐乃父，尤能散財禮士，啟迪民智，政變後父子得罪，家居侍父，肆力於詩。及右銘逝世，伯嚴經營葬事盡禮盡哀，廬墓終制，嘗為峙廬記，略云：「初吾父為湖南巡撫，痛窳敗無以為國，方深觀三代教育理人之原，頗採泰西富強所已效相表裏者，仿行其法。會天子慨然更化，力行新政，吾父圖之益自憙，竟用此得罪，免歸南昌，因卜得其地，遂葬吾母，穴左亦預為父壙。吾父既樂其山水雲物，歲時常留峙廬不忍去。澹然哦對其中，忘飢渴焉。嗚呼孰意天重罪其孤，不使吾父得少延旦暮之樂，葬母年餘，又葬吾父於是耶？而峙廬者蓋遂永永為不肖子煩冤茹憾呼天泣血之所矣。今天下禍變既大矣烈矣，九州四萬萬人皆危蹙莫必其命，益慟而轉幸吾父之無所睹聞於茲世者也。」憂時念亂，抱憾終天，可於文中見之。伯嚴晚號散原老人，僦居金陵時，每歲必歸西山省墓，居崝廬旬月始去，其詩集中崝廬詩最多，歌哭萬端，老而猶慕，述哀長句，尤悱惻不可卒讀，錄其七絕一首：「看盡岡原拈草新，紙灰澆酒四無鄰，雜花時節春風滿，重到孤兒是路人。」烏啼霜露，淚冷山岡，讀之酸涕。

一四九、張維屏風雅飭吏治

《清詩人徵略》，一百二十四卷，番禺張維屏輯，於有清康、乾、嘉、道間文獻紀述綦備，有足觀也。維屏字子樹，一字南山，父炳文，四會學官，維屏幼承庭訓，內行修飭，精研典籍，善書，通醫學，尤工於詩，少年所作，即卓然成家，與黃培芳、譚敬昭稱粵東三子。鄉試獲雋後，計偕入都，大興翁方綱素賞異之，語人曰：「詩壇大敵至矣！」成道光二年進士，改官知縣，署湖北黃梅縣事，會江水漲，隄潰，災民數百戶，維屏發帑金振焉，區畫條法，民得實惠。某次，乘小舟出勘災，水急，舟衝溜覆，墜水漂去，倉皇間攀得一木，始免，民歌頌聲，有「好官救民神救官」語。

後調廣濟縣，公費資於漕銀折色，民以為苦，維屏命去之，曰：「義不正則言不順，理不直則氣不壯，吾寧悖之以自厚耶？」以勢不可革，終引疾求去，汪廷珍聞而歎曰：「縣官不願收漕，世所罕見！」旋丁艱，服闋補官，願就閒，改分江西同知，權南康府篆，以風雅飭吏治，政事之暇，每至白鹿洞，集諸生談藝，以文行忠信相砥礪。又於廬山建李蘇祠，祀太白東坡，謂詩可以興，及罷郡，遂告歸不復出。隱居莊埭，築聽松園，閉門卻歸，專志著述，頹然不與世事。

初維屏與林伯洞、黃喬松、譚敬昭、梁佩蘭、黃培芳、孔繼勳，築雲泉山館於白雲上，白七子詩壇，及歸隱，復遍遊鼎湖七星巖，西至桂林，歷諸巖洞，或泛舟徜徉佳山水間，自號珠海老漁。性愛松，見松形奇古者，輒下拜，若南宮之拜石，又號松心子，其書流傳至海外，朝鮮、小呂宋獨多，得者咸寶愛之。

晚年耳目聰明，讀書日有程課，曾為學海堂堂長，士子之善屬文者，輒親往拜之，及門者以為非分，惶恐不敢當，維屏曰：昔「吳學士鼒老矣，聞人誦吾詩，輒來拜我，我今敢不畏後生耶！」其獎掖士類有如此。咸豐己未卒，年八十。

傳維屏少時，長身玉立，丰度瀟雅，而才名著甚。里中有富家方氏者，愛女及笄，待字閨中，因就宅園，宴集諸名下士，飲酒賦詩，徵雀屏之選，維屏年最少，白袷羅衫，朗若玉山照人，頃刻成詩，合座稱歎，方氏許以女字焉，遽未婚即死，維屏親往哭之，作〈哀詞〉

十六首，情詞悱惻，遠近傳誦。所為詩取材富而醞釀深，出入漢魏唐宋諸大家間，有《松山草堂集》、《聽松廬詩文鈔》傳世。

一五〇、吳愙齋（大澂）與度遼將軍印

吳愙齋大澂，以諸生翔步木天，督學陝甘，繼而勘災辦賑，為曾左李交章論荐，遂以才氣自憙，單騎收寇，奉使定韓亂，面折日使井上馨，使其氣懾而去。及會勘帝俄侵界，立碑建銅柱，自篆銘曰：「疆域有表柱有維，此柱可立不可移」於是侵界復歸中國，而船之出入圖們江者，亦卒以通航無阻，譽立名垂，何其盛也！及其開府湖南，值甲午戰起，自請率湘軍赴前敵，清廷優詔許之，不幸師熸名裂，斥回湘撫任，不半年奉旨開缺回籍，繼而革職永不敘用，自後遂一蹶不振，鬱鬱以卒。當其回任時，湘人怨子弟之化為蟲沙也，曾為聯以嘲云：「一去本無奇，多少頭顱拋冀北；再來真不值，有何面目見江東。」蓋自洪楊平後，湘軍威望彌著，吳虛憍好言兵，欲立功名，而適無尺寸之效，是役生還者殊少，宜湘人之怨之也。

大澂請纓之動機，據錢基博所撰吳傳，謂「事急時，翁同龢電詢大澂意，大澂意同，自請督軍赴敵。」蓋自中東事起，朝議皆主戰，李鴻章為眾矢之的，聲望大減，吳覬覦北洋，而不免「浮燥嗜進」（李慈銘評吳之語），又限於才具，王闓運嗤之為「書癡」，似不為誣矣。其在致兄書中，亦大言：「中日戰事已成，……生民塗炭，殊堪惻隱，水軍陸將均未得利，弟素有攬轡澄清之志，不免動聞雞起舞之懷。」又傳吳曾夢見大鳥飛翔，以手擊之，立殪。時日駐朝鮮大使為大鳥圭介，方統兵，吳以為己當勝敵，故勇於自試，同時又得「度遼將軍」古印於天津，獻印者吳俊，見愙齋與汪柳門（鳴鑾）書：「吳俊報效，代購得將軍銅印」等語，又以為必勝之兆，心亦益奮。

迨軍抵朝鮮界，又大書「免死牌」示倭軍，以降者免死。同時並電奏清廷，謂當尅期制勝，驚蟄以前可以肅清。葉鞠裳聞之，怖其言河漢無極！黃公度〈人境廬詩〉中之〈度遼將軍歌〉，曾詳詠其事，亦頗致譏諷。

比兩軍交綏，魏光燾彼禦，不利，李光久馳援，又潰，僅以數騎免，幸宋慶力扼摩天嶺，始免擒辱，拔劍自戕，為王同愈格阻，始嘆曰：「余實不能軍，當自請嚴議。」入關後，言路群起指摘，時常熟當國，言於樞廷：「吳大澂舍安就難，尚勇往，」部議降調，與宋慶俱改革留。給練余某，仍上章嚴劾，詞連常熟，指為袒庇欺矇，故終於開缺，卒於蘇州年，六十八。

一五一、張佩綸老死馴鷗園

豐潤張幼樵佩綸，字蕢齋，於清同光間，與黃漱蘭（體芳）、寶竹坡（廷）、張孝達（之洞）並稱翰林四諫，有大政事，必具疏論是非，號為清流，終以甲申馬江之敗，論罪革戍，一蹶不振，坎坷以歿，然學問淵博，詩文詞亦有可觀，陳石遺嘗謂：「蕢齋詩才刀富有，用事穩切，與張文襄（之洞）並驅中原，未知鹿死誰手。惟文襄雖頗更憂患，抑鬱不大行其志，然數十年外疆圻而內樞府，事業爛然，其感喟尚在裴中令李贊皇之間，蕢齋則獲罪遣戍，所處視瓊儋柳永，殆有過無不及，而詩筆剽健，所謂精悍之色，猶見眉間，與悽惋得江山助者，兼而有之，豈真愁苦之易好歟？抑亦蘊積有素，而遇景觸事，乃恣所發揮淋漓盡致歟？」所評尚稱恰切。

蕢齋為張印塘子，以同治庚午辛未聯捷成進士，年未三十，時外侮亟，累疏陳請飭新疆、東三省、臺灣嚴加戒備，杜日俄窺伺。又慼於外吏恣睢，朗官闒葺，嚴詞糾劾，李越縵稱其「侃侃勁直，可為香茗生色。」，翁松禪亦有「真講官也」之嘆。迨日夷琉球，法圖越南，蕢齋曰：「亡琉球則朝鮮可危，棄越南則緬甸必失，」因請建置南北海防，設水師四大鎮，荐徐延旭、唐炯堪任邊事，並招致劉永福黑旗兵等。法越搆釁，蕢齋請乘法兵未集，敕粵督遣師護越師，而樞臣狃於和局，慮其梗議，令往陝西按事，及歸，而越事益壞，甲申法人聲言將內犯，蕢齋以黑旗猶存，無分兵東來理，樞廷惡之，奏派會辦福建海疆事，實藉此去之也。然書生言共，實無膽略，孤拔法艦直駛馬江，船燬營殲，隻靴狼狽而逃，為世僇笑，而就當時情形言，和戰游移寡斷，法軍擾基隆時，朝中尚不願福州海軍取敵對行動，未可盡以歸罪於書生也。

李鴻章愛蕢齋才，於其謫戍釋還後，延其入幕，並妻之以女，襄畫新政，而李之兩子，俱與不睦，樊增祥過津與張之洞書，有「過津與豐潤傾談兩日，渠雖居甥館，跡近幽囚，且郎舅又不相和，不婚猶可望合肥援手，今在避親之列，……絕可憐也。」旋御史端良劾其妄干公事，命逐回籍。蕢齋乃挈眷居南京之馴鷗園，素有書癖，夫人出奩金購藏更富，綺閣繙書，與俗相忘，甲午戰後，鴻章主持和議，有詔佐辦，稱疾不出，和議成，鴻章於保案中加其姓名，以四品京堂起用，亦婉辭不就。張之洞督兩江，以西后嫉蕢齋甚，避嫌不與面，並欲修蘇州拙政園請其移家，蕢齋怒曰：「我固被議之人，奈何南京亦不容我住？」遂已。越年，夫婦先後逝，之洞過其園，即借其園中六朝松賦詩云：「憑誰江國伴潛龍，對舞髯龍入畫圖，憐汝支離經六代，此心應為主人枯。」陳寶琛與蕢齋交誼最厚，時多唱和，及其死也，哭之云：「雨聲蓋海更連江，迸作辛酸淚滿腔。一尉至言從此絕，九幽孤憤孰能降；少須地下龍終合，孑立人間鳥不雙。徙倚虛樓最傷斷，年時期與倒春缸。」

一五二、寶竹坡（廷）悱惻五湖舟

翁同龢《瓶廬詩鈔》〈遊西山見寶竹坡題名，因書其後〉：「衮衮朝中彥，何人第一流，蒼茫萬言疏，悱惻五湖舟。直諫吾終敬，長貧爾豈愁？何時楓葉下，同酸萬山秋。」五湖舟蓋指江山船事也。竹坡為清宗室寶廷字，號偶齋，同治七年進士，選庶吉士，授編修，累遷待讀，為清流四諫之一。同光之交，內亂雖平，外患滋甚，西后一意攬權，載淳崩逝，不為立子而傳弟，竹坡數上封事，議承大統，深為女主所不喜，而樞輔之間，門戶漸啟，沈桂芬、李鴻藻各有援引，張之洞、張佩綸互自標榜，朝政日菲，趨於虛憍，而於日、俄、英、法各國耽耽謀我，未之顧也。竹坡惄然以憂。光緒七年，出典福建鄉試，抵福州，登越王臺，有詩云：「白龍飛去越王死，千載荒臺猶此名。一水翻山趨大海，萬峯拔地束孤城。虎門漫說真天險，鹿港空傳有重兵。試上風濤亭遠望，長崎咫尺接東瀛。」竹坡念閩臺與日接壤，海疆形勢，不容樂觀，故有此作。其冬，張之洞外放山西巡撫，竹坡有詩送別，有「與君生不幸，值此時事艱。相從侍彤廷，抗疏同直言。君言富經濟，我言空擊彈。豈不觸眾怒，實賴聖德寬。君今當遠行，使我涕汍瀾，性疎罹禍易，恩重全身難」之句。

法越事起，和戰游移不決，樞臣各分壁壘，竹坡幽憂莫弭，過江山時，買船女為妾，道中上疏以條陳福建船政為言，附片自劾途中買妾，請從重懲責，有旨：「寶廷奉命典試，宜如何束身自愛，乃竟於歸途買妾，殊出情理之外，寶廷著交部嚴加議處。」遂落職。李越縵日記，紀之頗詳，並引時人所嘲「宗室一家名士草，江山九性美人麻」等句，曾孟樸《孽海花》說部，亦刻劃盡致，亦言其欲脫清流羈絆故自行檢舉。然竹坡故有〈江山船曲〉之作，自述頗詳，記其斷句，有「那惜微名登白簡，故留韻事紀紅裙。」及「本來鐘鼎若浮雲，未必裙釵皆禍水」，亦不諱言其有託而逃也。罷官以後，困乏殊甚，一襲媼袍，表裏盡破，松禪聞而惻然，有意為其設法起復，竹坡殊不以為意，曾賦「病馬」示意，張佩綸在閩僨事，荷戈遠戍，竹坡有〈夢幼樵〉之作，更有「當年快心舉，今日皆為累」之語，自後詩酒徉狂，終以貧死。陳寶琛在鄉，聞耗大哭，輓以詩云：「大夢先醒棄我歸，乍聞除夕淚頻揮。隆冬並少青蠅弔，渴葬懸知大鳥飛。千里訣言遺稿在，一秋失悔報書稀，梨渦未算平生誤，早羨陽狂是鏡機。」梨渦二語，最能道出竹坡心事。張之洞某年到京，亦有拜竹坡墓之作：「翰苑猶傳四諫風，至尊能納相能容，楓林留得愁吟老，長樂疏星猶聽鐘」。悲涼切摯，不殊陳作。

一五三、譚復堂（獻）詞壇峻望

仁和譚獻，初名廷獻，字仲修，號復堂，晚年以半厂居士自號。少孤露，溺苦於學，好為六朝三唐駢儷文，廿五六以後，潛心經訓古子，有志於微言大義。與丹徒莊中白（棫）交最摯。咸同間太平軍踞東南，江淮吳越，蕩析分崩，仲修以布衣，游徐壽衡（樹銘）福建學使幕中，文字外無他事，益研討經史校讎之事，旋遊汀州遭寇亂，城陷被囚縶，詭為書賈以免，再至福州，而徐已去職，乃赴廈門，交德清戴子高（望），顛沛中仍問學不輟，杭州收復後，始從海道歸，閉門重理鉛槧，同治丁卯舉於鄉，李蒓客聞其得中，謂足為好學者勸，見《越縵堂日記》。旋納貲為縣令，指分安徽，歷署歙縣、全椒、合肥等邑，有政聲，任滿無意仕途，歸隱上海，銳意著述，為東南文望所歸。

自言：「吾於古文無所偏嗜，於今人之經學，嗜莊方耕、葆琛二家，文章嗜汪容甫、龔定菴二氏，駢儷尤習孔顨軒，詩歌嗜吳野人、黃春谷，填詞嗜成容若、項蓮生。在閩交魏稼孫碑版最究心，愛翫翠墨，至老不衰。」……薄宦廿年，蕭然儒素，而聚書獨豐，著述不輟，積几以數尺計。詩詞致力最深。曾選清人詞為《篋中詞》六卷，續三卷，雅醇精謹，學者奉為圭臬，遂開近四十年之風尚，論清詞者詡為不祧之祖，居滬時有〈寄京邑諸遊好〉詩：「姓氏猶留賣酒家，一春不見帝城花，懷人海上生明月，回首長安有狹斜。早歲文章違世法，倦游浪跡尚天涯。高樓楊柳曾相識，折寄同心感物華。」後不知何因，與蒓客失歡，《越縵堂日記》中，有「譚仲修質敏好學，近人中極難得，而心粗氣浮，不能研討，自剽竊陽湖莊氏，武進劉氏、邵陽魏氏一二之書，遂以大言自欺欺人，予嘗謂仲修累於杭人習氣也。」又誚其所刻《群芳集》，謂「以自命知微言大義之人，而刻畫賤工葸子之狀，又何其不自愛耶？」迨光緒乙亥，仲修調江南闈差，蒓客尚有「不務實修而好標榜，仲修之所以無成也」之語。然仲修詞實承常州派之緒餘，蒓客所指，當為《篋中詞》之作，至於選曲徵歌，為當時一般風尚，蒓客自亦不免，均不足為仲修病也。其所為長短句，品骨遒上，語皆清雋，如〈桂枝香・秦淮感秋〉：「瑤流自碧，便作就可憐，如許秋色。祇是烟籠水冷，後庭歌歇。簾波澹處留人影，裊西風數聲長笛。綵船旗舫，華燈鼓吹，無復消息。念舊事沉吟省識。問曾照當年，惟有明月。拾翠汀洲，密意總成蕭瑟。秦淮萬古多情水，奈而今秋燕如客。望中何限，斜陽芳草，大江南北。」皆情到語。卒於光緒二十七年辛丑，年七十二。其自號半厂，以為「學問游跡仕宦文辭，率止於半，以識內愧。」蓋謙語耳。

一五四、陳寶琛詩哭張之洞

清末張之洞內召，風儀峻整，一時稱賢，而遽於宣統元年己酉八月晦，以憂卒於位，其冬櫬歸，陳弢菴哭以詩云：「風吹塵沙如黑烟，城郭慘澹飛紙錢，彌天心事一棺了，丹旐此去無時還。為臣獨難古所慨，謝安裴度寧非賢？移山逐日老不給，矧更百慮金其天！漫漫修夜大星失，覘者於國尤哀憐。寸丹灰盡料未死，儻籲宗祖通靈乾。太行蜿蜒送公處，卅載豈意重隨肩，對談往往但微歎，此景追味滋涕漣。九原何者算無負，躑躅四顧傷殘年。」蓋痛悼之也。

之洞以文儒致清要，遇事敢為大言，翰林散館考試一等第一，督學三楚，其奏到任疏，有「學政一官，不僅衡校一日之短長，而在培養平日之根柢；不僅以提倡文學為事，而當以砥礪名節為先」語，一時許為名言，任滿返都，授翰林侍讀學士，復奏陳修政弭災，去僉壬，勵言路，飭武備，嚴禁衛等等，均能切中時弊，與張佩綸、陳寶琛、寶廷等，均被目為清流黨。旋授山西巡撫，以清明強毅，樹立政風，不兩年，百廢俱舉，擢督湖廣，皆以興學、辦廠、築路、建軍為務，求治綦切，併力以赴，自謂本中庸「勉強而行」之義，所有興作，規模宏偉，不問費之自出，與耗之多寡，故譽之所至，毀亦隨之。慈禧柄政四十年，之洞獨以維護宮闈，世目為巧宦，然亦不同於婞婀取容者，翁松禪以磊落稱之，蓋尚有若干書生氣息也。在粵之廣雅書院，鄂之兩湖書院，皆以造就通才，博約兼資，文行並重。性好讀書，雖無日不在荊天棘地中，而手不釋卷，其文字以奏議及古今體詩為第一，幕中尤多淹博之士，世比之阮儀徵云。

戊戌時，陳寶箴贊其更事多而慮深，幹濟公忠，當代第一，然維新諸人，則譏其識時務而不徹底，欲改革而無勇氣，蓋在新舊衝盪之際，張為較溫和之一派耳。辛丑以後，之洞斟酌時勢，疏陳變法十二條，旋內調入樞，然當末造，朝政紊亂，守舊者類皆錮蔽鄙陋，而喜新者又多浮夸淺薄，可與言者蓋寡。奕劻當政，賄賂公行，宮闈日以行憲愚民，之洞深用感慨，其集中有〈讀白樂天〉句：「誠感人心心乃歸，君民末世自乖離。豈知人感天方感，淚灑香山諷諭詩。」極見沉痛。釐訂學堂章程時，王文韶反對甚力，張復有〈讀史〉句：「緇衣堂上壽甌香，父子同朝荷寵光，盜起盟寒都不顧，護持學究祀舒王。」即以刺奕劻父子及文詔也。溥儀嗣極之年，之洞已七十三，精力衰頹，瘏心尤極，老病侵尋，時患咯血，疾革時，載灃親往視疾，執手慰之，臨逝嘆曰：「國運盡矣」！不兩年而清亡。

一五五、黎培敬清嚴飭吏

湘潭黎培敬，字簡堂，為清季名宦，王湘綺稱為「楚材之美」，在黔撫任，披荊棘，立軍府，戡定邊亂，艱苦之功，被於閭閻，而著於宇內，筑人建祠祀之，雖易代不衰。

培敬當同治三年，以詞曹出督貴州學政，時寇亂未平，葑苻不靖，阻弗能進，乃從劉嶽昭借兵數十，始達貴陽。時總督勞崇光與巡撫張亮基不相協，培敬以督撫枘鑿，軍政烏有不壞者，遂上書逕言其事，於是樞廷始得聞邊徼實況。又以黔苗俶擾，謳誦寂寥，文其敝陋，士氣不伸，人心胥以不靖，乃敝衣羸馬，親自按臨各地，星軺所至，訪求士子勸就試，獎勵多方，雖危急不緩期，於是，黔之士民，乃復知有文教，更歷數年，益勤宣化，醇風大暢。

道黔西時，晤岑毓英，時岑方以剿回叛弁馬榮功，擢道員，率部進攻馬聯陞所踞曲靖八屬，培敬與語，知其能軍，遂請於劉嶽昭，以滇中軍屬之。

三年秩滿，太常寺卿石贊清，薦培敬幹勁可用，命權布政使。其時苗亂方熾，土寇又從而乘之，勢張甚，潘名桀股方居龍里，官軍久攻不下，培敬曰：「今附郭百里，倉廩猶實，不因以為資，若轉藉寇，吾屬為彼虜矣。」因說提督某，揮軍出城取龍里，克之，旋復貴定，名桀遁，自此黔軍始克捷。旋膺實授，則益督勵民兵，分別防剿，由是東定都勻，北靖開修，西平林自清，南翦陳喬生，數歷艱危，終奏膚續，數載而黔境悉平，聲施逌炳。

光緒改元，擢巡撫，繼曾璧光後，礪嚴吏治，自言：「為政當使後人有可循之績，無積壓之事。」生平喜陳宏謀之書，常引五種遺規，以自勗勗吏，甚有勤求之意，其才志超於並時督撫，王湘綺媲為胡詠芝（林翼）一流人，而惜其聰明不及。蓋指其降調四川臬司事也。

有傳，培敬曾疏請以王船山附祀孔廟獲譴：並謂至川時，適川督他調，以提督武人譚某護，培敬至，幕客以培敬曾膺疆寄，宜與均禮，譚不聽，以三司禮接見，培敬頗致憾者。按培敬獲譴，實以疏請釋前督賀長齡處分並予謚建祠而鐫秩罷歸。光緒五年，起為四川按察使，時丁稺璜（寶楨）實為川督，聞培敬至，親往郊迎，曰：「此吾貴州賢使君也！」培敬下輿拜謝，雖降官絕無慍意，晨夕孜孜治事，丁數薦其賢，其明年遂擢漕運總督。超階得酬，寮吏咸喜，然培敬以漕運雖膴仕，誓不自污，公費所餘，以修驛館、建兵房、增書院膏火等，人無敢干以私。七年授江蘇巡撫，未赴任而疾作告歸。翌年卒。

一五六、劉世珩喜得雙忽雷

報載，中國明代酒罎，日前在倫敦公開拍賣，以打破世界之高價八千八百英鎊售出，同時並有明代瓷器多件，亦同時拍賣。我中華立國數千年來，珍貴之古物古器之具有歷史性者，不知凡幾，而瓌寶流失國外者，除被掠奪或偷運外，民間私賣者亦多，如劉世珩所藏之唐代雙忽雷，僅以國幣三萬元而長淪異域，即其一也。

世珩字聚卿，號蔥石，貴池劉瑞芬子，瑞芬於晚清曾任粵督，並出使英國，世珩中光緒舉人，仕至度支部右參議，其女梅真適袁世凱次子克文，弟蘧六為張之洞之婿，皖中世家，合肥李氏外，則數貴池劉家。迨清社既屋，世珩隱居上海，民國五年九月初七日，於戈登路，宴邀諸遺老，葉鞠裳曾有記云：「主人出示雙忽雷，雖有兩絃，無能彈者，小雷頸鐫『臣滉手製恭獻，建中辛酉造。』獻字提出在上，居中稍大其餘十字細如粟米，燈下微茫諦視而後辨之。牙柱有孔東塘詩……」按雙忽雷為唐代兩琵琶，大者為大忽雷，小者為小忽雷，建中為唐德宗二年。相傳韓滉入蜀，見一奇木，烏鳥棲其上，鳴聲與眾鳥不同，韓引弓射木，葉墮鏗然。韓使還，屬地方致此木，堅緻如紫石，匠曰：為胡琴槽，他木不能並。蓋所謂沙羅檀也，因作大小忽雷。文宗廟，女官鄭中丞特善之，後忤旨縊投溝水，流經渭河，為吏者梁厚本所接，活之，遂歸為厚本妻，自言善琵琶，器在南趙家修理，厚本因賂樂匠購得之，甘露之變，人物俱杳。清康熙三十年，孔東塘在燕買得小忽雷，知為唐代古物，且豔鄭中丞事，因題詩刻其上云：「古塞春風遠，空營夜月高，將軍多少恨，須是問檀槽。」「中丞唐女郎，手底舊雙絃，內府歌筵罷，淒涼九百年。」又寫有《小忽雷傳奇》，與桃花扇並傳於世。孔死，此器初入成親王邸，繼歸長白繼昌（運龕），嘉慶中，以贈諸城劉石庵（墉）之孫劉燕庭（喜海），燕庭嫁女卓氏，以此器並譜媵篋，遂入華陽卓秉銛家，光緒中始由世珩購藏，因名其齋曰小忽雷閣，並挽袁勵準轉倩林琴南作「枕雷圖」。

宣統庚戌，世珩復於大興張瑞山琴師處，知大忽雷猶在人間，大喜，瑞山以小忽雷已歸劉，遂併歸之，世珩乃改其閣名為雙忽雷，並自為「枕雷圖記」，詳紀其事，再乞林琴南為更製一圖，於水邊林下補一鬚眉蒼皓之老人翁，蓋張瑞山也。辛亥人日，世珩集當代名士，於閣中賦詩紀盛。民國六年，世珩重遊北京，琴南為作〈雙忽雷本事序〉，盛稱「異寶之附人而傳，其託身也必不苟」。大忽雷「似琵琶而止二絃，鑿龍其首，螳螂其腹，聲清越而哀」，小忽雷則「龍首鳳臆，蒙腹以皮，柱二雙絃，吞入龍口，一珠中含，頷下有篆書小忽雷三字」，二器相陳，制極古雅，摩撫珍物，喜可知也。及世珩死，家漸落，其子劉公魯以三萬元受押於美商，此器遂外流，抗戰時公魯居蘇州，一日寇兵入其家，公魯驚怖膽汁與血並出，吐青血死，其餘古物如唐雷威、雷霄古琴等亦併失矣。

一五七、馬新貽被刺案疑竇

清同治九年七月廿七日，兩江總督馬新貽被刺，傷脅不治死，兇手張汶祥被捕。一時訛言朋興，清廷兩發重臣按其獄，並調曾國藩還督兩江。越半年，案始定，張汶祥磔死，罪讞為「海盜挾仇報復」，其供詞迄不直敘，至今為疑。上海伶人編《刺馬傳》上演，迄至民國八九年，猶有據以演出者，喬勤慤詩詠其事，末二句：「群公章奏分明在，不及歌場獨寫真」，蓋指如劇中所演馬漁色負友，張蓄志復仇也。

《春冰室野乘》記謂，馬魯籍，本回種，張本太平軍李侍賢裨將，有武職徐姓者為侍賢所擄，與張同營，深相結納，金陵既破，張知必敗亡，與徐謀同逃，誓富貴毋相忘。時馬撫浙，徐以同鄉投為材官，張在甬開小押店自給，某次，徐張遇於杭州，徐告以馬通回部叛酋，張聞而憤。會馬令禁私押，張典肆被封，更落魄無依，銜恨欲殺馬，在浙未能下手。迨馬擢兩江，遂蓄意圖刺，兩司集訊時，張供馬通回狀，問官咸大震恐，不欲興大獄，故矯為異詞，而急磔張於市，實則終無確供也。」其言已異於劇情所演，似若可信。傳張被擒後，發上元縣令張開祁收禁，由藩司梅啟照首府孫雲錦並上元江寧兩縣會鞫，張侃侃直供，問官相對瞪眙，莫敢錄供通詳，梅啟照謂此案不宜直敘，宜令改供浙江海盜挾仇報復。汶祥不肯，以種種酷刑逼改供，非無供也。最初朝命張之萬查辦，之萬不敢問，託故回漕督任，遂改命鄭敦謹查辦，讞定，鄭急引疾去。又張之萬自淮赴寧時，舟泊瓜州登岸如廁，以小隊二百，持械迴護，可見辦案各人之張皇，與迫張之供為非實，但絕不為刺馬戲中所云云，則可斷言。

馬亡時，家有兩妾，皆四十以外人，從馬已廿餘年，無所傳一妾自縊，裙帶藏遺書事，當時上海道涂宗瀛，曾出示禁演刺馬戲，而租界演如故。馬長於綜覈，頗得民心，史稱循吏，而蒙身後之玷，至為不幸，說者以馬之死，死於湘軍之囂張氣勢，當時不便明言，清廷利湘淮之相扼，特故作含糊，雖議論紛紜，亦置不問。蓋自洪楊平定後，湘軍人物久視兩江為所有地盤，清廷為糾正外重內輕之弊，調曾督直，對湘軍諸將陰予壓抑，故意抬高淮軍，使其自相水火，幸曾李諸人，力避自相戕害，乃能克保富貴令名，刺馬案發，曾還鎮兩江，所以謀弭與調和之道，必極精密，惜無可獲詳。李鴻章致張韶臣函中，有「九帥（指國荃）御軍有家法，衷懷尤極公誠，不似其他之督江者，盡分湘淮，判如涇渭也」之言，又有「湘人習氣之重，他人視為棘手，……選州必於湘人，朝廷亦深顧慮」，均可反映當時矛盾情勢，則馬之被刺可思過半矣。

一五八、張紅棉（蔭桓）與廣和樓題壁詩

張樵野蔭桓，奇才通俗，諳於外交，戊戌時為后黨所傷，竄身絕域，庚子之亂，復被指為內奸，授首荒邊，談者惜之，其死因實緣於新舊之爭也。粵人歐家廉所著《京華見聞錄》稱：「張以辦洋務起家，驟躋要津，朝端側目。在總署時，交涉每任其難，恭慶二王僅受成事而已。改良公使覲見禮節，免除跪拜，最為得體。而舊黨則斥為媚外，並譏其非由科第出身。張深引為恨。未久，總署考章京，恭王命之主其事，出題閱卷，一手包辦，凡正途出身，多不錄取，以為報復。翁同龢時以軍機兼總署，無法制止，二人本已不和，因此更恨，互相傾軋，卒至兩敗俱傷，初非政爭，純為門戶之見而已。」其言亦虛實兼半。

張固由於佐雜出身，而富有天才，擅長文事，自持節海西之後，見聞愈廣，所著《三洲日記》，有名於時。甲申中法之役，樵野即以精敏知外務稱，所談海疆情形，敵情批判，皆至切實，而「對外國人切不可說誇大語，氣矜語」之言，尤足矯當時昧敵自恣之積非，《翁同龢日記》中頗稱道之。至於科第出身者，卑視保舉或捐納進身人物，自是陋見，而張恃才狂傲，有近於激，在京時，嘗暱王瑤卿、唐釆芝、秦稚芬諸伶，出入相依，命三伶呼之為「老前輩」，而呼三伶為「老同年」。或詢其故？張笑曰：「戶部連管部七堂，不才居末座。堂上坐者相語，非老同年，即老前輩，不勝健羨，今結二三小友，聊竊其尊卿以自娛耳！」譏諷之語，極見鋒鋩。至總署章京，依例向由王大臣委派，學士大夫恥之，指為「鑽狗洞」，詎料外交頻繁之後，狗洞高如龍門，成為要路榮途，遂爭相趨競，而迂腐未除，其多不錄取者，亦不盡為報復也。

官京華時，見館閣勝流，以收藏自富，乃發憤搜藏王石谷真蹟百幅，署其寓齋曰「百石齋」，卷軸滿架，鑑賞尤精，有以得其片言隻字為去取榮辱者，聲光文采，斐然一時。五十歲後，自署紅棉老人，鐫一小印，凡得意之寫作，精賞之書畫，皆鈐其上，以是忮之者眾，謗譭隨之，言路攻擊不絕，徐致靖、徐桐先後封奏劾之，皆留中，時人有〈題廣和樓壁〉一詩：「從來槐棘譽三分，誰識紅棉位少農，百粵英雄誇獨異，一條光棍起平空。繁華畢竟歸搖落，衣被何曾

到困窮，莫道欲彈彈不起，二槌無力撼長弓。」二槌者二徐也，諆忌可見。戊戌變作，徐桐指張為康黨，請置重典，遂被捕，將殺之矣，適伊藤博文在京，因英使之言，囑日使林權助力言於李鴻章，始免死發戍，僅指為「其心巧詐，而行多詭秘。」發解時親朋多懼禍無一送者，惟所眷之秦稚芬步行送至正定府，涕泣而別，時稱為義伶云。

一五九、孫家鼐持正不阿

清德宗載湉，以沖齡繼統，典學之日，趨承講幄，納誨中門者，曰常熟翁同龢，曰壽州孫家鼐，二人者皆以進士第一人及第，俗所稱為狀元者也。翁為咸豐六年丙辰一甲一名進士，孫為咸豐九年己未及第，科名略次，然皆帝師。二人亦儒重忠懇，德宗得其濡沃，銳意講求新政，翁孫實有以啟之，然翁性褊急，以專斷致嫌，晚遭讒沮，幾致不測，孫則務簡約斂退，本其黃老之學，能冥合道妙，默操元牝，調和宮廷母子之間，常以資望領新政，歷三十年恩遇不衰，世稱「壽州相國」，《清史》亦以其每參大計，能持正不阿，有「賢哉不愧古大臣矣」之贊，身後易名曰「正」，蓋不虛矣。

家鼐字燮臣，一字蟄生，晚號澹靜老人。其先為山東濟寧州人，以菑荒遷安徽壽州郊外二十里之大柳樹，遂為皖人，伯祖父某，以販繪起家，祖若父食貧力學，至家鼐始致通顯。自光緒戊寅入直毓慶宮，恪謹奉職，若無所表見，退食之暇，閉門齋居，雜賓遠跡，尤推避權勢若怯。歷充鄉會試主考同考正考各官，當時自翁同龢及其他儒臣被命持衡者，爭以博採時士譽望，或鄉後生夙隸門下者，薦置高第，家鼐獨無所私，又同龢開閣延士，負宇內清望，停車問字無數，孫位與之埒，而喧寂異致，未嘗有一事之迕。翁同龢亦欽服之，所為日記中，嘗謂「孫燮臣沉潛好學，服膺陽明之書，立志高遠，凝厚而開展，余欲兄事之。」又「燮臣言：讀陽明書，當知入九華山靜坐一段，為最不可及，他人處此，必以生死易之，則事或敗矣。又言：吾輩當體聖人中和之旨，而勿與人競尺寸之功，則私念自消。皆名言也！」又以「其論議和平中正」，稱孫為「有道之士」者屢，可知二人交誼。而孫所以委訒引譬者，倘亦以翁之秉性易為人所忌，故其言如此歟！

夏閏枝（孫桐）嘗言，「壽州相國，和平慎密，術近黃老。篤諳知雄守雌，知白守黑，不為物先，不為物後之訓。」自甲午東事起，李鴻章主和，翁同龢持戰議堅，朝士附之，孫知國家積衰，猶言釁不可啟，鴻章之議是也。及事亟，京輔戒嚴，翁陰就孫詢遷都謀，孫力言不可，乃寢。德宗憤於敗衄，銳意維新，士夫亦爭言自強。孫持變法之說最早，所重在裕民生、通民隱，採西法以興實業。康有為創強學會，譯書譯報，講求時務，一時名士多與之，而朝貴鮮有應之者，孫以為是，尋以人雜言龐，為言路所論奏，清廷慮生事，罷之，設立官書局，以孫領其事，頗為清議所推仰。及變政時，同龢已罷，無任事之人，新進競起，有為陰為主持，中外上書言者日數十，皆特交孫核按，皆一持以正，嘗疏陳「國家廣集卿士資議政，聽言固不厭求詳，然執兩用中，精擇審處，尤賴宸斷。」後以眾議日益糅雜，再疏言「變法當籌全局，威同間馮桂芬著《校邠廬抗議》，言有次第，請以其書發交部院卿寺，令逐條簽注可行不可行，彙呈採擇」，蓋以康等夸誕過甚，欲示以範圍也。政變後，新法悉罷，獨留孫為管學大臣，剛毅、徐桐嫉之，時相齮齕，榮祿加以調護始免。庚子間，有議廢立者，孫力持不可，乞病致仕。拳亂起，家為亂軍所掠，猶應召赴行在，起禮部尚書，調吏部，與張百熙同筦學務大臣，裁度規章，折衷中外，一以敦行實學為主，士風一靖。宣統元年卒，蓋已八十二矣，歸葬壽州。

一六〇、再記壽州相國

晚清同光兩朝，慈禧以婦人柄政，創制垂簾，親貴權要用事，閹寺佞幸亦聲勢炫著，由廷闈之爭，衍為新舊之爭，加以外患頻仍，朝野士夫，怵心世變，發言盈廷，而又昧於大勢，惟高論是務，獨孫家鼐不傍門戶，其識度有足多者。孫之生平事蹟，曩已有記，茲再就未為傳志所錄者一二事，舉述之。

中日甲午之戰，不幸敗衂，和議賠款割地，張之洞首先反對，電陳：「如其割地與日本，不如以地賂英俄，可以轉敗為功，如俄助我，則分西藏與之，並給以商務利益。」劉坤一且擴充其說，以為「除以地與俄外，尚可分地撥款與法德等國，請其共擊日本。」家鼐嗤為誕妄。譚嗣同號稱通達識時務，其與歐陽中鵠書，暢論時事及圖強之道，亦謂「試為今之時勢籌之，已割之地不必論矣，益當盡賣新疆與俄，盡賣西藏於英，以償清二萬萬之欠款，以二地方數萬里之大，我之力終不能守，徒為我之累贅，而賣之則不止值二萬萬，仍可多取值以為變法之用，兼請英俄保護中國十年，一言保護，則無處不當保護。……可請英俄二國居間，廢去遍地通商之約，即加兵費，亦無不可，費如不足，則滿洲蒙古沿邊之地，亦皆可賣，統計所賣之地之值，當近十萬萬，以至賤之價，每方里亦當賣銀五兩，是新疆已應得十萬萬矣，而吾情願少得價者，以為十年保護之資也。」其言謬妄無極，康有為又摭拾其說，變法之日，德宗以康策下家鼐議，家鼐謂有為曰：「如君策萬端並舉，無一不需經費，國家財力只有此數，何以應之？」有為曰：「無慮！英吉利垂涎西藏而不能遽得，朝廷果肯棄此荒遠地，可得善價，供新政用，不難也！」家鼐怖其狂誕，知無足為，面折之。

庚子和議時，各國堅請懲辦禍首，趙舒翹初議斬決，後改賜自盡，編修劉廷琛上書營救，乞家鼐代奏，卻之，喻以事不可挽，人臣報國當務大者遠者，廷琛慍曰：「殺軍機尚書尚得為小事乎？請問中堂應召赴行在幾何日矣？所建白大者遠者為何事？」家鼐改容揖謝曰：「某無狀，衰年再出，不能報答國家，幸見教，愧死愧死！」逾數年朝議保送御史免考試，責樞臣慎擇荐舉，家鼐以廷琛荐，語人曰：「是能面責我，可知忠鯁必不負國」。人皆服其識度為不可及。

生平無疾言遽色，雖貴與諸生鈞禮，其門下顯著者，如徐世昌、鐵良、楊士驤、端方等，光緒末均領封圻，御史趙啟霖嘗劾段芝貴賄賂得官，載振納妓楊翠喜兩事，朝命載灃與家鼐按其事，以見朝局多紛，不欲再起爭擾，且載振已自退，以查無實證覆，啟霖怒。一日，孫乘敞車出，與啟霖車相撞，巡警出而干涉，人言此相國車也，警史即釋去。事後，啟霖投書，謂「中堂之勢雖可畏，御史之威亦不可犯。」孫接書後，則衣冠往趙所居，適值外出，乃就其廳事叩首以去，且曰：「吾為國家慶有良御史也！」趙歸，聞其事，亦具衣冠詣孫以謝，刺入，孫語人曰：「若主來賠禮，則不敢當，談心則可。」趙遂請見，暢談而去。

立憲議起，袁世凱自直隸覲，議改官制入手，於是命十大臣同議，實袁挾廢王奕劻主之，草案成，命孫與奕劻、瞿鴻禨覆覈，孫與瞿酌擇眾說，僅略吏部官制而已，袁為之氣沮，孫退謂人曰：「此人得志，宇內無寧日矣！」其知人又若此。

一六一、曾滌生（國藩）識拔劉銘傳

清咸豐初，太平軍由桂入湘鄂，取武漢，復沿江而下，擾贛皖，陷江寧，距金田村起事，僅三年耳，其勢張甚。曾國藩以丁憂在籍侍郎奉詔辦理湘省團練，由是練湘軍於長沙、衡州，於咸豐四年整軍出發，轉戰湘鄂贛皖數省。至咸豐十年，清廷始授國藩兩江總督，次年，駐軍祁門。未幾，其弟國荃，率水陸師克安慶，國藩復奉節制蘇浙皖贛四省軍務之命。適江蘇士紳錢鼎銘自滬來皖乞援師，國藩特囑李鴻章仿湘軍編制，招募淮北健兒，另成一軍，是為淮軍創建之始。同治元年，國藩命鴻章率淮軍赴滬，迭克江南諸要邑，與國荃攻金陵之師相配合，終於同治三年平定大難，太平軍遂亡。國藩為湘軍統帥，對部將知人善任，其幕府賓僚，得人稱盛，而於淮軍諸將中，獨對合肥劉銘傳特加賞識。世傳國藩精於風鑒，洵非虛也。

按銘傳受知於國藩，實出於李鴻章之汲引。當鴻章在祁門幕府時，因李元度兵敗問罪，李左袒元度，與國藩力爭不獲，即辭走。嗣以安慶光復，李馳書致賀，國藩忽函李限期速來，遂大用，使創設淮軍。時湘軍爭戰有功，兵驕將肆，不守號令，賊破大掠，國藩憂之，恐變患將累於己，非於三湘子弟外，創一有朝氣之新軍不可，遂商之鴻章。鴻章曰：「淮上人才甚眾，長淮大澤，自古產兵之地，大帥籌劃決定，願負此責。」國藩曰：「汝宜先集汝所知人物，能任將帥者，使往各地召募勇士，我欲一視汝所知舉者，鑒別其果能任此重大軍事否？汝急歸，盡招之來。」鴻章還合肥，搜羅淮上豪傑之士，咸來大營。某日，國藩步行無騶從，悄入宿館，見鴻章邀來諸人，有賭酒猜拳者，有倚案看書者，有放聲高歌者，有默坐無言者。而南窗一人，裸腹踞坐，左手執書，右手持酒，朗誦一篇，飲酒一盞，長嘯繞座，還讀我書，大有旁若無人之概，視其書，司馬遷《史記》也。巡視畢，出館，諸人皆不知為國藩。國藩歸語鴻章曰：諸人皆可立大功，任大事，惟將來成就最大者，南窗裸腹持酒人耳！其人為誰，即淮軍赫赫有名之劉銘傳也。

上述經過，劉成禺（禺生）於其《世載堂雜憶》中言之甚詳，蓋聞諸其師容純父先生者。容名閎，生於澳門，美國耶魯大學畢業，為我國留美學生之第一人，咸豐四年，學成歸國。同治二年，為國藩延聘入幕，當容初見曾之時，即謂國藩以銳利之眼光，將其自頂至踵，仔細估量，最後乃雙眸炯炯，直射其面。又謂國藩目雖不巨，而光極銳利，眸子作棒色，口闊唇薄，是皆足為其有宗旨有決斷之表證云云。語見容所著《西學東漸記》。容既曾居曾幕，而對曾之印象又如此，則其所述國藩識拔劉銘傳之經過，自較一般所傳為可信，而曾之巨眼識人，往往於其人未遇之時，於此可見。

一六二、李芋仙（士棻）潦倒死上海

邱菽園遺著《五百石洞天揮麈》：「書聞滬上寓公有李芋仙其人，與王紫銓、何桂笙、錢昕伯諸名士，先後襄理西人美查所設華文日報曰《申報》者，復以其暇日提倡風雅，發揮文墨，壇坫之盛，詩酒之歡，佳話一時，頗云不弱。」芋仙者蓋忠州李士棻也。同光間，十里洋場，被稱為大名士。芋仙以道光拔貢，博學工詩。同治初，知彭澤縣，移臨川，政聲卓著，以失上官歡，去官後貧不能歸，流寓上海幾二十年，又號迂仙，悔餘道人，天補道人，二愛山人，童鷗居士，詩文甚富。吳趼人所著《二十年目睹怪現狀》中，影射為李玉軒，語多誣衊。芋仙為一天真爛漫之讀書人，疏狂則有之，謂其無賴，則未免唐突矣。研人小說，於時賢每作過分之譴責，與芋仙實不相識，其在滬以筆墨謀生時，李已死數年，自無仇怨，故不足採信。

芋仙為曾國藩門下士，曾於其詩文，頗加賞識，嘗有「時吟大句動乾坤」之句推許之。湘鄉逝後，芋仙失所憑依，頗受排擠，贛藩劉秉璋與芋仙不睦，江督劉坤一為淮軍系統，對湘軍舊人略多顧護，更受劉之譖，曾專疏劾罷之，泰山壓卵，芋仙自弗能敵，遂浩然歸隱，不求再進。先在南昌僦居，後移上海，時與天南遯叟諸人唱和，故詩句常刊於《申報》。黃公度任舊金山領事時，讀芋仙詩，特匯款濟其酒資，李與黃原非素識，忽得此，至為感動，有詩謝之云：「老名士有值錢時，慚愧虛聲海外馳，叔度汪洋千頃量，謫仙爛漫百篇詩，閒同遯叟餐香積，深感清流致酒資，世視故交行路等，誰如劉孔深新知。」其詩不及《人境廬》，然政聲實較公度為優，在贛時如興學、濟貧、尊賢、息訟等，黎庶昌所稱為多善政者也，曾國藩任江督時，覆芋仙信中，每贊其安民防弊，樂於聞過等語，見《曾文正未刊信稿》中。曾擇士甚嚴，非其人必不過言。至其被劾去官，傳因辦理臨川教案意見相左，李之《天瘦閣詩半》中有注：「予需次江西時，上游中有嫉予者，百方陷制，及辦臨川教案，喫虧忍辱，終不自明，譽望日隆，上游陽許可，而陰借交代劾之。」上游即指二劉也。

平生豪舉甚多，濟困扶傾，脫手千金無吝色，然實清貧，及罷職過蘇，某方伯知其廉且才，贈二千金，到手立盡，其後至於窮困潦倒，姚倩卿勸其返川，不聽，芋仙嘗眷伶人杜芳洲，當其困時，值杜伶在滬，乃為拚擋一切，得以少蘇，然不久，終死於滬。其〈遠遊〉句云：「秫田輕擲等鴻毛，便愛飢驅敢告勞。旅伴獨攜三尺劍，俠腸終類五陵豪。重攀白下當初柳，一看玄都去後桃。醉倒陶然亭子上，到時佳節趁題餻。」「臨歧更切故鄉情，愛惜初心有此行，敢倚文章留重價，全拋福力換虛名，憐才淚足流無盡，感舊詩多記不清，香火因緣湖海氣，未應前路少逢迎。」〈過上海學宮〉云：「門外無人乞福來，月逢朔望殿門開，行香踵例惟官府，飲水忘源是秀才，廟祝醴牲趨若市，里魁愁寂鼓如雷，匆匆暫作循牆走，兀坐輿中笑幾回。」牢騷之極，亦風趣之極。

一六三、丁日昌藏書負謗

郭嵩燾《養知書屋文集》中〈自倫上李文忠書〉有云：「今時洋務，中堂能見其大，丁禹生能致其精，沈幼丹能致其實。」幼丹為侯官沈葆楨，禹生則豐順丁日昌也。

禹生初以廩生投曾國藩，繼參李鴻章幕府，佐辦洋務，主機器局。同治三年，署蘇松太道。六年，擢布政使，授巡撫江南。光緒元年，授福建巡撫，其後以辦理洋務，著有優績，奉派兼理各國事務大臣。身後謗譽參半，葉鞠裳謂其「御吏嚴，而愛民如子。精明慈惠，文襄（左宗棠）之後，能福吾民者，公其一人。」推許之者甚至。

初任福建巡撫時，會霪雨，城內水逾丈，禹生親往巡災，並散發賑物，口煦手拊，卵翼備至，全濟災民數十萬，災民感極而泣，曰：「活我者，丁中丞也。」其後，因疾辭任，去之日，吏民涕泣遮道。

光緒四年間，福州烏石山發生教案，教民與當地民眾，以築屋糾紛，寖成鉅案，清廷以丁氏民心，命赴閩處理。晚清教案，承辦者最稱棘手，輕重稍偏，則士民憤懣不能忍，鮮不焦頭爛額者，丁慎為措置，閩民悅服，且鐫石以刊其績。

好刊書，《汲庵詩文存》稱：「禹生於同光之間，廣招譯客，延聘文士，譯成西人六大洲地球圖說，成書一百餘卷，秀水舉人楊利叔象濟，嘗為潤色，而未見傳本，或未附刊。」丁氏能於康梁變法前二十餘年，即知以西洋地輿學說介紹於國人，不謂無識。時臺灣屬福建之一府，禹生紀述山川人物，有八奇之說，洋洋千言，以寄翁同龢，翁更有「如讀炎荒記」之嘆，亦有心人也。

至丁氏負謗之由，似與其藏書有關。清代江南藏書家，錢牧齋之後，推黃蕘圃為最富，蕘圃晚年中落，百宋一廛之書，盡為汪士鍾藝芸書舍所收，汪書後散出，再傳為聊城楊氏之海源閣，常熟瞿氏鐵琴銅劍樓，及郁松年之宜稼堂。同治初元，太平軍在三吳戰事，甫結束，文瀾閣及郁氏之書又散出，其宋元舊槧，名校精鈔，幸未罹劫灰，歸安陸存齋（心源），仁和丁松生（丙），均思謀為己有，禹生適任蘇松太道，適逢時會，收購獨多。陸存齋慊之，嗤為「豪奪」，至謂「禹生介應敏齋廉訪，至郁氏閱書，自取架上宋元刊本五十餘種，令材官騎士擔負而去。時泰峯已故，諸孫尚幼，率其孀婦追及於門，禹生不能奪取，其卷帙少者自置輿中，多者僅攜首帙而去。……」其實為爭搜古書成隙耳。

一六四、高媿室（鳳岐）言端行果

長樂高鳳岐、鳳謙、而謙，其先世籍河南衛輝，為閩長樂縣尉，卒於官，遂僑寓為長樂人。十數傳至高紹曾，以好善信於鄉里，人稱為高爺爺，即鳳岐兄弟所自出也。鳳岐字嘯桐，號媿室。鳳謙字夢旦，而謙字子益，嘗與張菊生並主商務印書館，世多知之。嘯桐生性讜毅，匡兩弟必以正，有過未嘗假借。年十二讀《史記・平原君傳》，至毛遂斥十九人語，以朱書批其端曰：「胡不更忍一時？」識者咸知其將以度勝。及長，律躬嚴整，治古文，其鄉先進林壽圖器異之，桐城吳汝綸亦稱其「文章能遏抑光氣」。領鄉薦後，數赴禮部試，不售，乃佐其鄉人林迪臣（啟）杭州知府幕。迪臣為晚清循吏，嘯桐參佐其政，政日以舉。庚子林死，嘯桐亦改就浙江大學堂講席，岑春煊開府嶺南，以禮羅之幕中，遂赴粵，旅保署梧州知府。梧故多盜，春煊尤嗜殺戮，嘯桐語人曰：「官吏失職，民或飢而行劫，吾終哀其不教而誅也。」州之舉人某，武斷鄉曲，因案臨質，猶呶呶抗辯。嘯桐歎曰：「幸與君同忝賢書，今吾踞堂皇，君辱，亦吾恥也。」因開陳義利之辨，某感服，遂改行。守梧不及兩年，治官事如理家政。岑入長郵傳部，嘯桐亦辭居上海，于式枚薦考御史，廷試第一，忌者沮抑，乃夷然出都。

光緒末年，清廷以預備立憲，圖緩和排滿革命，嘯桐知樞政窳壞，又弗示天下以誠，嘗謂：「時事如此，眾猶夢夢，然氣機轉，中國乃有望！」未幾遂病，夢旦子益，篤愛友于，恒集二三知友榻前，伴與語，以解疾患，福州高郁離（名向瀛，字穎生）往視之，有詩云：「三高爭說白眉良，濱海春風一榻涼。瘦骨猶能天下任，老懷不減少年狂。索詩豈欲為生祭，顧影終當為國殤。生命付醫家付弟，祇愁活國更無方。」嘯桐亟為嘆賞。已酉二月，逝於滬寓。

嘯桐誠篤廉謹，言端而行果，戊戌德人入即墨，侮孔廟，聞者譁怒，嘯桐謂：「必清內治，始足以遏外侮。」因合同志上書，陳內治、外交、籌餉、練兵四事，臺諫大驚，阻不上。丁未被抑，以袁世凱嫉春煊，遂及嘯桐，其門人李拔可，嘆為直道不行，亦自引退，陳弢菴寄詩嘯桐云：「秋江一榻夜論詩，恍見維摩示疾時。京國歸來無好夢，家山別後積相思。我眠北牖堪終老，子失南牀坐不癡。頗怪後山吟太激（原註：謂伯嚴贈作），欲桐二友為君醫（原註：東坡以陶柳集為南遷二友）。」蓋慰之也。嘯桐居官廉，凡筆墨俸錢所入，悉以分贍親友之貧困者，歿之日，蕭然無餘，知好聞之，皆傺然終日。

一六五、李蒓客（慈銘）秋夢寫哀

李蒓客（慈銘）有《桃華聖解菴樂府》之作，共兩種，一曰「舟遘」，一曰「秋夢」，崇實齋校刻本，今佚。其後《越縵日記》補出，第一冊之末，有「秋夢」原稿，全篇為傳奇體，情詞哀豔，肫摯動人。全折敘男女夢中敘舊故事，描寫舊時婚姻不遂悲痛處，字字真情，語語血淚。其開場白云：「小生莫嶠，江南人也，自客京師，已逾一載，洎聞寇警，久絕家書。游子南歸，十二時思親腸斷，故園何在，三千里作客神傷。才高有窮鳥之悲，金盡作枯魚之泣。目下秋風又起，病體未瘳，遙念栗里親朋，瀼溪弟妹，是誰驅迫，致此分離。……只因卯歲，偶遇嬰娘，智慧姻緣，癡騃遊戲，錦牋有句，曾蒙才子之呼，玉鏡無臺，空憶老奴之謔。……」寫來纏綿無極。考其實際，則蒓客夫子自道也。

蒓客長姑，嬪於薛，生女曰珠嬰，通文墨，善音樂，自幼常居外家，其年少於蒓客一歲。蒓客自敘其童年生活之謂：「每至試鐙風過，上冢期先，長姑挈之居余家兩匝月，至四月六日觀青田湖競渡後始去，歲以為常。清明上河，同乘畫舫，中隅下壠，倦倚藍輿，睹探陌上之花，戲鬥峯頭之草。娥娥紅粉，豔照青谿，簇簇青裙，時趁游踺，偶徵節物，手和香餳，閒上秋千，泥尋墜珥。晝長多暇，常守一編，夜靜鐙妍，亦度數曲。」不意花難並蒂，蒓客十四歲時，其祖母久病，循俗冲喜，為娶於馬氏，其外姊也，而齡長於蒓客五歲。旋蒓客祖母棄養，從此琴瑟異趣，襆被遠遊，至於塊然獨處者三十載，而馬女亦鬱鬱以歿。

蒓客既婚，珠嬰遂不至其家，十八歲適張存齋，內外別嫌，從不相見，而珠嬰不數年亦死，年甫廿五，蒓客有〈外妹薛宜人權厝志〉之作，文中有「天上何年，猶圓璧月；人間長恨，遂折瓊枝」，及「塵劫皆空，情瀾未竭」之語。在蒓客詩詞集中，尤多嘆逝紀夢盪氣迴腸之句，乙亥年所填〈陌上花〉一闋，題下自注：「久病客中，忽夢所憶，前塵宛在，語之甚悲，寫以曼聲，譜以楚徵，不自知其愁絕也。」翌年又有〈雨霖鈴〉一闋，注「夏夜坐月，同茗樓感舊，言愁欲愁，且喚奈何矣。」又〈新雁過妝樓〉一闋注：「初秋既望，皎月澄宵，涼思滿懷，悄然有憶，不自知其言環已深也。」〈秋夢〉篇末蒓客自述創作經過，更稱：「夢中遇所宿眷，影觸萬端，相對敘述，縷縷數千言，皆首尾可憶，遂兩泣而醒。學道蓁年，又居憂患，而少年綺恨，尚纏魂魄，塵情固難絕如是耶。」諸語參看，若合符節。卅年前許季茀曾為作〈秋夢本事考〉甚詳，刊北大校刊中，無從覓矣。

一六六、畢道遠愚陋貽誚

清初三大師，曰餘姚黃宗羲，世稱梨洲先生；曰崑山顧炎武，世稱亭林先生；曰衡陽王夫之，世稱船山先生。梨洲紹蕺山薪傳，以誠意慎獨為宗，實踐為主，不空談心性，不窮究訓詁，教學說經則宗漢儒，立身則宗宋學，平生以捍衛姚江自任，屹然為王學干城，衛道之功，足以繼往開來，而卓然自立。亭林為學，主於斂華就實，凡國家典制，郡邑掌故，天文儀象，河漕兵農之屬，莫不窮原究委，考正得失，當時稱為閎儒。曾國藩作〈聖哲畫像記〉，最重黃顧，謂「臨之在上，質之在旁」，推崇備至，船山羽翼考亭，然揭民族大義，並皆志節皎然，足振弊起衰，廉頑立懦，有裨政教學術世道人心不淺。

前清光緒十年甲申，陳弢盦寶琛，時官翰林，奏請以黃梨洲、顧亭林，從祀孔廟，禮部堂司，於黃顧二人，莫知誰何，議論紛耘。傳陳氏之疏初發鈔時，皆言此疏甚奇，某司官謂：「顧亭林尚有小板《日知錄》一書，可備後世策科參看之用，若黃梨洲者何人耶？」尚書畢道遠意頗不耐，憤然謂諸司曰：「二人學問，我所不問，但以品行言，若輩在康熙時，皆抗不出仕，黃某雖經徐乾學尚書屢薦，皆託病不肯出，欲以為鄉飲大賓，亦遭堅拒；顧某則辭大臣之薦，且有『刀繩俱在，無速我死』之言，試問此輩尚得從先師者乎？」因擲還所呈〈國史儒林傳〉，氣咻咻然，以掌拊几，大聲曰「我必駁！」

時臨海馬彥森蔚林者，亦出身翰林，適官禮部，性狷介，與同列議論多不洽，目擊畢憤懣狀，腹誹之，以告李蒓客，引以為笑，蒓客絕倒曰：「黃顧二先生，為學自有本原，絕不為二百年後之今日請祀計，況出於福建子之請，辱已甚矣，而尚求東魯不識一字之尚書，屈意議准，抑將何以為兩先生地耶？」二人相對拊掌。此事蒓客於《越縵堂日記》中，曾記其大略。然考畢道遠，為山東淄川人，字東河，道光間進士，書法名重一時，豈於黃顧二人之行誼學術，有所未知？良以清儒多主朱說，且以梨洲、亭林抗志不仕異族，故特大言之，故貽笑柄。其後郭曾炘復疏請以三儒從祀，終獲請，未幾鼎革，郭檢篋得疏稿，感賦云：「梨洲倡民權，船山區種族，匹夫任興亡，亭林志尤卓，諸賢生不辰，采薇踵芳躅。危言或有激，大旨無踳駁。禮官議從祀，抗疏紛牴觸，吾獨不謂然，反覆再補牘。專制數千年，本沿秦政酷，世變窮則通，安能絕抱蜀？濂洛信正大，學子已倦讀，欲起頑儒風，此或置郵速。魏公始扶漢，正色秉鈞軸，杜斷破群疑，豎儒皆讋伏，詔墨猶未乾，嗚呼舊社屋。」亦慨乎其言矣。

血歷史179　PC0833

新銳文創
INDEPENDENT & UNIQUE

晚清人物縱橫談

——《南湖錄憶》

原　　著	高拜石
主　　編	蔡登山
責任編輯	石書豪
圖文排版	楊家齊
封面設計	蔡瑋筠

出版策劃	新銳文創
發 行 人	宋政坤
法律顧問	毛國樑　律師
製作發行	秀威資訊科技股份有限公司 114 台北市內湖區瑞光路76巷65號1樓 電話：+886-2-2796-3638　傳真：+886-2-2796-1377 服務信箱：service@showwe.com.tw http://www.showwe.com.tw
郵政劃撥	19563868　戶名：秀威資訊科技股份有限公司
展售門市	國家書店【松江門市】 104 台北市中山區松江路209號1樓 電話：+886-2-2518-0207　傳真：+886-2-2518-0778
網路訂購	秀威網路書店：https://store.showwe.tw 國家網路書店：https://www.govbooks.com.tw

出版日期	2020年5月　BOD一版
定　　價	530元

Printed in Taiwan

國家圖書館出版品預行編目

晚清人物縱橫談：《南湖錄憶》 / 高拜石原著；
蔡登山主編. -- 一版. -- 臺北市：新銳文創,
2020.05
面；　公分. -- (血歷史；179)
BOD版
ISBN 978-957-8924-93-2(平裝)

1. 人物志 2. 晚清史

782.17　　109004260

讀者回函卡

感謝您購買本書，為提升服務品質，請填妥以下資料，將讀者回函卡直接寄回或傳真本公司，收到您的寶貴意見後，我們會收藏記錄及檢討，謝謝！

如您需要了解本公司最新出版書目、購書優惠或企劃活動，歡迎您上網查詢或下載相關資料：http:// www.showwe.com.tw

您購買的書名：________________________________

出生日期：________年________月________日

學歷：□高中（含）以下　□大專　□研究所（含）以上

職業：□製造業　□金融業　□資訊業　□軍警　□傳播業　□自由業

□服務業　□公務員　□教職　□學生　□家管　□其它____

購書地點：□網路書店　□實體書店　□書展　□郵購　□贈閱　□其他

您從何得知本書的消息？

□網路書店　□實體書店　□網路搜尋　□電子報　□書訊　□雜誌

□傳播媒體　□親友推薦　□網站推薦　□部落格　□其他________

您對本書的評價：（請填代號　1.非常滿意　2.滿意　3.尚可　4.再改進）

封面設計____　版面編排____　內容____　文／譯筆____　價格____

讀完書後您覺得：

□很有收穫　□有收穫　□收穫不多　□沒收穫

對我們的建議：________________________________

____

____

____

請貼
郵票

11466
台北市內湖區瑞光路 76 巷 65 號 1 樓
秀威資訊科技股份有限公司 收
BOD 數位出版事業部

（請沿線對折寄回，謝謝！）

姓　　名：＿＿＿＿＿＿＿＿＿＿　年齡：＿＿＿＿　性別：□女　□男

郵遞區號：□□□□□

地　　址：＿＿＿＿＿＿＿＿＿＿＿＿＿＿＿＿＿＿＿＿＿＿＿＿＿＿

聯絡電話：(日)＿＿＿＿＿＿＿＿＿＿＿＿(夜)＿＿＿＿＿＿＿＿＿＿＿＿

E-mail：＿＿＿＿＿＿＿＿＿＿＿＿＿＿＿＿＿＿＿＿＿＿＿＿＿＿